宋美齡前傳

（上）

陳廷一 著

QUEENS BOROUGH PUBLIC LIBRARY

●宋美齡父親——宋查理

●宋美齡母親——倪桂珍

●風華正茂的宋氏三姊妹

● 宋美齡就讀於美國衛斯理女子學院「一九一〇年」

● 蔣介石參加辛亥革命「一九一一年」

●在南昌剿共前線

●夫妻踱出防空洞（重慶）

●天倫之樂

●與蔣方良「後右」孫女蔣孝璋及孫婿合影

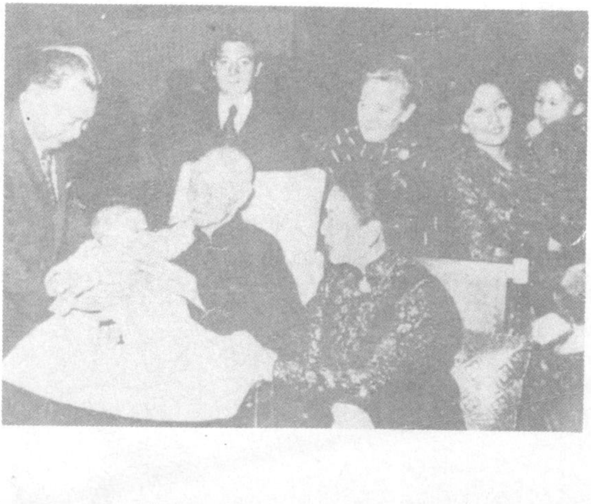

●全家福

目錄

序

總想寫寫她。

宋美齡，我心中一位神秘傑出的東方女性。從冬天到春天，走過了40多個金色的年華。道路充滿崎嶇，脚印是深沉的。幾多惆悵！幾多感慨！

想那雪壓枝頭的冬天，遙望漫天飛舞的雪花，和那楊柳枝上含苞待放的「毛毛狗」兒，冬天即過。春天還遠嗎！殊不知在那時，我已翻閱資料，孕育構思此書了。不過留在心底的是一層淡淡的寒意。

一場孕育近20年的夢幻。

當年是夢幻，今天成現實。

1989年8月10日凌晨5點，雄鷄爆唱之前，我終於寫完了稿件的最後一頁、一格、一字、圈上句號。與此同時，我也長長地出了口氣。隔窗望去，紅霞碎開。第一縷晨曦，已透過長夜的幕紗，折射過來，溶在兩疊厚厚的書稿上。此時，疲勞被興奮代替，熱淚盈眶，不能自已。

在這寥寥數語的序裡，該寫些什麼呢？思緒萬千，不知筆從何處落起，首先我應該感謝謝海南文昌縣宋氏家族的韓裕老人，他以清楚的記憶，提供了詳實豐富的史料，其次是各地史料館的同志，如南京、重慶、北京、河北等地，他們給我提供了間接的第二手資料；再者還應感謝裝甲兵學院的郜名芳同志，在我最困難的時候，多次把珍貴的資料送到我的手中，供我辨證眞證。另外還廣徵博引了一些史料。爲了把珍貴的史料附在該書前面，攝影師任國興同志忙了幾個晝夜。借此書出版之機，衷心地致以謝意。

作者：1989年8月10日於石家庄寓中。

開篇話

1979年，中國共產黨的十一屆三中全會，猶如春風化雨；「堅持四項基本原則」與「改革開放」的國策，像鳥的双翼，似巨龍騰飛，結束了關閉鎖鎮、萬馬齊喑的局面，引起了現代中國一系列可喜的變化。這種變化像一股旋風，是立體的，大至國家政治體制，小至風俗民情，當然也包括文學禁區。作爲筆者，爲恢復歷史的本來面目，早就想動筆寫寫她，把這部《宋美齡前傳》獻給讀者，但苦于那個時代，涉及到文學種種禁區，未能如願。

一年四季在于春，春光似金勝于金。1987年，陽春三月，中國傳記文學研討會在海南島召開。偶然的巧合，這裡又是中國美人的故鄉。她們分別是孫中山的夫人宋慶齡、蔣介石的夫人宋美齡。今天筆者要寫的是蔣介石的夫人宋美齡。當然也離不開宋慶齡。

在宋氏這個和中國命運緊緊相連的家族裡，「自從波吉亞族以來，幾乎世界上沒有哪個家族那樣對人類的命運起過如此擾人心緒的作用。宋家王朝的變遷在20世紀的歷史中占據著重要的一頁，可是其錯綜複雜的具體細節從未公諸于世。」（摘自《紐約時報》1985年3月3日《現代中國神秘王朝的內幕》）

宋氏家族的姊妹，都是時代的造物，天生的麗質，非英雄不嫁，像洛園中的牡丹，全具韻色。「據說，她們三姊妹中，美齡愛權、靄齡愛錢、慶齡愛國。歡迎你來到宋家王朝的世界。在這個世界上，占壓倒優勢的劇情就是錢、權、國的鬥爭，也即是陰謀、政治、戰爭、意識、背叛、裙帶作風、兩性行為、家族傲氣、社會醜聞、謀殺、毒品、偷竊、獲取暴利以及令人厭煩的老式的勝利和悲劇，情節是那麼起伏跌宕。在風雲變幻的三十年代和四十年代，這個家族不僅在中國而且在全世界都是名聲顯赫的。」（摘自《華盛頓郵報》1985年3月24日「集金權和權力于一家」）

還可以列舉一些，誠然人們對宋家王朝的評論褒貶有之，衆說紛紜，莫衷一是。但是有一點可以肯定，宋家親貴雖已是褪了色的政治人物，王朝也早已一去不復返了，但世人仍對宋家的沉浮與興衰具有濃厚的興趣和好奇。筆者所要一一述說的，就是宋家女性的秘密，也即是她們和普通人一樣的生活——婚姻家庭、社會交際、政治鬥爭，一言以蔽之；七情六慾

、喜怒哀樂。並企望能夠在歷史之神的光照下，進一步了解這樣煊赫一時的江浙閥閱之家與中國近代史的緊密關聯，盡量給人一種知識、一種啓廸。如能這樣的話，筆者也就聊以自慰了。

在風景秀麗的海南寶島逗留期間，我們還有幸瞻仰新近修葺竣工的在文昌縣內宋氏祖居。宋美齡的堂弟、87歲高齡的韓裕老人接見了我們，講述了宋家的興衰。並在通什市五指山賓館，與來自全國各地的傳記文學作家交換了創作經驗。我多年的創作慾望萌動了。大抵中國現代人物傳記文學，都追求有頭有尾的結構，即從「呱呱」墜地，寫到去九泉。這種傳統的追宗索祖的手法，雖未必實際，但又不無好處，起碼增添了不少故事性。怎樣落筆寫《宋美齡前傳》？筆者認爲還是開宗明義，追姓溯源。宋美齡不姓宋！姓啥？因此開章還得從她那傳奇色彩的父親說起……

第一章　傳奇色彩的父親—宋查理

1

1886年1月。上旬的一天。

風濤險惡的太平洋上，一艘遠洋客輪犁開黑色的波浪，無聲地行駛在黎明前濃重的夜色中，大洋下面躍動的紅日都已經把它的第一縷熹微的曝光掛到了高高的桅杆頂上，照出了站在甲板上像雕像一樣凝望遠方的一個青年人的身影。海風留戀地吹拂著他的又粗又硬的黑髮，星光眨著疲倦的眼睛彷彿正要睡去。但是宋查理却毫無倦意，他只是固執地一動不動地凝望著遠方。遠方，水天相接的地方，是他的祖國。海風帶著海蜇的腥味吹來，旭日東升，一

片火燒的雲，連著一片火燒的浪；浮在海浪上面的海礁是黑色的；成萬只鼓著翅膀的海鷗，在「火和血」的海空里翻飛，織成壯美的畫面。

他無心欣賞這眼前的風光，把烱烱目光向前再向前。祖國啊，一提起你的名字就使人熱血沸騰、熱淚盈眶，就是重洋大海也不能把你和我們隔斷。狗不嫌家貧，兒不嫌母醜。儘管你是貧窮落後，在世界上被凌辱、被蔑視，空有那雄偉的山脉，奔流的江河和悠久燦爛的文明。但是，勤勞、勇敢、聰明、智慧的中華兒女怎甘祖國母親長久地在被欺凌和蔑視中流灑鮮血和苦淚！我們要救出我們的母親！少年的宋查理正是懷著這個宏願，含淚一步一回頭地離開祖國，踏上陌生的異邦土地的。十年後的今天，當他以「美利堅衛理公會（基督教組織）全州執事」的身份。踏往故鄉的途中時，他是何等的激動啊！十年了，風風雨雨的十年，三千六百個日日夜夜，作爲異鄉漂泊的遊子，他有多少人生感慨啊！那感慨化作海潮，湧向他記憶的閘門，撞擊著他那記憶中的深井……

1875年仲夏的一個傍晚，大海狂暴得像個惡魔，往日平靜的清瀾港失去了平衡。海浪卷著泡沫，冲擊著石砌的護堤和開往科西嘉或西班牙的商船，發出巨大的嘩嘯，轉眼間撞得粉碎，于是頹然跌落下去。海浪起伏著，稍稍平穩了一會兒，又奔騰起來，重新聚集力量，出

人不意地向岸邊猛撲上來。濕漉漉的濱海路上跑來了一位少年。他，看模樣十一、二歲，黑葡萄似的眼珠似有幾分哀愁；菜黃的臉蛋，衣衫襤褸，褲腿短了些，膝蓋上打了塊黑色補丁，和他那周身淡藍色的衣褂不甚和諧。他就是當年的韓教準，今日的宋查理。十年過去了，少年和青年時又是多麼的迥然不同！

韓教準，跑到這裏要幹什麼？眼睛中爲什麼帶有幾分哀愁？原來他出生在海南島的文昌縣酒鎮古路園村，是位貧困、度日如年的農民的兒子。在那個可恨的年代裡，不是父母嫌棄兒子，而是養活不起兒子。父親韓鴻翼便把他過繼給二伯父韓錦彝。二伯父又把他帶到天涯海角的美國馬薩諸塞州波士頓，在一家茶葉絲舖當跑堂伙計，維持活路。韓教準天生麗質聰穎，其兄政準、其弟致準難能相比。他那黑而亮的大眼睛便是他心靈的窗口。通過這扇「窗口」便可窺探他心靈的秘密；在偌大的世界家族裡，他深知東方民族的落後。和所有要上學的孩子一樣，他渴望受到美國式的教育，實現自己耀祖光宗的夢想。可是一貧如洗的他，談何容易！今天他又挨了老板娘的打。那不是打，那是對他人格的欺辱。本來是屁大的事，不足掛齒。老板娘讓他給她洗褲頭，老板讓他去售茶。從小就不爲五斗米折腰的他，沒有按老板娘的話去做，而售茶去了。中午收工回來，老板娘鼻子不是鼻子，臉不是臉地大發脾氣。罵後不給飯吃不提，接著她又把那髒褲頭、臭襪子等，一股腦地向韓教準腦門投來。韓教準

受不了，于是便不顧一切地向海岸跑來。再加上他早就渴望異國教育，一跑到港口時，他就把目光投向了一艘停泊港灣內，上面掛有星條旗的「科爾法克斯」號船上。大個子、高顱骨、黃眼睛的船長，名叫查理·瓊斯，此時正在用自來水冲船，當他轉移到前艙時，從店鋪裏逃出的韓教準，以他特有的機靈，躲過了大副船長的眼睛偷偷地溜進了後艙室，然後又慌慌張張的轉移幾個地方，最後到了船長剛冲洗好了的厠所裡，把門關了起來，反上了鎖，心裡跳著：「好險啊！」

「科爾法克斯」巨輪離開港口30海里後，這個自以爲得計的「小犯人」被人發現了，被一個膀大腰粗的船員揪著頭髮拖了出來，帶到大個子船長面前。

「哈哈，瞧你這双眼睛倒很聰明，可是聰明反被聰明誤啊。要知道無票乘船者，是要餵蟹的！」外貌粗野凶惡的查理·瓊斯船長扳過小傢伙的頭，一陣冷笑。

韓教準在船長的冷笑中，身子骨不住地發抖。片刻，他眨了眨眼睛，心裡稍平靜一下，然後扑到瓊斯船長那双黑明顯亮的尖牛皮鞋前，伸手抱住了双脚，就像抱到了一根救命稻草一樣，苦苦向船長哀求：

「船長大人，我知道你要拿我餵蟹，那是不費吹灰之力的。可是……」

「可是什麼？」船長提高了嗓門。

「可是若拿我餵了蟹，你將缺少一個擦皮鞋的伙計，還得勞累你的双手。」

瓊斯船長驚愕了，眼前這個貌不出衆的小頑童，如此機靈巧妙，並透有幾分貼心之意，他不得不恢復理智重新審視著他。但見這孩子生得虎頭虎腦，圓轆轆的小臉蛋，透出幾分俊氣；鼓鼓的小嘴巴，金魚似的，純眞可愛。一双圓溜溜的大眼睛，鑲了一圈烏黑閃亮的長睫毛，眨動之間，透出一股聰明伶俐勁。和他所見過的東方孩子所不同的是，這孩子膽量過人。他以前是收過幾個船員伙計的，可是和這孩子比較，彷彿遜色太多。這時的瓊斯船長，立即把口氣緩和下來。

「孩子，能告訴我嗎？叫什麼名字？」

「韓教準。」他用剛學的英語蹩嘴地回答。在美國人聽來，恰恰像是「查爾斯・沈」。後來落到瓊斯船長花名册，當然也是這個誤聽的名字啦！塡寫花名册的日子爲1879年1月8日。船長根據孩子的回答，把他寫成16歲，因爲這是當船員的最低的合法年齡。事實上，韓教準當時只有14歲，顯然孩子的虛報年齡是必要的，也是機靈的。

這是第一個記載的關於韓教準用「沈（SUN）」做自己的姓的例子。到哪隨哪，韓教準並不反駁糾正。在他終于學會寫英語之後，他把「沈（SUN）」拚寫成「松「SOON）」，也許是因爲在他聽來二字是一樣的。後來他回中國探親，他又感到不得不放棄西方習慣

而隨中國的習慣，于是他把SOON（松）改成（SOONG）（宋），這是淸朝的宋的公認英語拚法之一。韓敎準爲了感激船長查理・瓊斯收容，索性將自己的名字改爲「宋查理」啦。

船長查理・瓊斯在詳細地問過宋查理的履歷情況後，接著又問：「孩子，我的孩子，你爲什麼要逃出來？十指連心，難道你不想家嗎？難道你不怕家人掛心嗎？」

這一問不要緊，剛強的孩子禁不住心酸地哭了，哭得好痛心。好久好久，他才停下來，斂了斂淚水，抿了抿乾裂的嘴唇，顫顫慄慄地傾訴個沒完……瓊斯船長聽了，拈衣揩淚。算他幸運，別看查理・瓊斯船長外表看來是個粗野的海員，其實倒是個心地善良的基督教徒。那時，船長的權限可以處罰偷乘者：一是餵蟹，一是指定他在下一個港口上岸。可是好心的船長，兩種懲罰的辦法，他都沒採用，而是同意讓這個偷乘者在船上當伙計掙飯吃，一直到這艘客輪完成了航行任務重返波士頓。

韓敎準畢竟有韓敎準的心計。

但是，這個中國孩子已博得船上人們的喜愛。是聰明是勤奮，或者說是有眼光還是什麼？以致輪船在波士頓靠岸，他又藏起來時，船長也裝作視而不見。當船啓航，再度駛向南方時，他立即出來又拚命地幹活，拖船艙、擦甲板。他的勤奮和天賦，隨著日月的增添，化作了人心的眞誠，也織成了一座天橋，一座通往彩色夢的天橋。

多虧查理‧瓊斯船長的眞誠相助，宋查理在「科爾法克斯」號船上當上了雜役，成爲美國財政部稅務局一名領工資的船員。

他得到的不僅是一個新海員的名字，而且還領到美國政府官方船只上雜役穿的嶄新漂亮制服。當他從理髮館出來時，他又剪掉了滿淸政府留給他腦後的那條羊尾巴辮子，使人認不出他是東方黃種人的後裔。憑著這個身份，宋查理在以後的一年半裏乘「科爾法克斯」號船進進出出波士頓港，再也不怕被人發現了。

每到星期天，瓊斯船長總是詳細地向宋查理講述西方國家的歷史、地理和典故，還有基督教的故事。可是西方的旎旖風光、動聽故事怎能抵消他對故土的熱愛、對父母的眷戀。祖國啊，如一團燃燒的火焰在他心中釋放著能量。有時，瓊斯船長也傾聽這孩子用蹩脚的英語談他的理想，談他如何熱切地希望獲得美國的教育，這樣就可以回去幫助他那備受壓迫欺凌、飽嘗辛酸的祖國。瓊斯船長理解孩子，宋查理也眞誠地感激這位異國之父。不過他的感激沒有停留在漂亮的言辭中，而是付諸在双手上。

僑居波士頓的「天朝人」，爲數很少。他們住在查爾斯河另一岸的坎布里奇。他們是中國的有錢人家送進美國去接受西方教育的子弟。譬如溫秉忠和牛尚周。溫和牛都來自花花世界大上海，畢業後返回上海，娶了兩姊妹爲妻。當時，此二人成了查理的聯合保證人。他們

取得了同樣的財富和社會地位，在推動中國出版第一批西方教科書方面都起了重大作用。他們對中國現代史，對宋家王朝的興起有過深刻的，不過是間接的影響。

溫和牛當年是作爲廣東人容閎所組織的中國教育團的成員來到美國的。宏閎是在美國大學畢業的第一個中國留學生。他在耶魯大學求學時，即已決定通過把中國有希望的青年送到西方中學和大學的辦法，來爲改革祖國作出貢獻，1871年，清朝政府批准他的計畫，而來自上海的小青年溫秉忠和牛尙周就是屬這批也是首批留學生。

這批血氣方剛的青年，追尋血緣，不久便跟宋查理取得了聯繫。異鄉尋知音，天涯會故人。爲探討振興祖國之路，怎樣按西方模式改造中國，他們不惜一個又一個夜晚，一個又一個黎明……

他們勸查理到學校去，學一門有意義的職業。理想再一次揚起了查理胸中的風帆……世界上的事有些是簡直不可思議的，一旦你被理想占據的時候，你將擁有一座向天噴放的火山，不管堅硬的地殼怎樣竭力阻擋。

宋查理回到船上，再次向瓊斯船長傾吐燕鵲鴻鵠之志，西方船長理解了他。作爲基督教徒的瓊斯船長，他也有他的更遠的想法。他想把西方的基督教理傳到東方去，這不僅是他的光榮，也是西方的文明。

于是瓊斯船長便用心栽培他信教。在船上教他，回到家後又在爐邊教他，星期日則帶他到衛理公會教堂做禮拜。查理．瓊斯船長給查理買了他第一套西服，是一套蘇格蘭粗花呢西裝，前面有四個銅扣子。查理每星期日穿這套西裝去做禮拜，戴白色大硬領、繫黑色寬領帶、風度瀟灑。

1880年1月1這是船員退役的季節，查理的前途似乎相當光明，因爲他被錄取再服役一期。但出乎意料的是，四個月後查理．瓊斯船長被調去北卡羅來納州威爾明頓。

查理接連兩個月悶悶不樂。他寫信給查理．瓊斯請求他想想辦法，可是杳無音信。有時，當查理徘徊在海邊散步的時候，無意之間，他竟否定了人的主觀作用，而相信命運之神來了。顯然命運對他太不公平了。他眞想面對大海、面對蒼天大吼一聲。正在這時，朝夕相處的海琪向他跑來了。

「查理，你的信！」

「哪來的？」

「瓊斯船長。好消息，他要把你介紹給軍人羅杰．穆爾上校，他可是陣線街衛理公會教堂的頭面人物，負責男子讀經班。你有救星了。」

「眞的？」此時此地，正在迷惘之中的查理，眞不相信眼前這一切是事實。可是白紙黑

字，他不能不信。哎！命運之神啊，祢竟是這樣的捉弄人！查理高興了，他沒有跳起來，而那緊鎖的眉頭像花兒一樣綻放了。在海琪的眼裡，查理那笑容來得這麼快，這麼好看，還是有生第一次。

……………

驀然間，艙頂上方的喇叭響了，驚醒了沉思中的宋查理。原來，客輪經過七天的航行，已從公海域駛入中國海區。宋查理這個遊子隨著海浪的翻滾，心理更是漲起了潮汐。

天色亮了。

朝陽的金暉銀絲反射到海面上，熠熠升輝，五彩繽紛。風也柔和了，拂著查理的秀髮。大海在查理眼前呈現著各種姿態，變幻著各種顏色。黑黝——翻滾；墨綠——潛流；發白——奔流。而有時，海就像在你的脚邊輕輕絮語：「歡迎你，漂亮異鄉的遊子！」

一陣沉重的「喇叭」響後，客輪如初恢復平靜。宋查理點著了一只雪茄，默默地抽了起來。噢！先前的回憶到哪裡了？對了，在他走投無路的情況下，瓊斯船長給他來了一封足讓他高興的信。

一周後，穆爾和他的朋友們把查理帶到第五街教堂，把他介紹給托馬斯、佩奇•里考德牧師。這年宋查理剛滿17歲。

這件事引起了牧師和他的全體教徒的無比興趣。正當此時，許多虔信上帝的美國人一心一意要獻出他們的毅力和金錢去傳播教義，「拯救」世界上那些他們認爲可憐誤入迷途的非基督教徒。

查理遇到了知音里考德牧師。里考德是一位在「上帝的熔爐」裡鍛造出來的。當他遇到查理時，這位見多識廣的牧師，一眼便掃出這個東方人，天庭飽滿，地頷方圓，舉止文雅，談吐直爽，深深地喜愛上了他，包括他那青春妙齡、姿容秀麗的女兒莎蒙德。後來，這位傳道士邀約查理來家會客廳私談，其女兒莎蒙德則端來連他們家人也不常喝的檳榔汁，暗送秋波。

檳榔果在宋查理的家鄉——海南島來說是友誼和幸福的象徵。若是走家串戶，誰帶來了檳榔果，誰就是給主人帶來了友誼和幸福。若客人登門，主人首先捧出檳榔果招待客人。即使不會吃檳榔的客人，也得吃上一口表示敬意。相傳檳榔果還是黎族愛情的信物，姑娘一旦看中了小伙子，先要向男方家送去檳榔果，表示求婚之意。小伙子若是相中了姑娘也是如此，當對方收下，就表示定下了婚約。

宋查理的臉有些發燙，心怦怦跳動，莫非莎蒙德小姐諳知自己家鄉的規矩。管她呢！也許自己多心。

「爸爸，我看查理先生能成爲您最好的一位教徒，不信，你先收下他。」莎蒙德是一個調皮的丫頭，她說話總愛反著說。這不是別的，因爲她摸透了爸爸的脾氣。只有這樣，爸爸才能採納她的意見。

「我的好女兒，你不要躭心，我早已許諾收下他了。我想讓查理受到西方教育，將來做傳教士，甚至也許是個行醫的傳教士，那麼他就可以把技術帶回中國，醫治他同胞的身體和心靈。那時，他的命運，也許還有中國的命運，就可以改變。」

「我們想到一起去了，好爸爸。」莎蒙德激動地站了出來，挽住爸爸的手。

1880年11月7日上午，查理洗禮儀式在十六號教堂隆重舉行。

偌大的教堂，由16根擎天柱支撐起的拱頂，彷彿是一座中國蒙古包。陰森的氣氛，陰森的牆壁，就連人們頭上的黑色頭布也透著陰森。衆教徒俯下頭去，黑壓壓的一片……一位中國皈依者將是享受這項莊嚴權的人之一，也許是迄今爲止在北卡羅來納州接受基督教洗禮的第一位「天朝人」。主持這場莊嚴儀式的當然是頭面人物里考德牧師。

里考德今天破例穿戴一新，艾伯特親王式排扣禮服大衣，禿頭頂上戴著假髮，滿面紅光神采奕奕。此時他站在聖壇前，迅速向教堂目掃一周，此時，鼎鐘敲响十一下，宣布洗禮儀式開始。全肅靜下來，連掉根針的聲音都能聽到。

這時，宋查理由穆爾陪同，從后側門步入教堂大廳，穿過衆多的人叢，來到聖壇前，在階梯上鋪平一塊手絹，跪下祈禱一番。全體會衆看見一個「天朝人」向他們的聖壇鞠躬祈禱，教堂頓覺生輝，七星高照。衆教徒爲之振奮、歡呼。

里考德在這一切之后，抖了抖双排扣禮服大衣，然後在聖壇前跪下祈禱一番，接著站起身，信步走到查理面前，用他那被聖水洗過的手，輕擾著查理的黑髮。這位傳道士莊嚴地給他施洗禮並命名他爲「查理・瓊斯・宋」。

儀式完畢後，會衆走出教堂，步入黃昏之中。仍處在激動狀態之中的查理一再自豪地宣布，他已「找到救世主」。這些爽直熱情的人，聯合起來有巨大的力量。他們什麼事都能做到。他們成了他的新家庭。他告訴他們，他很想回中國去當傳教士。他們聽了他的話也感到極其高興。在里考德牧師和穆爾上校的帶領下，他們便著手于他們的新事業——在世界東方建立他們的教會組織。

宋查理接受洗禮若干天後，便在當地一家印刷廠找到工作，開始學做生意。與此同時，決定查理的事情已開始醞釀……

把一個得救的異教徒送回去向他的異教徒同胞傳教這個想法，對威爾明頓的衞理公會教徒產生了可以預料到的影響。現在他們有了黃金時機，通過查理改變一個遙遠的、世界上人

們不大了解的地方的歷史。當地的會衆連夜討論該採取什麼辦法，一個宏觀規劃擬定了，而降落到查理用聖水洗過的頭上。

第一步是讓查理接受西方高等教育。殊不知當時滿清政府派留學生來美國也鳳毛麟角。宋查理是榮幸者。

爲了讓查理盡快入學，也即是在查理接受洗禮後第二個星期，里考德牧師發出了兩封加急信件；一封是寫給聖三一學院院長克雷文的，建議該學院能不能錄取一個中國青年，讓他也爲偉大的事業上學；另一封是寫給南方最有錢的人之一、北卡羅來納州達勒姆的朱利安·卡爾，請求他資助查理的學費和生活費用。

卡爾擁有驚人的財富。他是當時當地的大資本家之一，美國人無人不曉。

事情比預料的好得多。里考德牧師的兩封信發出不幾天，幾乎是同時收到了兩封回信，實乃双喜臨門，兩個人都愉快的應允了。尤其是百萬富翁卡爾·確實像個有錢紳士，財大氣粗，樂于施捨。

1881年4月一個溫暖而灰濛濛的傍晚。太陽慢慢地鑽進薄薄的雲層。暮色好像懸浮在濁流中的泥沙，在靜止的時候便漸漸沉澱下來。也如沙土的沉澱一樣，有著明顯的界層，重的濁的沉澱在谷底、山麓，所以那兒便先暗黑了。上一層是輕清的，更上則幾乎是澄澈的，透

明的了。在那暮色沉澱的山麓，一列從威爾明頓開來的火車，轟鳴著，吼叫著，把宋查理和里考德牧師帶到達勒姆——當時的一座邊境小城鎮。

達勒姆車站。

卡爾的一輛四駕馬車早已停在接站口。卡爾的妻子夢莎夫人也來了，和丈夫一起迎接里考德和一個陌生的宋查理。他們焦急地等待著，不時地抬腕看錶。

「啊，他來了！」夢莎夫人撞了丈夫一下。卡爾向站口望時，在那人流中果然望到了大個子里考德，可以說，和周圍的人們相比，他是鶴立鷄群。

「啊，我的好朋友，里考德！」卡爾急忙上前和他擁抱。接著又把夫人介紹給他。里考德也把查理介紹給卡爾夫婦：「他是查理，給你們添麻煩啦！」

「甭客氣。多麼精神的好小伙子！」卡爾拍了一下宋查理的肩頭，然後用手一指「請上車吧。」

宋查理有滿肚子話要感謝這位陌生的恩人。可這位恩人給他的第一印象：話兒太稠，以至使他插不上口。

查理欠了欠屁股上了馬車的後緣，並坐了下來。他身穿的是一套體面但款式並不時新的嗶嘰西服，亞麻布襯衣外面加上一件背心，領子下面是里考德太太給他結的一條活結領帶。

他頭髮短短的，在右邊分頭，梳得整齊光滑。經過仔細擦洗的臉，笑容可掬。按西方的標準來說，這東方來的查理漂亮得使人感到意外。

車子通過街道時，人們無不為這個俊小伙嘖嘖稱讚。車上的夢莎夫人也誇獎說：「讓我看來，你一點也不像中國人。穿著講究，舉止瀟灑，我要是姑娘，也一定會愛上你的。」查理笑了笑，算作禮貌的回答。

卡爾夫婦盛宴款待了他們二人。

里考德和卡爾是酒友又是牌友，他們在夢莎夫人的陪同下，整整玩了一個通宿。第二天里考德告辭了卡爾夫婦，並對查理叮囑了幾句，主要意思是要聽卡爾夫婦的話，努力在聖三一學院把功課學好，莫負衆人一片厚望，然後乘火車匆匆返回了。

鑒于聖三一學院的入學手續還沒辦完，查理不得不在卡爾夫婦家裡住下。他單獨住一間房。查理隨身帶的唯一家當是他一直在船上用來編織吊床的小木梭。編織吊床這項手藝是其他水手教他的。他向卡爾夫婦提出，在達勒姆繼續出售吊床賺點零花錢。卡爾雖然樂于施捨，但也贊成他的這一舉動。

查理的入學手續辦好前，已在這裡住了三個星期。三個星期也許對某些人來說不算長，可是我們活躍的查理幾乎結識了達勒姆的每一個人。其中最重要的也是使查理難以忘懷的乃

是出名的詹姆斯・索思蓋特和他的女兒安妮。她成了查理的心腹知己和共謀者。

……

突然間，客輪停下了。是不是拋了錨？年輕有爲的查理從沉思中再次醒來。和他一起去中國上海衞理公會的傳教士柏樂文博士走到他的身邊，說：「查理先生，吃點早點吧。」

「我不想吃，你先吃吧。等到了上海後，早飯、午飯一塊兒吃。」

查理不是不餓，顯然他是太激動了，昨夜他幾乎沒合眼。

啓明星收起了最後一縷光焰，紅太陽的金輝灑滿了雲天和大海。陸地近了，成群的水鳥在藍天和碧水之間翺翔。它們飛得那樣自由暢快，翅膀上抖落的水花像噴霧一樣灑在佇立在甲板上的宋查理的臉上和身上，使他感到又涼爽又親切，一種從未體驗過的踏實、溫暖的感覺洋溢在他的心頭，更增添了他胸中的豪情和對往事的回憶。

辛酸的往事使人難以忘懷，回憶往事又使他變得幸福、自豪……

查理在卡爾夫婦家住了三周，在卡爾大丈夫般的慷慨資助下，他以激動的心聲，邁進了聖三一學院的紅門。聖三一學院是南方經歷了內戰後保存下來的少數學院之一。與國內其他學校相比，院長布拉克斯頓・克雷文，和他所選擇的教授都是國內出類拔萃的。查理作爲這

所學校的新生，當然感到自豪。因此他走進校門時，頭是高昂的。他的打扮，包括他的服裝，都盡量和這座莊嚴神聖的學院合諧。

1880～1881年的大學學年記事表上，在聖三一學院註册的，共有40名學生。其中37人來自北卡羅來納州，一個來自弗吉尼亞洲，一個來自佐治亞州，一個來自中國廣東文昌縣，即宋查理。由於他沒有什麼正式學歷，而且只粗通英語，他在聖三一學院作爲一個「特別預備生」註了册。這在當時的美國並不是異乎尋常的安排。教授們同意讓他入課程緊湊的預備班，把其他學生要用十年學完的讀、寫和算術壓縮到只用幾個月學完。大家都明白，要把查理培養成準備終身爲他自己的民族當一名傳教士的人，因此可以省略正規教育中的許多方面。例如，只需要教他略懂拉丁文、希臘文和德文就行了。雖然教這些文種是學校大多數教授的專長。他們集中力量教他學好英語，並使他完全沉浸在《聖經》裡……

在聖三一學院期間，查理住在甘納韋教授家裡（甘納韋是該學院的「元老」、拉丁文講師），而他的學習却安排在該院院長布拉克斯頓·克雷文教裡。對這個孩子來說，這是個有益無害的安排。院長夫人是一個優秀的家庭教師，自動擔任輔導查理的功課。她對這個年輕勤奮的中國人很快產生了好感。許多晚上，她同他坐在一起，講授西方文化的難以理解之處，查理有時能領悟，有時則死記硬背地接受下來。查理是一個敏捷的仿效者，能夠複述他讀

過的《聖經》上的詞句和他在佈道會上聽到的說教，彷彿他已經懂了似的。但是他那過目不忘的驚人記憶力和倒背聖經如流的本領，足令教授他的老師驚訝。因此他給老師的印象極深。老師稱他「聰明的東方星」。

如同其他學生一樣，進了聖三一學院，如進了人生一個重要階梯。宋查理自己則說，「他如同進了天堂。」他心情是可以理解的。因此他對時光的珍惜如同黃金，這一點兒也不過分。他入學不久，便提筆把這一消息告訴了他遠在大洋彼岸的中國父親。信如一團火，帶著他情切切、意綿綿的情愫。

親愛的父親

我寫這封信是要讓你知道我現在在那裡。我1878年離開了伯伯，來到美國，我幸運地發現基督是我們的救世主。上帝爲了基督在路上見了面。現在達勒姆主日學校和聖三一學院正在幫助我，我正加緊讀書，以便能回到中國，向你敍說達勒姆朋友們的厚道和上帝的恩惠。上帝派他親生的兒子到塵世來替所有有罪的人贖罪。我是一個罪人，但由於上帝的恩惠而得救了。我記得小時候你到帶我一所大廟拜木頭菩薩。父親啊，拜木頭菩薩是沒有什麼好處的。你就是拜一輩子也不會有一星半點的好處。過去，人們對基督毫無所知。但是現在我已經找到了一位救世主，不管我走到那裡，他都來安慰我。請你洗耳恭聽，你就能聽到神靈在說

話。請你抬頭向上看，你就能看到上帝的神光。

我信賴上帝，希望憑上帝的意志再次在這個世界上看到你。接到我的信請馬上回信，我將很高興聽到您的情況。請把我的愛轉達給母親、哥哥姐姐妹妹以及你自己。我以後再寫信的時候會告訴你們更多的情況。父親再見，請把信寫到北卡羅來納州聖三一學院。

您的兒子 查理・瓊斯・宋 上1881年6月25日

事隔不久，查理便收到了父親的回信。父親的囑咐又化成了查理學習的動力。查理格外的勤奮了。當時溫秉忠和牛尙周兩位留美生也來聊天給他加以鼓勵。血氣方剛的小伙子更是人喜心盛，共同的理想、共同的目標，使他們比翼双飛。

最初，宋查理的同班同學認爲他是一個怪人而疏遠他，然而不久，在一次「萬聖節」晚會上，他們才發現他是一位有脾氣而不可小視的人。

萬聖節（11月1日）如中國的淸明節一樣。美國人雖不信鬼，但在萬聖節前夕（10月31日），必繪鬼頭于燈籠，中燃蠟燭，晚間懸掛在荒郊樹枝上，門外及窗上畫有鬼像，或繪一鬼頭。小孩多作古怪鬼叫，可以縱情玩鬧。

也就是在這個特殊的晚上，查理的同學想用一個假面具嚇唬他。待查理回到他黑暗的房

間，發現燭光映照的一張鬼臉斜眼看著他，使他覺得將有大禍臨頭之兆。像他在多年後告訴他的孫子們的那樣，他最初以爲是有個中國妖道追上了他，他狼狽地癱倒在地上……直到他聽到惡作劇的同學們發出咯咯的笑聲後才恍然大悟。說時遲，那時快。他立即走近假鬼頭，猛地一拳把它砸得粉碎。他沒有笑，那些捉弄他的人，頓時也停止了笑聲。彷彿誰再笑，他那揮起的拳頭定會無饒。

儘管查理是個有脾氣的人，但是他還是受到大家的熱情歡迎。他們喜歡拿他開玩笑（但這玩笑再不敢過分了），取笑他是一個「秦尼」（中國人），還拿他名字逗樂。對這些青少年的惡作劇，他也以恰當的青少年方式來對付，他有他自己作弄人的辦法，並且反駁別人，磨練了自己的口才。也許他那超人的口才是那時練成的。至於他那奇怪的到美國後採用的姓名，他越來越愛怒氣冲冲地頂嘴說：「我寧要松（SOON），也不願遲了。」

查理的恩人們唯恐他忘掉給他選定的嚴肅命運，按照要他向異教徒傳教的要求嚴格訓練和改造他。不僅在私下裡，而且在公開場合都讓他牢牢記住他的使命。1881年萬聖節前一周，在聖三一學院的小禮堂爲他舉行了一個令人印象深刻的儀式。克雷文院長也兼任當地的本堂牧師。那個星期日，他的佈道主題是：「到全世界去向每一個人宣傳福音。」這次講道是針對查理的，並宣布了他的任務。作爲這個星期日禮拜儀式的一部分，這個少年的會員資格

正式從威爾明頓轉到了聖三一學院，在會上唱了衆多的聖歌，許多人同查理握手、祝賀。

宋查理總是在卡爾教授（又稱之將軍）非常舒適的家中度過假期，並且親熱地稱呼「卡爾父親」，顯然他們間的關係是很融洽的。但是，他沒有趁機利用此人的慷慨大方，而是堅持用出售細繩吊床賺來的錢來補助自己的生活費和學費。據說，在達勒姆地區，幾乎所有的花園都有這種精緻的吊床。

「卡爾父親」給查理印象很深，乃至從他身上學到了不少東西，因爲他幾十年以後還繼續模仿卡爾的生活和卡爾世界裡的許多細節，或是把它們移植到上海。隨著查理展開自己的生活，這些影響產生了一種有趣的共振，其中包括給他孩子們取名字，對他的妻子使用暱稱以及他所從事的事業。卡爾還給了宋查理一種非常有效的商業教育和做生意的判斷能力，培育了他企業家的才能。

荳蔻年華的查理對姑娘們的興趣越來越顯而易見。全班來自各州的40名同學，最引起查理注意的是埃拉．卡爾這個瘦高個的長腿妙齡少女。他父親的教授，是朱利安．卡爾較窮的堂兄之一，在聖三一學院教授希臘文和德文。這個中國少年同卡爾教授及其妻子交朋友，一連好幾個鐘頭坐在他們的客廳裡聽她拉琴。

毫無疑問，由於查理對埃拉小姐的迷戀以及經不起溫暖舒適和透過楡樹吹來的琴聲的誘，

惑，使他在聖三一學院的日子猝然結束。

在家靠父母，出門靠朋友。多虧卡爾將軍從中出面說情。宋查理便轉學到田納西州的納什維爾市萬德畢爾特大學的神學院。卡爾將軍和查理的其他支持者確信，這個年輕的中國人眞是在認眞準備，以便將來在他本國人民中間卓有成效地傳播基督教。他們認爲，和聖三一學院相比，萬德畢爾特大學對他是更有利的地方。

對于宋查理來說，離開那種非難之聲的包圍也許更好些。可是人是有感情的高級動物。臨別那天，他向住熟了的那個家庭和聖三一學院那些已經混熟的朋友們道別，就像他離開文昌縣家鄉時一樣難分難捨。他向他忠實的朋友和導師克雷文太太告別時，他按中國的習慣站在她面前，發表了一篇準備好的講話，並贈送給她一個手工製作的吊床。話還沒有講一半，便講不下去了。他伸開手臂抱住她，難過得突然哭了起來。

在威爾明頓，這段插曲曾被添油加醋作爲醜聞流傳。可是絲毫沒有影響他在新的萬德畢爾特大學的學習生活。吃一歲長一智。後來的三年，他以優異的成績畢業於該校。

在畢業典禮的前夕，校長霍蘭・馬克諦耶主教把查理叫到了自己的辦公室。

「查理，我的優等生，三年來你很刻苦，你像我所見到的東方人一樣，有堅強的毅力和驚人非凡的記憶。記得我曾聽過你的幾次佈道，對你的所有聽衆來說，是富有啓廸精神的。

現在要畢業了，你有什麼想法？」

「我尊敬的校長，我有想法，但更多的則沒有想法。該怎樣地告訴你呢？」查理答道。

「那就有話直說吧！」

「爲了我的祖國，我總算完成了學業，多苦多累不講了。現在我一心想家，我感到人離開了祖國，那麼渺小！多麼寂寞！遠離親人，久在異鄉。我覺得我眞像密西西比河中順水漂浮的一片小木片。」他此時淚流滿面。什麼話也說不下去了。校長一步上前，張開手臂抱住了他，並向他保證說：

「查理，我知道你，我理解你。請你鎭靜些，別激動！請容我給上海的布教團寫封信，林樂知博士會儘快安排你的。如果那樣，豈不兩全其美！」

北卡羅來納州的夏洛特，這一年夏天來得特別早。早晨，天就熱得發了狂。太陽剛一出來，地上已經像下了火。一些似雲非雲、似霧非霧的灰氣低低地浮上空中，使人覺得憋氣。街上的桉樹像得了病似的，葉子掛著層灰土在枝上打著卷；枝條一動不動，無精打采地低垂著。一年一度的衞理公會全州大會在這裡召開。衆徒以隆重的掌聲通過了查理被任命爲執事的決議。他這年才19歲，按會章規定，他只能得到一種臨時性任命，等待兩年後轉正。但是主教馬克諦耶進行了干預。他希望這個中國佬立即回中國佈道傳教。

宋查理得知這則消息，高興得幾乎跳起來。入學深造是他的平生要求，然而任命爲執事又是他平生的夙願。于是，查理作了一次鄭重的旅行，向朋友們一一道別。路線，也是他走過來的路：納什維爾—達勒姆—威爾明頓—華盛頓。

按理說，應該先到聖三一學院，那裡有更多的老師和同學。可是，一度使他聲名狼籍的這個學院，那是他的羅曼史慘敗的地方。當他濶步來到學院門口時，他却戛然停下了脚步，想起來也沒有多大意思，既然是這樣，何必還要去呢！於是他向卡爾父親的家走去。在他匆匆與卡爾一家作了最後的拜訪之後，然後回到他在威爾明頓第五街的老教堂，爲感激里考德牧師對他的培養，作了一次告別佈道……總之，他覺得該告別的都一一跑到了。

這一切完畢後，查理便同行醫的傳教士柏樂文博士才在納什維爾坐上火車前往堪薩斯城，然後他們從那裡改乘横跨美國大陸的火車。

當時的美國，無法無天的西部，正在對華人採取狂暴行爲。隨着白銀所帶來的繁榮結束，經濟衰退在19世紀80年代席捲了西海岸；製造商們轉而雇用華工，因爲「天朝人」沒有那麼多要求。作爲報復，居心叵測的報紙主編和政客煽動失業的白人掀起「黃禍」狂烈。唐人街被放火焚燒。白人詔安維持會員組織「剪辮子會」。

他們不僅剪掉中國佬的辮子，還剝掉他們的頭蓋皮。到處發生美國向來沒有的砍頭事件

。

成千上萬中國人紛紛逃避白禍，回到中國。結果，美國西部華人的人口在19世紀末從11萬減少到只有6萬。在查理回上海途中，這場大屠殺達到了高峰，令人髮指。

查理是在隨時可能喪命的情況下橫穿這個國家的，不過他自己並不知道。太平洋兩岸都產生了見諸暴力的敵對情緒。幸而他平安到達舊金山，乘太平洋郵船公司的輪船駛向橫濱和上海。

浪跡十年後的今天，他終於回國了。如今上海虹口港已顯現在他的面前。

晨霧漸漸散去。湛藍湛藍的海水裡，倒映出林立的桅杆和搖曳的鐵臂；半弦月的海灣中，停留著衆多的待出海的船隻。他看見，一艘巨輪，高掛著三色旗，離開碼頭，駛出港灣，拉響汽笛，迎著初升的太陽，威風凜凜地出海了……

查理乘坐的客輪慢慢駛進渾濁的黃浦江，靠近、停泊在虹口英聯船塢的碼頭邊。

查理和柏樂文博士走下了客輪，然後改乘一條舢板向外灘駛去。一個乾瘦有力的老婦用力搖動船尾的櫓，緩慢地駛過蘇州河口，靠近英國領事館前面的堤岸。

祖國啊，兒子又回到了您的身邊！

2

宋查理滿腔熱情地從大洋彼岸回到國內後，並不像他想像的那樣順利。他受到衞理公會的頂頭上司林樂知博士的白眼。幾經交涉，他被安排在上海近郊的吳淞口佈道，月薪不到15美元。

且說他還要在本教會的學校負責教授孩子，不然15美元也發不全。學生是來自鄉下一些無法無天的粗魯兒童，喜歡捉弄老師。胡適就是查理的一個學生，他後來上了康奈爾大學，成了中國赫赫有名哲學家之一。當時他就是調皮孩子中的「王后」。每當查理出現在講台上時，他寬濶的身體、剪短了的頭髮和紮實的華南人面容，引起了學生們嗤嗤竊笑。他等待這陣喧鬧平息下來，然後打開他的課本，開始講課。學生們馬上靜了下來。倒不是查理講的課吸引了這些學生，而是他給人強烈的印象，感到他是和他們同類的人種。查理是靠自己的力量到西方去的，既不是持有某種清政府的護照，也不是作爲受傳教士保護的人。他是來自下層的。同一輩子打赤脚在稻田裡度過、脚趾像鴨掌一樣張開的農民一樣，查理的脚趾間也還留有泥土。第一學期結束了，消息傳開了，這個班的人數由原來的12名，翻了一番，達24人。

但是對普通中國人來說，他的穿戴和舉止又是使人發笑的。別的中國人都穿黑布長衫，或褪色的藍上衣和褲子，頭髮梳成辮子，而查理穿的卻是洋鬼子的西服，短髮，梳的是整齊光滑的西式背頭，顯得很精神，富有朝氣。他的臉從不掩藏他的感情，而是西方式的坦率活潑。他身材短小精悍，兩只眼睛深邃而明亮。兒童們在街上看見他便叫喊「洋鬼子」，他們的父母則叫他「小矮子」。

然而，查理的上司林樂知博士認爲，查理充其量只不過是一個有抱負的農民，決不能讓他以假充洋。他決心剝掉他這種美國外表。首先，查理必須學講上海話，少講英語。教他的老師是查理・馬歇爾，原來也是一位中國人，小時候作爲南方衞理公會傳教士凱利博士的僕人在美國呆過了14年。

查理，馬歇爾同宋查理之間的語言課，常常變成爭論怎樣用正確的英語表達中文。宋查理由於受過大學教育，難免要糾正他老師的英語。

「你，你這個自命不凡的傢伙！」他勃然大怒。「你幹嘛用那種北方佬的講法來糾纏我。我講英語的時候你還沒有出生呢！我過的橋也比你走的路長。你給我滾。免得我看見你生氣！」

……不歡而散。出於無奈。查理被派到內地，在昆山當一名巡廻傳教士。他活像呑

吃了一只綠頭蒼蠅，敗興透了！

盡管這樣，查理還是走馬上任了。查理依靠微薄的收入租了一所簡陋的村舍小屋。這算不得什麼小屋，面積小且不說，四面透風。遇到陰雨天，外面下大雨，屋內下小雨。正像這間房子一樣，這是一個幻想破滅的嚴峻時期。他不願出屋，也不想出屋。他發現中國人和西方人都不喜歡他，而有意避開他。喜歡群居和天生幽默的村民對這個陌生人頗有幾分戒心。因爲他打扮著不倫不類。他爲傳統封建的中國所包圍，爲那些對西方一無所知的人所包圍。最後，他不得不收起美國服裝，穿起中國長袍，戴上瓜皮帽來。

孤獨與他作伴，他成了一個怪人。他經常躲在屋裡，想入非非。想過在美國時一些厚道人對他的眞誠幫助，想林樂知爲什麼老跟他過不去。有時他想得發呆。恰在這時，埃拉·卡爾姑娘去世的消息又給了他一個可怕的打擊。……

時來鐵也生輝，運退黃金失色。突然他時來運轉。這一天，他在屋子裡簡直悶死了。於是他爲散心，來到上海的黃浦灘。他的兩腿似墜兩個沙丘，徘徊在那裡。但是天是晴的，風是柔的，海是平的。他心情不好，頭老是低著，似是一個幽靈。

「查理，是你？」突然一個熟悉的聲音從他背後傳來。查理轉過頭去，只見一位風度翩翩的青年立在他的面前。他高個兒，寬額，大眼，五官端正，容貌俊美；略欠強壯的體態。

但顯得挺拔，瀟灑。他不是別人，正是查理在美國時相識的學生牛尙周。

「尙周，我就是查理。」

尙周、查理二人張開双臂，朝著對方撲去。他們盡情地擁抱、親吻。許久許久，查理首先鬆開了尙周。並向他說了自己的苦悶、心酸，末了道：「我是多麼的孤獨啊，有話無處講，只有影作伴。」

「那麼說，你還沒有婆娘？」尙周聽了一愣道。

「婆娘，可能還在老丈母娘肚裡呢！」查理嘆口氣道：「像我這人，人家當面喊我洋鬼子，姑娘見我躲得遠遠的，誰家丈人敢招咱這樣的女婿！」

「別自卑，你這小伙子除了個頭矮些，不是蠻精神嗎！我看姑娘有的是，怕是攀不著。」牛尙周拍了一下查理的肩膀說：「要解除煩悶，我看得找個老婆摟摟，是不是？」

牛尙周的一席話把宋查理逗笑了。「看你說的，誰像你。」宋查理說著說著，揮拳友好地向尙周背上砸去，牛尙周馬上求饒道：「別打了，打壞了，我看誰給你找老婆娘？」查理把拳斂了下來。牛尙周心裡明白幾分，看來查理確實想找婆娘了。而他那企圖掩蓋內心秘密的揮拳行動，又是顯得多麼滑稽、可笑。

也許是查理斂拳感動了牛尙周，牛尙周果眞自告奮勇充當了傳統的中國式媒人，並通過

他的愛妻，把他那19歲的小姨子介紹給了查理老弟。

牛尙周剛剛同中國最古老、最卓越的基督教家庭之一結親。相傳這個家庭是明朝宰相的嫡系後裔，在1601年由於耶穌會的先驅傳教士利瑪竇而皈依天主教。

牛尙周的岳母出生在上海西郊徐家的產業所在地。她的家庭教師是一位姓倪的學者，是聖公會的教徒。長期相處後，她嫁給了這位倪先生，自己也成了聖公會教徒。這對夫妻生了三個女兒。倪太太讓每個女孩都纏足，以保持中國傳統的三寸金蓮之美。可是輪到小女兒就不行了。小女兒對纏足反應不適，發了高燒。出於父母疼愛兒女之心，只好作罷。由於她失去中國傳統的三寸金蓮之美，因此也不成爲當時中國紳士們的求婚目標。像其他大男大女們一樣，她成了令父母頭疼的「困難戶」。要知今日，何必當初。父母每每想到這裡，免不了互相埋怨一通。

「醜小鴨」成了三女兒的代名詞。實際她的眞實名字叫倪桂珍，不過外人很少叫了。女大十八變，隨著她年齡的增長，她的學者父親意外地發現，盡管有一双大脚，但她却愛好讀書。並且家裡的很多重活她能幹得很好。她五歲的時候跟著一位家庭教師學習漢字、書法、經書，而其他女孩則在練刺綉。她8歲上布里奇曼女子學校。學校是上海的婦女聯合救濟機構開辦的。14歲時因學業成績優異被送進上海西門的佩文女子中學，17歲中學畢業。她的數

學成績很好，還會識譜彈鋼琴。這對大多數中國人來說，鋼琴是洋樂器，彈鋼琴可不比一般。

牛尙周從美國波士頓回國，倪桂珍女士的大姐同他是天生一對，非常合配。通過應有的媒人說合，就定下了文明婚禮。牛尙周的表兄和知心學友溫秉忠當時也從波士頓回來。在牛尙周同大姐結婚後不久，溫秉忠便娶了二姐。只留下一個妹妹——就是受過西方教育、喜歡彈鋼琴的大脚姑娘倪桂珍了。

如果說她找婆家難的話，那麼宋查理找妻室也不容易。爲了成全他們二人，溫秉忠和牛尙周想了個兩全其美的辦法，讓查理陪他們去教堂，因爲倪小姐當時在唱詩班唱贊美詩。啥叫贊美詩，即是二人一唱一對，猶如東北吉林地區的「二人轉」。且說那個星期天，查理隨二位長兄去了。他站在尙周老兄的身後，尙周給他使了眼色，他展眉一瞧，見是一個使他心滿意足、耳目一新的美人。她，臉頰豐滿、笑靨動情，且有一双溫柔的眼睛，髮型輪廓呈可愛的圓形，齊嶄的劉海，平直的黑髮向後梳，挽個髻。左邊的頭髮裡揷了很小的一串珍珠，熠熠生輝。她身穿翡翠色的緊身旗袍。情人眼裡出西施，宋查理一見鍾情。且說19歲的倪桂珍小姐比查理還小兩歲，她的個頭也幾乎同他一般高。而她流露出的特徵和風度不同於那些年輕貌美的女人。只要小姐不挑自己什麼，宋查理何樂而不爲呢！

同天下午，也有人向倪小姐的母親介紹了查理的優秀人品。眼下正爲三女兒婚事發愁的倪母。略一思忖，也就應承下來，表示這門親事可以談談。

3

如果說查理與桂珍的婚事是傳奇性的，那麼他們二人的婚禮更是閃電式的。一點也不誇張，他們二人從相識到結婚不到兩個月。他們既沒有花前月下的戀愛史，也沒有更多的相互約請。據查理回憶，他只約了她一次，可是小姐的母親還沒有答應。他們屬於中國那種傳統式的婚姻，先結婚後戀愛。

說起他們的閃電式結婚，這也合乎了查理的典型性格。這個人辦事情一向是痛快的，決不像某些人拖泥帶水。他有「一急四快」之稱，即是性子急，吃飯快，走路快，話說快，辦事快。他胸有大謀，從不甘心寂寞，按心理學分類，他屬于膽汁質型，情感強烈、持久、並易爆發。有時也會因爲一點小事，就大爲生氣、憤怒、與人爭吵，甚至動起手脚來，大有「拔劍而出，挺身而鬥」之勢。

結婚爲人生之大關。

1887年仲夏的大上海，雖屬海洋性氣候，天氣還是異常的熱。

天熱不如人心熱。查理閃電式的婚禮便在這坐著也出汗的季節裡舉行。儀式由傳教士克拉倫斯・里德主持，由於倉促，算不上很熱鬧。證婚人作了簡單介紹，新娘新郎向來賓敬了烟、茶，然後一陣喧鬧，並把二位新人推入了燭影洞房。

中午，由倪家出面舉行了上海傳統式的家宴。客人來了不少，坐滿了五五二十五桌，幾十道菜，大桶的高架泥酒，數以百計的親友和查理並不認識的其它有勢力的頭面人物——他們是通過商業、銀行、各種行業、軍界以及朝廷裡的熟人同他新結親的岳家有來往的人。結婚對於查理來說，等於通往一個新世界的門已經微微打開。遺憾的是，沒有記載表明查理自己的家庭是否有任何人從海南島來參加這一盛典。要知道青紅幫在上海的公共租界有很大勢力，如果查理的父親或哥哥來參加是不會使人感到意外的。

婚禮之後，查理把新娘帶到昆山度蜜月。蜜月把情人們溶化爲一起。薪金的菲薄，並沒有影響小兩口生活的甜蜜。他們15美元維持著生活、維持著這個剛建立的家庭。幸而新娘按習俗從娘家帶來豐厚妝奩使收支相抵。這是寶貴的老本，包括那套金銀首飾。她的家族還使查理得以進入某種相當於英國伯爵地位的小圈子。他這時在中國的上層社會有了地位，眼界開濶了，可望充分利用他們的錯綜複雜的人事關係所提供的機會已經到來。

新婚後的查理，時來運轉。愁悶由歡樂代替，孤獨由伉儷伴陪。人生竟像萬花筒。

查理奉命繼續在昆山任職，雖是同樣的工作，但查理已不再對前景感到沮喪了。對於那個頂頭上司林樂知博士，再不覺得有什麼可怕了。這不是別的，他胸中已經有了一個絕秘的計畫。1887年11月4日他寫給《基督教倡導者》的信，可以反映他那美妙的前景。

信是這樣寫的：

「仁慈的上帝一直對我很寬厚，我十分感激他。前景是非希有希望的。上帝的神靈正在快速地找到通往他愚昧無知的子民的心靈的道路。我祈禱和希望上帝今年為了基督使我們具有許多崇高的品德。

我們的中國佈道團會議已經舉行而且閉幕了。他們沒有改變對我的任命。每一個人都繼續擔任自己管的任務。我回（昆山）再任職一年。依靠上帝的恩惠和幫助，我希望為我的救世主比以前任何時候都做更多更好的工作。

我們在蘇州為婦女開辦的醫院已經建成。但是主管人、內科醫生菲利普博士正生病在上海。我們在上海英租界新建的磚砌教堂正在進行最後的修飾。

中國即將翻開新的一頁。它已經制訂了各種各樣的方案和計畫。政府正在考慮修建一條從北京到廣州的長鐵路，行駛西方式的火車，另外還將在福摩薩島修建一條鐵路，運載朝廷

軍隊到各個荒野的地方去制服該島不馴服的部落。

我即將結束這封信，但是在結束之前，我必須告訴你們，我同過去不一樣了——我已經結了婚。結婚儀式是由我們佈道團的克拉倫斯・里德主持的。

……

從上面這封信中，粗心人還看不出來什麼變化，可是細心的人，早見端倪。

查理的天賦使他不甘於安安心心地當傳教士。他不是一個常人，是一匹脫繮之馬，很有魅力，精力充沛，好動，適應性強。他天生不是唯唯諾諾的人。查理・瓊斯船長、卡爾以及里考德牧師——全都是善于處世的人——從他身上看到了聰明、多才多藝和機靈等品質，這使他們向他伸出援助之手，好像他們承認有一種相似的精神。眞正把他們吸引到他身上的是他的膽大包天、旁若無人，因爲他們每一個都以自己的方式打破了傳統。最後，查理具有的是打破規章制度而不是保持規章制度的天賦。在當時的歷史時期的中國，非常需要能夠打破規章的一類人。舊秩序已經成爲包袱。溫良恭儉讓那一套令人窒息。

1888年，也是中國社會最動亂的一年。我國古老的春節前後，宋查理已經開始正式加入了在上海的一個有勢力的秘密會社，開始從傳教士到革命者的過渡。無法精確說出確切的日期或前後的情況，因爲這些全是極其保密的。但是他同共和黨人反滿陰謀的關係到1894年已

牢牢確立，而且同大多數上海的其他革命者一樣，是以參加最有效率的反滿三合會（即所謂紅幫）爲基礎的。

且說紅幫是中國最有影響的，也是最耐人尋味的組織之一，在上海的當權人物中，除非你是紅幫的成員，否則你就微不足道。介紹查理入會的顯然是他的無處不在的姻兄牛尙周和溫秉忠，因爲他們非常慷慨地使他混進了他們的家族，交上好運。由於他們，查理才闖進了現實世界。從這時起，他的大多數最密切的中國同事都是紅幫的愛國成員。後來，大家都知道，宋查理印刷了三合會的所有秘密文件和政治宣傳品。

查理的秘密生活從此開始，只是到1894年他才與三合會上層發生了他一生中最重要的接觸。但是他已經在一個兄弟會的幫助下走上了自己的路，這個兄弟會通過後門提供了上海所能提供的一切。現在要由他來利用他的好運道了。

查理發財的客觀條件並不是突然出現的。那是從他的傳教士生涯和他的新的秘密生活之間的異花授粉演變來的。有諷刺意味的是，查理正開始作爲一個傳教士而取得成功。1888年他被提升爲正式的牧師。第二年，他調到了上海地區，進一步接近中國的財政和革命的中心。1890年，他停止巡迴佈道，成爲上海郊區川沙地方的傳教士。

資本主義的細胞也漸漸注入了他的大腦。1889年底，查理挖門子找路子想弄點外快，最

後找到了一份兼職的差事，自美國聖經協會當代理人，替它出售宗教書刊。這個組織向世界各地提供不同文字的廉價《聖經》。他發現在偌大個中國，只有中等階層才買得起這些書。也只有他們才讀得懂。他通過替美國聖經協會當推銷員的切身體會，懂得了一些經濟學的道理。如果他能買下幾部印刷機，用當地產的便宜紙張、硬紙板封皮和中國廉價的勞動力來全天開工生產，他就能夠以低廉的價錢複製和大量印刷西方的英文書籍，其價格是所有中國人（除一般農民）全都買得起的，凡是能讀書看報的人就能看懂《聖經》了。兩全其美，何樂而不爲。

但是，這項值得稱道的事業，很容易從一些西方傳教組織和宗教團體得到金錢方面和技術方面的幫助。實際上查理不久就開始爲好幾個傳教團體承印零星印件，甚至還從林樂知博士的《教會新報》得到了優厚的佣金。他靠翻印西方的歷史、科學、技術書籍又使利潤大增。他還可能偷偷地爲秘密社團印東西。包括政治性小册子和有關成員的資料。

他的姻兄溫秉忠是一位教育家，同朝廷關係很不錯，希望以西方的知識和技術來武裝中國的君主立憲新派。溫秉忠敏銳地看到，如果能在中國廉價印刷西方的教科書，即便是英文版的也能使千百萬人受到西方教育，這將有助於國家的復興。

查理很需要錢。因爲沒有錢，他們夫婦結婚三年沒要孩子。現在桂珍已經懷孕，查理忙

于無錢的生意。

1890年，她生下了他們的第一個孩子，是個女兒。查理給他起名叫靄齡，又給她起了一個英語的教名——南希，這是爲了紀念朱利安・卡爾夫人南妮・卡爾。

1892年1月27日，桂珍生下了第二個女兒慶齡，給她起的英語教名是羅莎蒙德，那是爲了紀念里考德牧師的女兒羅莎蒙德・里考德。

到第二個孩子出生的時候，查理在經濟上已度過難關，出現了轉機。他用妻子的嫁妝，加上每位姻兄弟各出相當可觀的一份錢，再加上紅幫兄弟們的大筆投資，又新買了幾部印刷機，還在法租界買下一幢不大的房子來安放這些印刷機。

這一大膽舉動，使查理的收入隨之大增，其數額之巨，遠在最辛勤的出版商之上。

他的境況大不一樣了。

他經常坐保鏢拉的黃包車，來去於他的出版社。當時的上海郊區（林樂知博士也住在郊區），越往外舖得越開，房子也越豪華，中間相隔的農田也越大。在肥沃的菜地中間一條土路的盡頭，查理聳起了他的第一座眞正屬於他的住院——宋家別墅。

在查理開始經營出版事業時，富有的埠豐家族聘請他去當一家麵粉廠的經理。這家麵粉廠後來發展成亞洲最大的麵粉廠之一。

埠豐家需要一個像查理那樣能夠在東西兩方兩種文化之間奔波周旋的人來充當頭面人物。他作爲他們的買辦，同西方人談判，向他們介紹西方的動向和態度，在他們的工廠購買美國機器時充當仲介人，查理在經商中顯露出他的才智。

卡爾在美國擁有百萬美元的碾禾工廠。查理在他的幫助下成了爲中國人擁有的工廠進口重型工業機械的第一批中國人中的一個。他是埠豐家各工廠的英語總經理，而且以後終生都擔任這一薪金極其豐富的職位。對他的報答是讓他成了公司的重要股東。

這種買辦的角色正是激起中國20世紀以來多次革於動亂的仇恨情緒的關鍵因素。那是一種複雜的角色，幾乎牽線搭橋人與顯貴之間，它於東方各種不同的經濟階層聯系在一起，並在東西方之間起著潤滑作用。

上海，一座買辦的城。

查理正是憑著自己與別人不同的先天條件——一位美國培養出來的中國傳教士轉變成了買辦的。

默默無聞的查理在1893年至1894年間突然發跡成了一位赫赫有名的人物。他既是公共租界內一座重要教堂的傑出牧師，又是事業上搞得成功的出版商和實業家。西方人不再把他看作一個讓人瞧不起的「本地傳教士」，他在上海灘開始小有名氣。

他是一位別具魅力的中國最早企業家。他事業上的成功，正是中國人所贊美的那種幸福結局。人們談論著他的事業所取得的成功，一傳十，十傳百，越傳越厲害，傳奇式的人物就這樣開始形成了。他成了中美兩國人民心目中的英雄。他簡直成了中國的「神」。

然而就在他幾乎是一夜之間成了暴發戶後，貧窮被富裕代替，他的第三個女兒，來到了這個陌生的世界。

第二章　炮火伴她誕生

4

1897年陰曆二月十二日（陽曆3月5日），上海市郊虹口小區還沉睡在黎明前的黑夜裡。灰天上透出些紅色，地與遠樹顯得更黑了；夜風也累倦了，草虫也停止了低吟，萬物俱靜。

「哇哇哇！哇哇哇！」

驀然間，一聲新生嬰兒哭叫，黎明前的平靜被打破……

那第一聲哭啼還沒結束，突然被猛烈的炸彈聲和榴彈炮聲所代替。「這是發生了什麼事

？這是發生了什麼事？」人們揉著惺忪的眼睛，從被窩裡爬起來，趕到屋外觀看著，只見一束束拖著尾巴的曳光榴彈像流星一樣在上海上空飛來飛去，有的在空中開花，有的在地面爆炸，虹口市郊的房屋起火，火焰映紅了半邊天。淒厲的緊急警報聲和沿海停泊的輪船拉響的汽笛聲，此起彼落，揪人心弦。

轟炸持續了18分鐘。

虹口一片火海。

轟！八角樓掀去了頂；轟！天井里落進了炮彈；轟！又一家人喪了命。

住在西廂房的7歲靄齡和五歲的慶齡，被這遠程炮彈的怪叫聲驚醒，發現保母不在，起床跑出去看究竟。她們倆跑到院子裡，只見灰濛濛的天上，曳光榴彈正在空中升騰開花，像焰火一樣，煞是壯觀。她們並不害怕，反覺得很新鮮。齊聲吟頌著剛剛在外面學了的一首順口溜：

「長長的尾巴大炸彈！」

「越拋越多越好看。」

……

她們一遍又一遍地吟頌，突然一束怪榴彈，越飛越低，向著她家俯冲下來，緊貼著她家

的屋脊擦過去，投下一串黑呼呼的東西，劈里叭啦地落在中介院的空地裡。

「妹妹，危險！」靄齡拉過慶齡趕緊往屋裡跑。剛進了屋，一陣暴響如炒豆一般在院子裡響起，嚇得姐妹倆緊緊捂起了耳朵。

「姐姐，眞響！」慶齡對姐姐說。

「還響哩，多險呀！」靄齡不滿地瞪了慶齡一眼。

大榴彈落下，炮彈響後，宋家院子又恢復平靜。姐妹倆有點心跳，想找前院中正在分娩的媽媽，從中得到慰藉。也正在這時，前院傳來嬰兒墜地的「呱呱」聲。那聲音伴著節奏、悅耳動聽，比那剛才的炮聲要好聽。姐妹倆會心地笑了。

「一定是媽媽生了。」

「姐姐，你猜媽媽生了個弟弟還是妹妹？」

靄齡洗耳細聽。

「我聽好像是弟弟。」

「不，我聽好像是妹妹。」

「我猜得對！」

「我猜得對！」

姐妹倆頂起嘴來，怎麼辦？只好找媽媽見證。於是，她倆飛也似地向前院跑去。她們剛跑了半路，啊喲，只見一束該死的榴彈又飛了回來，投在了媽媽的住房上方。「轟隆」一聲，房子被掀去了半個角。

此時，她倆都意想到了將要發生不可想像的事，齊聲呼喊著媽媽，奔跑著，也不怕榴彈再來轟炸。她們把母親的生命看作高於自己的一切。

「媽媽！媽媽！」她們奔跑著，越過彈坑，跨過一片廢墟，跑到了媽媽的住房前停下了脚步，但見房門木從上面倒了下來，橫在當門，擋住了去路；右角房架，連同牆壁陷了下來；火燃燒著，從窗口的房頂上面延伸……

姐妹倆千遍萬遍地呼喚著屋內的媽媽，可是媽媽沒有應聲。是不是媽媽被炸死了？一種不祥之兆升在姐妹倆的心頭。她們決定從亂木下爬進去，去覓尋他們的媽媽。

「靄齡，危險，不能爬！」

正當姐妹倆俯下身，向屋內爬時，她家的佣人趙三伯趕到了，揮手制止了她們。

「媽媽在裡面！媽媽在裡面！」姐妹倆哭喊著。

「知道了！你倆快到一邊去。」趙三伯說完，順手扒開了門前的幾根橫木，上面掉著土

，他便冲了進去。縱身躍步，只見窄而拐彎的過道裡，已被大火封住，窗格木質部分呼呼著火。於是他便繞了一個彎，進了宋夫人的臥室，還好，這間房子沒冒頂。他很快摸到了宋夫人床前。剛分娩的宋夫人呻吟著，還不知外面發生了什麼事兒。新生的嬰兒已被接生婆用白紗布包好，放在宋夫人頭前。也許嬰兒對炮聲的敏感過度。「哇哇」地哭喊著，那聲音透著幾分歇斯底里。

嬰兒是母親的希望，救人先救嬰。趙三伯首先抱起嬰兒跑出了屋；接著又衝進去救出了宋夫人；等趙三伯再次衝進房去救接生婆梅氏時，火已蔓延到整個房間，滾滾濃烟。趙三伯好不容易找到梅氏，並起身抱時，只見上面燃燒的房架，「轟隆」，一聲坍了起來，一座別墅，頃刻化爲了廢墟……

小美齡仍「呱呱」地哭叫著，像一支唱給爲她而捐軀獻身者的輓歌。

小美齡哭了一整天，一直到爸爸宋查理從百里外聞訊趕回。

宋查理自從1894年和孫中山相識後，就成了他的追隨者和革命者。他們的名字在從事歷史上一項重大秘密活動的過程中，被婚姻和神話的紐帶永遠聯結在一起。他們一道迷惑滿人，使滿清帝國瀕於崩潰、垮台。

他們倆兒都是廣東人，同是三合會成員。倆人都是在國外受過教育，且又都是基督教徒

。倆人都曾想學醫，都有宏大抱負，但儒家思想占上風的社會却是很難突破的。他們彼此肯定都能從對方身上看到一個同心同類的自我的形象。所以，他們一見如故，中山無錢，查理有錢。查理甘心做他的，不，也是革命的「財政部長。」

廣州起義慘敗後，孫中山在一夜之間成了著名人物，成了公認的反滿事業的旗手。他的大名也上了官方懸賞緝拿的名單。

此後16年間，他一直是一名被通緝的罪犯，亡命國外，無法返回中國國土。他比以前更得依靠宋查理的接濟，更得依靠黨內其它領導人來代他料理革命事務。他從這個國家轉到那個國家，四處尋找華僑的支持，畢生都在不斷奔波。

日本轟炸虹口區的前一天，他收到了孫中山在海外的來信。信的大意是，要積蓄力量，積蓄財力，以利再戰。中山先生在「積蓄財力」四字下面圈了紅圈，以示重要。

作爲他的支持者，也是「財政部長」對這種圈圈，當然心領神會。如何生財?他想起了華美書館陸續出版的許多世俗和宗教書籍，其中包括由他的老友林樂知博士出主意編印的中國最早的方言《聖經》之一——《蘇州方華聖經書》。

他想，如果把此類書翻譯成白話文，降低成本，擴大發行量，那將是一筆相當可觀的收入。於是，宋查理主意打定，決心幹一番事業，他不得不拋下即將分娩的妻子。驅車來到了

老友林樂知住處，日本狂轟炸那陣，他正同林樂知洽談出版業務。約莫一個小時，家裡來了電話。

「什麼事，使你這樣著急？」他問。

「虹口區遭到轟炸。」

「我們家怎麼樣？」

「房子坍了兩間半。」

「沒事。人呢？」

「夫人和孩子好好的，只是趙三伯和梅氏遇難。」

查理聽到這裡一陣心酸，「是這樣吧，我的牛兄，你先幫我處理一下，我這簽完合同便回。」

「不，夫人叫你現在立即返回！」

「爲什麼？」

「夫人已經生產了，給你生下個千金，需要有人照顧。」

查理又由悲轉喜：「好，好，我盡快趕回去。」

查理接完電話，面無驚色，又回到先前的座位上，接著先前的話題，侃侃而談起來，就

像地球仍然圍著太陽旋轉，一切如舊，好像什麼事也沒發生一樣。直到他落筆簽完合同後，太陽已經落山，他才想起了那個被他拋在腦後的事——家。他急匆匆和林樂知博士握手告辭，上車。

暮色茫茫，山水樹木。都蒙上了一層灰色的紗幔，景色迷濛起來了。查理驅車來到家時，只見廂房和墻垣都已倒塌，燒焦的棟樑呈現一片可怕的黑色，斷瓦殘垣中間或露出枯黃的破布碎片……此時，他才感到事情的可怕，但他並不爲倒塌的房子可惜。他認爲破財滅災，錢是人掙的，何況他手中出版合同已簽成，決不是一位數兩位數的問題，而是五位數六位數的問題。面對著這堆廢墟，似乎他又有了某種安慰。

他繞過廢墟，走向後屋。還沒進屋，就聽見妻子對他的數叼聲。數叼是很尖刻的，不堪入耳。可是查理都挺住了，並不還言，他認爲可能妻子全是對的。在家務上，查理沿用了封建傳統的做法；由妻子去做，飯好去吃，衣好去穿，他是位家庭的甩手掌櫃。他精於理財，可是却連孩子的出生都算不准。他知道家務這副擔子有多重，他感謝妻子每當他做完事疲倦地回來，總有一個清潔舒適、芳香四溢的環境。

按過去說，妻子數叨完，撒完氣後，只要他不還言，口氣就會好轉，就會由陰轉晴。可是今兒不尋往常，妻子眞的動氣了。查理理解妻子，妻子今日爲他喜生千金，不是比他手中

的萬貫合同還多嗎！在家務上，她是功臣；在事業上，他是英雄。他走到妻子床前，抱起那個白胖胖、水靈靈的千金小姐吻了吻，然後把臉轉向妻子道：

「我還該做些什麼？」

妻子見丈夫這般溫柔，可怕的事情過去了，也不便再說什麼，便道：

「三伯和梅氏爲了我和孩子，全都『犧牲』了。姐夫已把後事處理完，你快把錢給姐夫送去，並感謝一番。」

「是。夫人之令，丈夫遵旨！」查理放下千金，打了個不倫不類的官場手勢，像孩子般樂哈哈地跑出了屋。妻子望著他那可笑的身影，會心地笑了。

爲紀念死去的接生婆梅氏和趙三伯，查理給千金起名爲「美（梅）齡」。

5

繼靄齡和慶齡兩位千金之後，在美齡之前，倪桂珍喜得貴子，他的中國名字叫「子文」，洗禮時被命名爲保羅，但後來人們都簡稱T・V。

美齡之後，桂珍又生了兩個兒子——子良和子安。宋家子女爲三男三女，已經齊全。

和別的中國封建家庭相反，宋家則重女輕男。宋家三姐妹出生後，傳說母親倪氏都有準

確的觀天。他說靄齡出生時，月亮是圓的，說明她的姻緣是美滿的；慶齡出生時，月亮是彎的，說她要守寡；美齡出生時，月亮是昏的，說她要有氣。迷信雖是不可信。可事情的發展確是千眞萬確，又讓人難以解釋。

宋夫人在生育最後一個孩子後，更加虔誠地信奉基督教，在虹口宅第主持家務也開始嚴厲起來。宋查理開始以「媽咪」相稱，就像卡爾稱呼妻子南妮那樣。但是兩者間的相似之處僅此而已。在這個家庭裡，分工是極其嚴格的。妻子管家務，丈夫管事業（理財），教育孩子是他們夫妻間双方的義務。

他們每天都按時起床。宋夫人不像其他貴夫人一樣會打牌和跳舞，因此她視跳舞和打牌爲墮落行爲，嚴禁兒女們沉溺於此類娛樂。美齡出生後，在上世紀末、本世紀初的時候，她從一位精力充沛的少婦變成一位篤信宗教的貴婦人。1900年儼然是她人生的「正午」，「上午」她縱情歡樂，「下午」則變得莊重嚴肅。孩子們的個性也明顯地體現出她的這種變化來。頭四個子女性情活潑、頑皮、精力充沛、富有創造精神。後兩個兒子子良和子安則性情溫順、謹小愼微。

母親對孩子的影響是大的，當然父親也不例外。查理對頭幾個孩子可以說，嬌縱放任，百依百順，有求必應，使他們養成了一個信念：世上無難事，只怕有心人，大千世界皆受他

們的支配。他擴大了他們的慾望，使他們樹立了只有以非凡的幹勁和永無止境的進取精神才能實現鴻鵠之志。他經歷過各種各樣的驚濤駭浪，對自己的冒險有許多故事可講。他本人就是一個「膽大者事竟成」的活楷模。

但是，到後兩個兒子出生的時候，查理終日忙碌，再也不能像對其他孩子那樣把大量時間花在他們身上了。他正漸漸發展成百萬富翁，同時他又擔任了革命黨的執行秘書，同流亡異國的孫博士（孫中山）保持著密切的聯繫。結果，只有1900年以前出生的幾個孩子成了燦爛奪目的傑出人物。

三姐妹中，父母最寵愛的是美齡。也許她年齡占了最小的優勢，也許她那楚楚動人的外貌更使人喜愛。

和大姐靄齡相比，美齡不像大姐那樣身材矮胖，相貌比較平淡，像個頑皮的男童。她疏眉細眼，小鼻子微微地朝上翹著；薄薄的兩片小嘴唇像金魚似的；兩顆小酒窩兒，嫵媚多姿。

和二姐慶齡相比，一樣嬌柔，一樣俊俏。從眉毛到眼睛都很相似。唯有她不如姐姐慶齡長得耐看。且說她們倆的性格也迥然不同。如果慶齡比較纖弱、文靜、溫柔的話。那麼美齡則像大姐靄齡一樣顯得傲氣逼人，孤芳自賞。

因此，美齡憑藉自己的優勢，在宋氏家庭裡稱王稱霸，誰都要聽她的指揮；她虛榮心極強，自恃有能力而忘乎所以；她個人至上，大家又都要讓著她；她天生高人一等，還是個年輕姑娘的時候就動輒激動，目空一切，盛氣凌人。在她眼裡，她崇拜刻苦勤奮的大姐靄齡。靄齡讓她幹什麼，她就幹什麼。在靄齡發號施令，處理家務事的時候，她總是在一旁聚精會神地注視著，就好像她正在實習，準備將來接替這個角色。

查理寵愛美齡，無論到哪兒去都帶著她。他領她去參觀印刷所、麵粉廠、香烟廠和紡織廠的內部運轉情況；在他們二人坐在私人黃包車上（拉車的兼當保鏢）從大街上經過時，他向她揭示城市的內幕和暗藏的弱肉強食的眞相。美齡成了他辦公室少不了的人物。在商人來騙取他父親的錢，或者邀她父親向前景莫測的項目進行投資的時候，她坐在不顯眼的位置平靜地瞧著，臉上毫無表情。因此，女兒的聰明伶俐、天性機靈，也是受查理薰陶的結果。

且說美齡五歲那年，就吵著非要跟靄齡去馬克諦耶女子學校讀書不可。當時這所學校簡稱「中西女中」，校長是海倫、理查森。「馬克諦耶」是上海專爲外國小姐開設的最時髦的學校，是以那位曾經使查理過上清苦的傳教士生活的馬克諦耶主教的名字命名的。現在校長理查森是位非凡的女性，是位頗有成就的教育家。查理通過和這位校長的關係，先後把靄齡、慶齡、美齡送進了這個學校。

開始宋夫人覺得孩子小，沒答應美齡要求，可是丈夫宋查理可不像妻子，他尊重孩子自己的意見，在美齡提出上學的第二天，他就親自到了學校，找到了理查森校長，談明了這件事。理查森也是位辦事利索的人，當下就拍板答應下來。

第三天，晨熹初露，紅霞碎開。美齡便首先喚醒爸爸，起了床。

她打扮得整整齊齊，穿著一條綠褲子和一件方格呢上衣；辮子上繫著蝴蝶結；右口袋裡裝著一小盒卡拉德和鮑澤公司的黃油奶糖，左口袋裡則是一小盒該公司出的又苦又甜的巧克力。她和父親坐在前一輛黃包車上，後面一輛黃包車上放著一只嶄新的黑提箱，裡面裝的是她的衣服和其它用品，所有物件上都按照寄宿學校的要求，端端正正地寫著她的名字。

查理領著美齡到理查森校長那裡報了名。留給美齡印象的是：爸爸和校長很熟，他們倆爲贊揚她的美還開了幾句玩笑哩！此刻，美齡聽了覺得自己的臉微微發紅、發燙。

直到父親把她留在理查森女士的書房裡，走出屋把沉重的門關上之後，她才情不自禁地掉下淚來。

美齡在馬克諦耶女子學校成了轟動一時的人物，這是查理以外的所有人都始料未及的。她成了學校的福星。她學習很用功，同學們佩服她，老師表揚她，校長在全校大會上誇贊她。也許她受不了表揚，也許她的行動壓根是爲了獲得表揚。不久，她就孤單起來。在那幾個

星期裡，她白天表現得非常好，很受衆人喜愛，甚至連一些年齡比她大的學生也聽她擺佈。但是，一到晚上，宿舍黑乎乎的，外面刮著風，樹影斜映在窗上，晃來晃去，似鬼非鬼。她孤零零一個人躺在床上，常常給惡夢嚇得發抖。甚至尖聲叫起來，搞得整個宿舍不得安寧。

宋查理得知這個情況後，最後不得不把她領回家，重新請人單獨教她念書。她沒有靄齡、慶齡那樣的堅強。她實在是過於容易衝動了。在過分激動的時候，她會突然出蕁蔴疹。因此，父母教育她竭力控制自己的感情。

美齡在家只讀了四年書，四年後恰趕聖約翰大學少年班招生。這是聖公會在上海辦的一所學校。美齡心高，決心要試它一試。應該說美齡從「中西女中」回來後，學習是用功的，四年的刻苦學習使她具有一定的基礎和實力。

且說這次招生考試分別爲初試和複試。招生考試時，恰好父親查理不在家。母親對美齡的應考是非常支持的。應考那天，她親自陪同美齡去考場。女兒在屋裡考，她站在屋外，一站就是兩個小時。女兒的希望就是母親心中的雲霞。

按考場規定，初試及格進複試，不及格就被淘汰。經過初試一場，有一半人被淘汰下去。

張榜復試名單那天，人山人海，實在熱鬧。人們紛紛從各地趕來看那複試的人員中有沒

有自己的名字？這一天，美齡也領著母親去了。本來美齡知道母親身體不佳不讓她去，可是她執意要來。當她看到「美齡」的名字出現在榜文上的時候，她高興了，大聲喊道：「美齡有你的！」

「媽媽，在哪裏？」

「你看，那不是明明寫著嗎！」母親心裡一陣激動，只覺眼睛一黑，便癱倒在地上。

「媽媽，媽媽，你怎麼啦！」美齡喊著去扶媽媽。誰知媽媽的心臟病却被這場意外的高興誘發了。

第二天上午美齡複試的期間，媽媽還躺在醫院急救房裡。美齡沒有去複試，因爲這時她離不開媽媽呀。可是當媽媽醒來時，得知女兒爲了自己沒有參加複試時，後悔得無地自容。她猛抬右手向大腿上砸去：「都怪你！都怪你！你這個老不死的東西，毀了女兒的前程！」

第三章 求學於大洋彼岸

6

1907年，虹口英聯碼頭的早晨。

海風送爽，剛剛露出紅紅胖胖的圓臉，還未施放出淫威的太陽，掛在遠方的海水平面上。水的反映，形成上面一個太陽，水下一個太陽，好看極了。

一艘「滿州」號遠洋巨輪鳴叫著，緩緩地轉向、調舵，離開碼頭；碼頭岸邊送別親友的人潮在揮手含淚致意。

「再見了，孩子。」

「再見了，媽媽。」

……

今日一分手，孤蓬萬里征。在這個世界上，可以說宋查理是位剛強不阿的人，此時，他和他的夫人倪桂珍，站在碼頭邊，向遠行的千金——慶齡、美齡，還有護送千金的溫秉忠姨夫，拂袖揮淚致別，目不轉睛地盯著「滿州」號客輪。

「爸爸，我已經不小了，不要爲我擔心！」依在欄杆上的美齡揮著手向親人告別。此時，她自己沒把眼淚掉下來。也許她認爲，她若是哭了，父母會格外掛念她的，因爲她最小，爸爸媽媽最寵愛她。

「媽媽，你有病，要注意身體……」站在美齡旁邊文靜的慶齡，可不像妹妹，一句話沒有說完就揮淚不止了。從小看大，也許一個人的性格終生是不會改變的。慶齡從小就嬌柔、纖弱、沉靜、下嘴唇微噘，眼睛裡流露出溫柔、遐思和傷感的神情。在美齡的眼裡，她像紅樓夢中的林小姐，又像中世紀被囚禁在塔樓裏的人質，似乎正在從遙遠的地方悲哀地觀察著世態人情。說心裡話，美齡並不十分喜歡她，對她倒是有更多的同情。

如果說分離是痛苦的，那麼團圓則是甘甜的。可是團圓的甘甜將是在何年何月何日呢？人們揮手依依惜別。

依依惜別的深情，像根紅絨繩牽著你和我，連著我和他；像扯不斷的風箏繩，拴着游子的心。

當客輪消失在驚濤駭浪之中，人們互相舉目難忘時，低下頭來，不免又有幾分哀愁。是啊，美齡和慶齡是第一次漂洋離家啊！兒是娘的心頭肉，作父母的不掛心是假的。

爲了孩子的上學，宋查理夫妻間曾有過尖銳的意見分歧。夫人倪桂珍畢竟是在中國這塊封建土地上出生的女性，封建性的「忠孝禮儀、三綱五常」難免影響她。她本身的經驗就可證明。她認爲女孩不像男孩那樣，男孩可以出洋上學，女孩則不必要。和她觀念相反的恰恰是她的丈夫，他受了十年的西方教育，思想是比較開放的，腦子並沒有什麼條條框框。

爲了培養女兒，四年前，也即是1903年，他通過老同學步惠廉的關係，將長女、年僅13歲的靄齡送到美國的衛斯理學院學習。該學院是美國第一所特許設立的女子學院，同范德比爾特大學、聖三一學院和埃默里學院一樣，也是南方衛理公會辦的一所學院。靄齡學習還算刻苦，4年後的今天，她以優異的成績取得學位後，像父親25年前那樣，從舊金山乘船回到了上海。查理在虹口宅第的書房裡和山東路印刷所的秘密政治部裏，分別爲她準備了一張書桌。靄齡被委任爲孫中山博士的英文秘書，幫助他處理信件，潤色講話稿和宣言，把準備打給他的電報譯成電碼。這樣，查理就能騰出身來，集體精力履行革命組織司庫的職責。這是

戰略培養女兒們的第一步計畫，已經大功告成。時隔4年後的今日，他又將美齡和慶齡送往美國，這是爲了實現他的「戰略計畫」之二。本來查理這幾天患感冒，身體不適，美齡和慶齡不讓他相送，可是他硬是堅持著來了，一直等到船消失在天水一線上……

「滿州」號迎著霞光，乘風破浪，很快駛入了公海區。美齡和慶齡依窗而坐。望著遠逝的故土，心有依依之情。然後她們又把目光轉向前方，霞光五彩繽紛，射出萬道金針、銀針，然後又化作一圈圈奪目的光環——那裡不就是未來的希望嗎！

海水是藍色的，藍色的海底又是深不可測的。然而她們那藍色的希望又像這藍色的海底。

坐在慶齡旁邊的美齡，她可不像姐姐那樣文靜安然，而是活潑風趣的姑娘。她望了望正在托腮沉思的姐姐，同時又理了理自己被海風吹亂了的劉海，說：「姐姐，你在想什麼？」

「我在想今後的路該怎樣走。」

「好姐姐，別想啦。車到山前必有路。屆時再講。來，咱們吹吹口琴散散心好嗎？」美齡大眼睛一眨，靈機一動。

「我現在需要清靜清靜。待會兒我再陪你玩。」慶齡推辭道。

「我不嗎，好姐姐！」美齡向姐姐撒嬌道：「你不陪我玩，我一個人吹多沒意思呀。」

「好，好，咱們一塊吹。」慶齡拗不過妹妹，只好依了她。

「好姐姐，你眞好。我去取琴。」喜得美齡像隻歡快的鴿子，返身去行李架取口琴。這時，一個大浪打過來，船劇烈顚簸，美齡差點兒跌倒在行李架前。

「姐姐，給你先吹一支吧！」美齡把琴交給姐姐，像是命令的口氣。也許她是尊重姐姐，可是話一出口就變了口氣。

慶齡是知道妹妹脾氣的，她沒有介意，只是說：「還是妹妹先吹一曲讓姐姐聽聽。」

「好，我吹。」美齡也不客氣，把琴放在嘴邊，試了一下音符，接著便吹了起來。

那琴聲由低轉高，由弱轉強。時而如淙淙小溪流汩，時而如駿馬奔騰，時而如三江翻滾……慶齡聽出來了，這是一支美國有名的歌譜，叫《亞格里溪的瀑布》。歌詞的大意是：

在那古老的大地，
在那原始的森林，
有一條綠色的瀑布。
像銀河飛流落下。
像綠緞迎著晨霞。

百丈懸崖之上是她的娘家，
滙入大海却是她的婆家。
千仞萬壑擋不住她的足迹，
一路高歌，一路風塵，
不怕身子摔成水花。
……

說實在的，慶齡是不喜歡這首歌的。爲什麼不喜歡，她自己也說不淸。不覺得它的格調太高了一點，有點兒硬梆，叫人不好接受。這大概與人的性格不一樣，所以聽起來反映不一樣。可是美齡却美滋滋的用脚打著拍子，合著她那興致。

「來，我也吹一曲讓妹妹聽。」美齡吹完，慶齡接著說。慶齡反駁別人的意見向來很委婉，叫你旣無感覺又高興。慶齡吹什麼？當然不能重復美齡高昂的曲調啦。

慶齡吹了起來，調子低了八度。琴韻悠揚，其聲婉轉。正像她本人一樣：姿容婉麗，服飾光華，多情善憂。她吹的是一首中國的《思鄉情歌》。歌詞是這樣的：

穿上花裙子，
蹬以高跟鞋，

那是誰呀？

那是我。

走在長街上，

惹得衆人瞧。

我走啊走，

長街無盡頭，

一直走到天過午。

最後回到家，

還是爹娘親，

還是家裡好。

「慶齡吹得不錯哇！」坐在後面的溫秉忠姨夫扭過頭來也和她們搭訕。

「我，剛學，不會吹。」慶齡紅著臉說：「還是妹妹吹得好。」

「姨夫，你也來吹吧！」美齡說。

「我要吹，非把你們吹跑不成。」

「那是爲什麼？」

「因爲我不會吹，懂嗎！」說完「哈哈」笑了起來。慶齡，美齡也跟著笑了。

隨後，慶齡、美齡又要求姨夫介紹介紹美國的風土人情，溫秉忠也不客氣，侃侃而談起來。

「哎喲，我的包袱被人偷去了！」輪船快到達日本島的時候，頭等艙一位日本乘客喊道。

叫不出名字的大個子船長，這時聞訊趕了過來，問道：「包袱裡有貴重東西嗎？」

「有，有。」

「什麼東西，能說出它的名字嗎？」船長進一步問。

「這，這，叫我怎麼說呢？」原來這位日本乘客丟的東西也是剛從中國盜回來的一件罕世文物——金銀鐲。

大個子船長見這位失主當著這麼多的乘客不願說出，馬上給失主使了個眼色，到了他的辦公室，方知是一双中國國寶金銀鐲。

頭等艙的全體都是懷疑對象了，當然，也包括宋氏姐妹二人了。「滿州」號被日本人扣在神戶港三天，眞是豈有此理。

乘客等不及了，紛紛起來造反，向日方提出抗議。慶齡別看平日恬靜靜的面孔，遇到這種不講話的事，她也敢站出來，據理力爭。

「一個人丟了東西，就懲罰全船乘客，不讓開船，這也太不講道理了！假如我們中國人丟了東西，就讓你們日方賠給黃金，你們幹嗎？」

「對，小姐說得對！」全船乘客立刻聲援。

此時，慶齡又要站起來講話，坐在旁邊的美齡，扯了扯姐姐的衣襟，示意她不要再講。在異鄉他土，多心眼的妹妹的擔心不是沒有必要。慶齡忿忿不平地坐了下來。

全船乘客被慶齡的一把火點燃起來，紛紛向日方當局爭吵起來。也許是日方做賊心虛，當他們弄清金銀鐲不光明來歷，馬上命令開船，向全船乘客做了讓步。

一場鬧劇結束後，受了辱的「滿州」號開出了神戶港，向美國的檀香山和舊金山駛去。時值8月，金秋拂春，天高氣爽，海有多藍，天有多藍，從海面窺向湛藍的天空，不時地發出幾多低鳴的叫聲。

農曆7月10日，這是一個不平常的日子。「滿州」號終于結束了橫越太平洋的航行，抵達終點港舊金山。只見港灣濃霧茫茫，這是一個多霧的早晨。連入港口都看不清楚。待到日出霧散後，輪船才慢慢駛入碼頭停穩。移民局的官員登上船，在休息室的一張桌子後面坐定

。乘客們排成一條長隊，挨個兒出示證件。美齡和慶齡也許有姨夫溫秉忠的相送，和步惠廉先生的相迎接，順利地通過了檢查。她們沒有像大姐靄齡初來求學時那樣，受到美國人的冷遇和非難。

「我們比大姐初來時的命運好。」美齡得意洋洋地對慶齡說。

「爸爸有經驗了。」慶齡莞爾一笑。

在港口的出門處，爸爸的老同學步惠廉先生，熱烈地擁抱了姐妹倆，猶如見了多年不見的親人（實際他們在上海分別還不到半年時間）。幾個星期後，美齡第一次認定，美國的學校會像父親向她保證的那樣好。步惠廉先生像父親一般地體貼他們。

7

路是人走出來的。來到美國求學的美齡剛剛9歲，美國的一些學校也嫌她年齡過小直搖頭。她是倔強的。本來父母打算晚些時候再送她來，但她堅持要和二姐同行。她想要幹什麼，往往是非幹不可，這個特點一直保持下來。許多年後，她成爲中國第一夫人，人們給她寫下多少贊譽之詞，許多人都認爲她是個要支配一切的人。

美齡來到美國後，因年齡小，步惠廉先生就安排由一個老師單獨教她。待到一年後，美

齡長到10歲的時候，她的年齡仍然太小，連作爲「特別生」進衛斯理學院念書都不行。但是，在院長格里退休後，衛斯理學院改變了非本院學生不得住在學校宿舍裡的規定。由於新院長安斯沃思主教改變了過去的制度，美齡可以到慶齡身邊來上學了。

宋氏三姐妹每人都在佐治亞州待過5年，但是美齡只有一年是正式在韋爾斯利大學念書的，其餘4年都是人們打破或修改規定而收留她的。她在學院裡隨便跑來跑去，比她年長的女同學都眼紅她。

美齡雖然在宿舍樓裡離厠所不遠的地方自個兒有間屋子，但她大部分時都呆在院長安斯沃思家裡。安斯沃思夫婦有個女兒叫埃洛伊西，體質羸弱，但性情活潑，只比美齡小兩歲。她們兩人很快就親熱起來，一道在維多利亞式的主樓過道裡跑來跑去，窺視和捉弄學院裡的女學生。

這天，她們倆看見一男一女向會客室裡走去。於是她倆便繞過南樓，溜到會客廳後面的窗簾後面，窺看這對情人。

「上次我們在小樹林裡約會的時候，是那兩位小丫頭打擾了我們的團圓。」男的說。

「我親愛的，今天可好啦，我們不在小樹林裡啦，而是在會客廳裡。」女的接著說。

他們說完正要接吻的時候，窗口旁傳來了「嗤嗤」的作笑聲。二人看時，只見又是那對

討人嫌的小丫頭。男的要去追她們。被女的攔下了：「你不曉得，那是院長的女兒和他的中國小客人。」

一天，她們二人比賽向大門中心拋石子兒，大門是緊閉的，中間有一双門環鈴兒，射響了就算贏。一下，二下，三下……突然間，大門突然開了，露出一位中年教師艾柯卡，但見一個沒長眼的石子兒，逕直朝他腦門兒飛來，他「哎呀」一下捂住了腦門。血順著他那手指「嘟嘟」地冒了出來。他望了一眼玩石子兒的不是別人，正是院長的女兒和他的東方小客人，也就甘吃個啞巴虧，自己跑醫護室去了。美齡和埃洛伊西也都嚇傻了。她們擔心艾柯卡會向院長告她們的狀，謝天謝地，那位教師並沒有告她們的狀。於是，她倆再也不敢撒野了。

天下事分久必合，合久必分。好景不長。有一次她倆因爲埃洛伊西弄髒了美齡的花手絹而吵了嘴。美齡板著臉，很不高興。埃洛伊西承認了錯誤，並喊她姐姐，但美齡還是噘著嘴，埃洛伊西非常怕自己的朋友感情受到傷害。於是便把此事告訴了媽媽。媽媽出面向美齡談了寬宏大度的美德，並問她是否對自己的狹隘心腸感到羞恥。美齡眨了眨大眼睛，脫口回答說：「不，安斯沃思夫人，我倒是挺喜歡這樣。」

從此，美齡和埃洛伊西的關係又恢復到當初，像鳥的翅膀、車的双輪一樣兒——形影

不離了。

學校派專人對美齡進行個別輔導，她們是青年教師馬吉・伯克斯和露西・萊斯特。伯克斯小姐的母親、英語教授伯克斯夫人照管美齡的個人需要，爲她做衣服，幫助她到城裏買鞋。宋氏姐妹穿的是美國樣式的服裝，但她們的衣服都是用上海寄來的中國料子縫製的。在她們兩個人在一起的時候，往往馬上換上中國旗袍。要是有同學突然撞進美齡的屋子，她會忙不迭地鑽進大壁櫥，換上普通西式服裝後才出來。她永遠帶著微笑。

與一般人相比，美齡成熟過早。衣服常常是一天三換，男女之間的事她也最敏感。她異常活躍，喜于交際，並且常常惡作劇，但是她的那副伶牙俐齒往往能使她擺脫困境。當時抹胭脂口紅被視爲傷風敗俗，有一天美齡用了中國搽臉的粉，又塗了口紅，後來被人發現了。

「哎呀，美齡，」一位年紀較大的學生驚叫道，「今天又抹胭脂又塗口紅，好漂亮哇！」

「是的，」美齡回敬了一句：「美國胭脂口紅不能用，咱們用中國的，管你們什麼事！」

……

1912年，美齡終於成了大學一年級新生。

在校期間，她已顯示出非凡的領導才能。她發現兩個同她年紀相當的女孩——艾羅斯·安斯渥夫和喀拉瑞貝爾·馬歇爾——是她順從的追隨者。但使她惱火的是，人們不讓她和這兩個朋友參加大一點的女孩可以參加的姊妹會。美齡同三個充當幹事的女孩成立了一個特別組織，自有章程，自行召集會議，甚至邀請一些教師也參加進來，擴大其組織的影響。

她們這三個女孩還創辦了一份報紙，主編當然是美齡。每周出5份，內容從不相同。每份5美分，銷售一空。

在整個4年大學生活中，她學了法語和音樂（理論、小提琴和鋼琴），還選修天文學、歷史、植物學、英文寫作、聖經史和講演。此外，1916年夏天，她在佛蒙特大學選修教育學，也獲得學歷。

美齡多年遠離祖國，在美國度過了性格成型的時期，已經變得如此美國化，以致她認爲自己不是中國人了。「只有我的臉像個東方人。」這是她在韋爾斯利大學常被引用的口頭禪。

若干年後，美齡在親切回憶這段難忘求學生活時寫道：

當時我只有11歲，年齡太小，還不能上大學。由於我喜歡這座村庄，在村裡的小姑娘中又有同我玩耍的伙伴，我姐姐（慶齡）決定把我留下，讓我住在我大姐一個同學的母親莫斯

夫人家裡。

我在皮德蒙特上八年級，非常愉快地在那裡度過了9個月。跟我一起上八年級的許多同學實際上是小伙子和大姑娘，這使我感到非常有趣。他們來自遙遠的山區。爲了賺錢到皮德蒙特來念書，許多人曾在小學教過書。這些人對我都很感興趣，我則開始洞察這些爲了維持生計和取得接受基礎教育的機會而不得不含辛茹苦地奮鬥的人們的生活。我想，我在小姑娘時期同這些人的接觸，對於我對出身貧寒者的命運的關心是有影響的，否則我可能永遠不會同他們接觸。這使我看到他們的眞正價值，因爲畢竟他們和他們那樣的人正是任何民族的支柱。

正是在皮德蒙特，我初步懂得了分析句子結構的奧秘。當時我到美國剛兩年，我的英語知識充其量只能說是略知皮毛。我在詞語的表達上有許多可笑的毛病，使我的語法老師大傷腦筋。爲了糾正這些毛病，她要我試著從語法上分析句子。她的努力一定收到一些成效，因爲人們現在說我的英語寫得很好……村裡人常常把我看成某種稀奇的玩意兒。但是，管它什麼玩意兒不玩意兒，反正我能完全同我的伙伴們一樣津津有味地大嚼五分錢一塊的膠姆糖。這種糖通常是從亨特老先生的雜貨舖裡買來的。我記得，那時我們三四個小女孩在一起，誰要是用一個五分鎳幣去買來乳酪餅乾或大棒糖請別人一塊吃，我們就認爲是難得的樂事了。

這些糖果就擺在亨特先生的玻璃櫥窗裡，讓人看了饞涎欲滴。盡管那時候玻璃櫥裡除了陳列那些誘人的商品以外，還在同樣顯眼的位置放著滿是斑斑點點的粘繩紙，可我們不大懂得蒼蠅和細菌的危害，也不在乎這些東西。然而，我還是一直活到今天，能向你們講述那段往事。

聖誕節前幾天，弗洛倫斯和海蒂·亨德里克森姐妹兩個、弗洛西·阿廸頓和我一致認為，聖誕節的眞諦是要求我們做件什麼事情讓某個人感到愉快。當時因為要採取一件樂善好施的義舉所感到的那種激動心情，是我一生中從來沒有再體會過的。我們做好事就要做得徹底，所以每人拿出25分錢，總共湊成一塊錢，買了土豆、牛奶、牛肉餅、蘋果和桔子，送給鐵路那邊的那家窮人。我們努力做到謙遜不驕，沒有把自己的高尚行為告訴任何人。但是我們非常激動，連在店裡的亨特先生都聽到了我們在喋喋不休地爭論買什麼食物合適的聲音。我記得，我當時較喜歡的是生理課，因而主張買食糖，而且要多買，因為食糖裏含有大量碳水化合物，可以使他們家中孱弱的小孩們獲得熱量，使母親有充沛的精力。可是，參加這筆「巨額」投資的另一個心地慈善的伙伴則堅決主張買土豆，因為土豆最經餓，給身體帶來的熱量最多。亨特先生聽著我們的激烈爭論感到又好奇又有趣，最後他每樣都送給我們一點，才算把問題解決了……我們在抱著大包小包的食物，費力地走過高架橋的時候，覺得自己

彷彿就像聖女貞德要去執行神聖使命一般。我們來到我們所選定的那戶人家借以蔽身的搖搖欲墜的簡陋小木屋，看見那位精疲力竭、面容憔悴的女主人拉扯著一群兒女，小孩子從母親的裙子探出小腦袋來偷偷地瞧著我們。面對這般情景，我們都愣住了，誰也說不出一句話來。我們把紙包擱下，拔腿就跑，跑了很遠一段距離，撲通亂跳的心才重新安定下來。我們當中的一個伙伴壯著膽子，大聲喊了一句：「祝聖誕節快樂！」我們又加快速度，一溜烟似地逃了。

我們最喜歡的一種娛樂是去採集榛子……我常常讀很多書，特別喜歡坐在我住的那幢房子旁邊兩棵樹之間的一張木凳上讀書。我住在莫斯夫人家裡。她是男生宿舍的管理員。我和她住在樓下的一套房子裡，住在一起的還有她的女兒羅西娜和魯比……莫斯夫人想對我表示親切時，往往都讓我去做軟餅。但我從來沒有做好過，看來我生來就不是個當厨師的材料……

我再也沒有回過皮德蒙特，但是我在那個環境度過的歲月記憶猶新，一回想起來就感到愉快。

美齡的這段珍貴追述文字，足可以看出她在美國求學時的縮影。可以說與慶齡姐姐不同

的是，她完全西方化了。她的這段追述曾或多或少地寫信透露給大洋彼岸的父親宋查理。可是父親的召喚，召回了美國的姐姐慶齡，却對美齡失控了。父親宋查理好遺憾啊！

光陰似箭，轉眼間美齡的大學時代不知不覺地過去，快要畢業了。美齡，這個荳蔻年華的小姐感到憂鬱了。她面對父親的「令書」唉聲嘆氣，憂心忡忡。回國後又將如何？怎樣才能適應那種幾乎是陌生的生活？………美齡啊，你今後的路還長，該怎樣走？

第四章 美齡歸國

8

美齡畢業後第三周，這是一個多風的星期天。黃茫茫的天，昏淡淡的地，狂風嘶叫著，漫過摩爾斯大沙灘，捲起黃沙，蕩起塵埃，彌漫著皮德蒙特。

因風沙太大，美齡沒有出去遊玩，躲在莫斯夫人的化妝室裡看書看報。這書報是她親愛的父親宋查理從東方的祖國郵寄來的。父親沒有別的用意，女兒快要畢業了，應該讓她多了解了解祖國的情況，也即是孫中山博士領導的革命事業在艱苦中求前進的情況，以便將來為她的祖國獻身。

屋外狂風的嘶鳴聲沒有影響宋美齡平靜用心地看書。驀然間，一個熟悉又陌生的名字——「孫中山」跳進她的眼帘……

宋美齡看著，聯想到爸爸每次來信都幾乎提到孫博士中山。從他那親切的口氣中，她認為孫博士已是她宋氏家族的成員了。

由於父親的影響，她對這位歷史傳奇人物又羨慕又敬佩。但是，對於她這個出國十年的姑娘，和孫博士畢竟還沒有見過一面哩！

她又想到兩位姐姐來信對孫博士的贊嘆，因為兩位姐姐在這個問題上更有發言權。開始靄齡姐姐為孫博士當秘書。後來，慶齡姐姐從美國畢業後；便接替靄齡姐姐，再任他的秘書。

美齡看著想著，她把一本剛看完的書放在旁邊，接著又換了一份《電訊報》，舖到自己面前。這時，外面走廊裡傳來了脚步聲，繼而莫斯夫人推門進來了。

「姑娘，你用點咖啡嗎？」莫斯夫人疼愛美齡，多年就這樣稱呼她。

「伯母，我不用啦，快坐下。」美齡也是多年用「伯母」一詞表達自己的情愛，接著她便拉出了一條凳子，遞給莫斯夫人。莫斯夫人接過凳子，坐下，道：

「今天風沙太大了，害得你無處去玩。等過些日子，我騰出身來，咱們一起回鄉下我的娘家——魯森亞，那可是個風景旖旎的地方，山光湖色，綠的天地，綠的詩畫，讓你玩個夠！」

「伯母，我怕呆不到那一天就回中國了，因爲父親催我不止一次，我都搪塞了過去，我眞怕他下死令。」

「姑娘，如果你不願回國的話，我可以給你爸爸去信說和，我想你爸爸會同意你留下的。」

美齡嘆了一口氣，道：「父親不像別人，他自信，怕是聽不得別人半點意見的。」

「這也不一定。明天我給布店老板說說，你就到那兒去上班好嗎？」

「好的，我聽伯母的。」

「只要你聽我的，包括你未來的對象伯母我也包下啦！」莫斯夫人說到這裡，自己也憋不住地笑了。美齡的臉羞紅羞紅，嗔了伯母一眼，道：

「伯母，你又跟我開玩笑了。說實在的，我眞怕回國後父母包辦我的婚姻。」美齡的這些擔心，並不是沒有根據。兩個姐姐的婚事，如果比較來說，使父母滿意的是大姐靄齡同孔祥熙的婚姻，而二姐慶齡與孫中山博士的婚姻，則受到了父母的極力反對。就連孫博士的兒

子孫科，以及博士的部下，包括蔣介石一些人也認為是不可能的事。

「好啦，今天我們說到這裡，我現在就給你爸爸正式寫信去。」

莫斯夫人站起了身。她正要回走，恰好郵遞員闖了進來，差點兒和莫斯夫人撞了個滿懷。

「小姐，你的信！」

「哪來的？」美齡問道。

「你看看就知道啦。」郵遞員隨手把信遞給了她，轉身走去。

美齡立即把信打開，「伯母，父親的信。」

「快念念，都說些什麼啦？」

美齡展讀這封海外來信，道：「伯母，爸爸首先向你問好。」

「下面呢？」

「下面是給我的。爸爸說，「美齡，我的愛女，你是爸爸的心肝寶貝。爸爸不能沒有你，離開你，爸爸就少一份情趣。記得你小時候天資聰穎，逗人喜愛。你也最聽爸爸的話，爸爸也最知疼你。爸爸雖說有三個女兒，你是最小的，爸爸還是向著你。你和姐姐吵嘴的時候，爸爸從來沒說過你，挨打的總是你的姐姐。我想，這些你是不會忘記的。」

美齡津津有味地讀到這裡，莫斯夫人插了一言：「爸爸對你還是不錯的，你應該感謝你的爸爸。」

美齡莞爾、嫣然一笑：「這一點我承認，爸爸說了實話。」接著她又讀下去。

「美齡，還記得你6歲的時候，得了中風不語病，不幾天你的右腿又起了膿包。可嚇壞了爸爸。爸爸從來沒落過淚，看到你躺在病榻上的時候，爸爸平生第一次爲兒女掉了淚。一直到你9歲，離開爸爸的時候，如今十年了，爸爸一直爲你擔心祈禱。前些日子，聽你來信說不想回來了，爸爸又是幾個不眠之夜。想著送你出國那天，我們是在上海虹口分手，爸爸帶著病送你的，爸爸對你懷著多大的希望。你也含淚對爸爸講，要珍惜這次學習機會，努力學習，爭取回來後給爸爸當個幫手，爲我們落後華夏民族做些貢獻。可是眼下你却把這些話全忘了。想之當初，爸爸我後悔不該送你出去。如果你要眞是爸爸的血緣，你應該回來，你應該立即回來，爸爸在等著你……」

美齡讀到這裡，已淚水汪汪讀不下去了。在一旁的莫斯夫人也被姑娘的眼淚感染了，禁不住用衣襟擦淚，她深深理解父母念兒的心情，說道：「姑娘，你應該再讀下去。」

「美齡，你的母親爲你的事已經病倒了。她哭了幾天，眼都哭腫了。我的勸說對她來說是無濟於事的。你要是媽媽的女兒，你就應該回來，應該立即回來！……」

美齡再也讀不下去了。感情洪濤劇烈地撞擊著姑娘的心扉。她似乎看到了一位蓬髮病容、身體佝僂的母親，躺在病床，喚兒聲聲……

「美齡，伯母說句公道話，你應該回去。關於起程的船票，伯母幫你買。」

「伯母！」美齡一頭撲在莫斯夫人的懷裡痛哭起來。作爲女性，她被這種母愛感化了。

從這天起，宋美齡決定啓程歸國。莫斯夫人的一家也盡量爲美齡提前啓程作準備工作。

女大十八變，姑娘的心事也多了。美齡害怕自己的婚事將由父親爲她包辦，因此下定決心要防止這類事情發生。於是，她在離美返國之前，便選中了一位向她求愛的中國學生——劉紀文，並答應在某個不確定的時候結婚。這完全可能是一個空口諾言，因爲她並沒有同他結婚。

美齡歸國的日期定了——8月3日9點30分。當莫斯夫人全家把她送上船的時候，她又一次哭了。這一次哭却是她對居住十年之中的第二故鄉的留念，包括對莫斯夫人全家……

9

公元1917年，社會動盪，民不聊生。竊國大盜袁世凱，纂奪了革命果實，取代孫中山，

成了中國大總統。接著他便廢黜了兒皇帝。孫中山在袁世凱手下出任全國鐵路總辦。當他醒悟來，認清袁世凱的眞實面目後，爲時已晚。

野心勃勃的袁世凱使人們最可怕的預言應驗了，他開始採取行動獨攬全權。他夢想自己稱帝，這已是禿子頭爬虱子——明擺著的事了。他對政府實行了獨裁控制，撕毀了將政府搬到南京的諾言。控制著北方各省的忠于他的軍閥，即北洋武備學堂訓練出來的所謂北洋軍閥。把政府仍然設在北京，既便於他控制，又能得到這個北方軍事保護傘的保護。

袁世凱從他在紫禁城的大本營裡，派遣刺客消滅他的主要對手。目標是新成立的國民黨中與孫博士結盟的共和派領導人。國民黨在選舉中贏得壓倒性的勝利。但在這個勝利能夠大大加強反袁勢力的地位之前，他雇用的刺客便開始蠢蠢欲動了。

最初被害者之一是31歲的宋教仁。當袁世凱開始篡權了時，宋教仁和其他三個獨立的閣員辭職以示抗議，形成了直接對抗的局面。然而不久，當宋教仁正在上海乘搭一列火車的時候，一名刺客向他腹部連發兩槍，子彈穿膛而過。他整整痛苦了兩天才死去。

對凶手的調查直接追到了這位獨裁者的內閣總理和一位內閣秘書的頭上。醜聞就發生在這位鐵腕人物的身邊。

袁世凱並不因這樁醜聞而有所收斂。而是繼續他的清洗，罷免各省國民黨人都督的職務

，代之以忠於他的軍閥。過了很久，共和派才明白過來是怎麼回事？他們斷定攤牌的時候到了，在孫中山的鼓勵下，江西都督宣布該省對北京獨立。孫中山緊跟著行動，公開譴責袁世凱，說：「誰敢稱帝，全國共誅之。」他立即被免去全國鐵路總辦的職務。轟轟烈烈的「第二次革命」開始了！不久，袁世凱美夢破產，中國人處在內打戰的火山爆發口。

正是在這個節骨眼上，留美歸來的宋美齡回到了祖國的上海。她双頰泛着熟透了的桃子的紅暈，殷紅的嘴已像石榴一樣。高高的鼻子，又秀氣又端正。一双羚羊似的深眼睛，長著長長的睫毛。彎彎的双眉彷彿是用黑顏料畫出來的。烏黑的卷髮順著光潔的額角波浪似的披垂下來。纖秀的脚上套著一双黑色的打蝴蝶結的便鞋，天藍色的襪子織有紅色的楔形花紋。短短的紅裙子滾著藍邊，裙子下面微微露出幾條襯裙的花邊，每條襯裙的顏色都各不相同。白色的小圍裙，鑲銀邊的黑色鵝絨緊身馬夾。小小的外套也是黑天鵝絨的，胸前敞著。雪白的襯衫打著小折襇。一顆閃亮的扣子將領口收住了。頭上戴一頂金色的小圓帽，帽沿上綴著白花邊，帽子背後拖了兩根紅飄帶。表明了她的姑娘身份。當年赴美時一個9歲的圓臉小姑娘，如今已變成了一位風姿綽約、窕窈婀娜的年輕女郎。

當她健步踏上祖國土地的時候，祖國變得陌生了。那隆隆的內戰炮火響在身邊，她眞懷疑這裡曾是出生的故土？當慈祥的父親和母親去親吻她時，她已從幻想中醒悟過來，她已回

到了祖國、回到了故土。

在這個家族的大團圓中，最高興的還數母親倪桂珍，她不顧自己的身體不佳，親自上灶掌勺，中西餐結合，做了滿滿一大桌菜。有四喜丸、廣東肉、麻辣豆腐、炒素什錦、燒四寶、生爆肉絲、香糟鯉魚、鴦鴛蛋、水晶鷄、熗茭白、外加一盆木犀湯。母親倪桂珍把美齡小時候最愛吃的燒四寶，特意放在女兒面前。

全家人都陸續到齊，唯有二姐慶齡不在，美齡向媽媽問道：「二姐呢？」

「甭提她了，全當沒有她。」顯然母親還在生姐姐的氣。

這時坐在美齡身邊的大姐靄齡，用手擁了擁美齡，並附身告訴她：「二姐已和孫博士結婚，現在廣州。」

「快端起酒，爲美齡畢業平安歸來乾杯！」父親首先提議，繼而端起酒杯，向美齡碰杯祝賀。大家也學著爸爸的樣子，一陣狂歡，接著一陣杯響。母親倪氏不會喝酒，只管往女兒碟中夾菜。在宋氏這個家族中，還從來沒有像今天這樣紅火過。宋美齡也深深沉浸在大家族團圓的幸福中。

酒過三巡，菜過八道，兩瓶威士忌和三瓶女士香檳已盡。美齡臉頰喝得微微發紅，推說不能再喝，便由母親陪著回房休息去了。

入夜，宋查理又親自爲女兒美齡舉行了接風舞會，邀請了一些社會名流，其中包括杜月笙、陳英士等人。大家熱熱鬧鬧，度過了一個不眠之夜。

翌日下午，宋查理把女兒美齡邀到自己辦公室談心。這是一個偌大的辦公室，內有豪華設施，地面鋪有紅毛絨地毯，上面繪有精緻圖案；長條棕色沙發，配有古香古色的茶桌；潔白的牆壁上掛有世界名畫。當美齡走進這裡時，掃了一眼四周，咯咯笑了，說：「爸爸，你的名字名揚海外，怎麼這房子和你的名字不相稱哇？」

宋查理對女兒的提問無言對答。女兒又道：「和美國家庭比起來，我們太落後了。我們應該有一間現代化的辦公室和浴室。如果爸爸同意，我願幫助爸爸設計。」

「好，好。」女兒剛進家門，作爲爸爸，他不能直言批評女兒，心想：女兒變了，徹底變了！

第五章　社交名流

10

1917年美齡回到上海的時候，大姐靄齡已婚，二姐慶齡和孫博士的婚事也告平息。和兩個姐姐一樣，美齡成了當時社交界著名美人。

宋家仍然住在霞飛路，偌大的宅院，內有客廳、舞廳，各界社會知名人士，身穿大袍，經常出出入入這座別緻的宅院。作爲上海社交界的名流，美齡被提名擔任一些通常的委員會的職務。她接受了全國電影審查委員會和基督敎女青年會的職務。上海市參議會邀請她參加童工委員會，這使她不僅成爲擔任該會委員的第一個中國女子，而且也是第一個中國人。對

於這位未見過黑暗生活面的年輕女子來說，這是一項使她感到驚訝而又開眼界的工作。工廠的童工們營養不良，目光呆滯，緊張得體力不支，這種景象使她憤怒，也可能這就是她之所以花很多時間致力於使青年人能過上人的生活的原因。大學畢業後，美齡想做的事情很多。她決定要掌握流利的漢語，精通祖國的古典文學。當然，她在孩提時就已學會講漢語。但是，她還要增加中文的詞滙，學會讀與寫。回國後不久，她開始跟一個私塾先生學習。他每天教她，教了好多年。美齡翻來覆去讀那些要牢記的章節，學會了拉著腔調吟誦，並像老學究讀書時那樣有節奏地搖晃著腦袋，上海的好幾所學校曾請美齡前去任教英語，但她都予以謝絕，寧願把時間花在學習和志願參加的工作上。

盡管有學習和工作在身，美齡還是上海那縱情歡樂的社交界中的一員。她長得漂亮，有教養，有錢盛裝打扮。因此，在外國人和少數西方化了的中國人舉辦的通霄達旦、揮霍無度的社交聚會上，她就成了一位衆星捧月似的人物。這種聚會一般是外國人提供資金，由中國人精心安排和布置，使到會的客人得以縱情歡樂。這種聚會有時持續好幾天。有一段時間，宋美齡忙於學習和社會改革，減少了她出席社交聚會的活動，因而更加提高了她出席參加聚會的身價。在這種聚會上，有很多人不斷地向她求婚，但她總是坦率地表示拒絕。

美齡回國時，才19歲。當時她沒有學姐姐的樣。首先，她似乎不想匆匆忙忙就結婚。直

到大學畢業十年後她才完婚，按當時中國人的看法，這時她已臨近老處女之年了。

男大當婚，女大當嫁。兒女的婚事，最急人的還是父母。一天，宋查理從商務印書館工作匆匆回來，他把美齡喊到跟前。

「美齡，你也不小了。關於個人的事也應該考慮了，不知你有何打算？」

美齡羞赧不語。

「你要不說話就算默契，爸爸可要給你介紹一位朋友。他叫周子淸。在衞理公會一個教堂上班。小伙子長得精神，我看蠻配得上你。」宋查理得意地說完，隨後一陣長時間咳嗽。最近二年，也許老了，宋查理身體垮得厲害。本來他個頭就不高，此時骨瘦如柴，双腿開始瘦得像麻桿一樣。一走路就渾身出虛汗。常常胃疼得使他在床上打滾。他也預感到怕是在這個世上呆不久了。因此他更是擔心兒女們的婚姻大事。他認爲：兒女成不了家，縱是有萬貫家產，也是老子的無能。唉！爲了兒女的婚事，他沒少發愁。大女兒靄齡的婚事，是他查理慧眼識眞玉，經過幾番周折而成的，當然是美滿的。宋查理看到她這美滿的一家經常出入他的家門，曾暗暗爲自己的心計成功而感到自豪。可是這無形的自豪又變成了他的過於自信。

恰恰是這個問題，使他在二小姐慶齡身上翻了車。

慶齡不像大姐，她對愛情的理解有自己的眞知灼見。她不需要父母包辦。就在她給孫博

士擔任秘書時，愛情更悄悄發生了。她理解孫中山就像理解自己一樣。她對於孫中山所領導的中國革命寄托著無限希望。沒有任何別的人像她那樣堅信他的革命。他們沉浸在熱烈的愛的長河裡。這種愛情從冬天到春天，從春天又到冬天，幾多寒暑的變化，幾多關鍵的考驗，已像一棵種子一樣成熟了。他們的結合，雖然一個年近五十，一個剛二十出頭，但都是事業的結合，理想的結合。

然而這種結合都被其父宋查理認爲大逆不道，查理採取了防範措施，把慶齡鎖在閨房裡。查理想錯了，他怎知鎖住了門怎能鎖住女兒的心。那天晚上，慶齡的女佣替她看守著樓梯，她爬出窗戶悄悄逃走了。她當晚啓航前往日本神戶——孫中山博士那裡。對於一個年輕的，有地位的中國姑娘來說，這個行動是很大膽的，它不僅違反了孝道，而且違反了宋家基本家規。

慶齡抵達日本的第二天，他們就匆匆結婚了。

查理發現慶齡失踪以後，立即四處打聽，後來得知她乘一艘日本輪船渡海了。他咬緊牙關，訂購了一張太平洋郵船公司的船票，緊緊地追趕她。他到達神戶後，乘上一輛火車趕奔橫濱，爲時已晚。櫻花滿城的橫濱剛剛爲他們結束了婚禮。

宋查理惱羞成怒，怒氣冲冲地來到佩戴鮮花彩帶的新郎、新娘面前，跳脚指責孫中山：

「你，你膽大包天，竟敢欺騙我女兒，背叛我們的友誼，行爲愚蠢至極！你別忘了我們共同奮鬥的20年。現在，勝利指日可待，你卻失去理智，做出這種親者痛仇者快的事！」

孫博士鎮靜自若。他沒有什麼可說的。

「你爲什麼不講話？」宋查理提高了聲音。宋慶齡立即替丈夫答道：

「爸爸，請你老人家不要發怒。婚姻自主是我們革命者追求的目標。您老太不理解我們啦。假若您老是我的話，您也會這樣做的。請原諒我和他吧！」

「我不知道原諒多少錢一斤！」宋查理當場向大家宣布：「這門婚姻無效。一是沒有徵得我們父母的同意，二是慶齡還年小無知！」

孫博士仍然拒絕回答。他只是看著查理怒氣沖天。唾星四濺。如果他需要慶齡繼續和他在一起，他也只能委屈求全。這時，慶齡又要說什麼，查理把手一揮，道：

「你不要說了，你們合夥與我一個老頭子作對！從今以後，你也沒有我這個爸爸，我也全當沒有你這個女兒！」

說這話的當兒，查理的臉色鐵青。

……

查理每當想起二女兒這門婚事，總有無限傷感。如今小女兒美齡又不小了。前車之轍，

後車之鑒。他必須早動手啊，否則像慶齡一樣生米做成了熟飯。美齡回國後的前半年，查理一直給女兒物色朋友。可是很難啊！按照女兒的條件，查理的標準自然也是高的。酒肉朋友為他提供了不少人選，唯有一個在衞理公會工作的小伙子被查理看中了。於是今天她便提前下班回到家裡，向女兒公開了這件事。

美齡聽了感到突然，她不理解爸爸為什麼這樣著急？實際上她回國前就躭心的問題已經擺在了她的面前。該怎樣回答爸爸呢？她想不能像慶齡那樣使爸爸大傷肝火。於是她來了個迂迴戰術。

「爸爸，你為女兒操心，女兒應該感謝爸爸。不過，女兒在美國學習時，有人已經愛上你的女兒啦！」

「是誰？」

「劉紀文。」

「那你呢？」查理感到吃驚，馬上追問。

「我也和他一樣。」美齡答道。

「你………」查理正要發火。美齡立刻勸道：「爸爸，我聽您老的，我可以與周了清見面，不過是有一個條件·要允許我二者比較比較。」

狡詭的美齡這一席話熄滅了爸爸心中的雷霆之火。宋查理由嗔轉喜道：「這樣也好，我可以通知對方，你們談談。」

翌日，宋美齡和周子清的會面，只是她迫於父親的壓力，走走形式而已。

11

天有不測風雲，人有旦夕禍福。

1918年5月3日，這是一個可怕的日子。黎明前，一個托著尾巴的星體飛快地從天空閃過，沉重的落入了地球的那邊。此後，這一天，日、月、星、辰、大地好像失去了平衡，不風即雨，下下停停，停停下下，一連持續到傍晚；早晨，失去平衡的風在烟囱裡痛苦、哀叫，活像失去了主人的狗。風聲之大，屋瓦齊鳴。門外的柳樹脫去了餘留的殘葉，剩著赤裸的灰色的枝，像無數鞭條，受風的指揮向空中亂打。很遠不見一只鳥兒。昏濁的土灰從地上結群的起飛，摻雜著許多爛紙碎片，在人們的門前和屋上盤旋；傍晚，天空越來越昏暗，不久，風靜了，雲兒凝結在天空動也不動。一會兒，大街上出現了斑斑點點的麻坑，傳出蓬蓬的聲音。霎間，粗大的雨點，狂暴地撒落在屋頂上，黑沉沉的天像要崩塌下來。雷鳴電閃，狂風驟雨，彷彿要吞沒整個宇宙！

就在這個大雨滂沱的傍晚。宋查理，這個一生「奮鬥的牛」，終於走完了人世間屬於他該走的路。他的輝煌燦爛的人生，竟像一座豐碑。那碑文刻載著他的風雨日曆。他的一生也是坎坷的一生，也可謂是輝煌的一生。

雖擁有輝煌的一生，但他也有不少遺憾。他沒有把6個兒女培養成人；他沒有把美齡的婚姻大事定下來，盡管他費了很大的勁；他對不起為他操勞一生的賢慧妻子倪桂珍……：最遺憾的是他才四十壯年，他還有很多事要做，他還沒有把很多的做人經驗總結下來，傳授下去，如今一切都晚了。

他躺在病榻上，眼睛仰望著天花板，只流眼淚不留言。這時，妻子輕步走進屋來，附在丈夫耳邊，輕聲道：「查理，卡爾將軍看您來啦。」

查理看了妻子一眼，「他在哪裡？快讓他進來。」

卡爾是一位精神矍鍊的老紳士，此時，他走進屋來，佇立在查理的病榻旁邊，躬身鞠了個躬：

「查理先生，你好哇！聽林樂知去信，說您病重在身，老朋友掛心不下，特地來看您來啦！」

一席肺腑之言，說得查理淚水潸潸，「這麼遠的海路，讓您勞累啦！」查理說完，又喚

他的愛女：「美齡，快過來，卡爾父親愛喝咖啡，你要親手爲他調製一壺。是你的謝意，也是爸爸的謝意。」

「爸爸，女兒明白了。」美齡應了一聲，脚步蓮蓮地走出了屋。

這時，查理讓卡爾坐在自己的床頭，感情的洪流，人生的知己，知己的話兒，如泉水、似瀑布，盡情地流淌。

「你來了，我就是死在九泉也心甘啦！」

「是啊，老伴南妮催了幾催，我也度過了幾個不眠的夜晚。做夢都在想您。」

「我沒有別的想法了，長子子文還在美國，你要用心栽培他，和子良、子安比，他還是有前途的，他有爸爸身上的血緣。」

「查理老友，您請放心，一切我會安排的，我會盡到父輩之責。」

「好，好，好，那我放心啦。」

說到這兒，美齡端著咖啡走進屋來，並把咖啡放在卡爾面前：

「卡爾父親，請喝上我這杯咖啡，我代替全家感謝你不遠萬里，來看爸爸的深情厚誼。」

「那裡那裡，美齡眞會說話，將來必是外交人物。」卡爾將軍接過了美齡手中的杯子。

他深情地呷了一口，「啊！好香啊！不衝別的，就衝這杯咖啡，我這一趟遠航也值得啊！」

「卡爾父親，你過獎了。」美齡向卡爾鞠了一躬道。

「快把你姐姐慶齡喊過來，我們一起照個相。」卡爾順水推舟道。原來，卡爾先生臨來要進宋家宅院時，碰見慶齡在門口徘徊。她要來看彌留人間的父親，可是又怕父親爲她生氣。父親已經與她斷絕了父女關係，使她陷入極度的痛苦中。卡爾提出這個問題的時候，望了一眼查理。此時，查理顯得異常激動：「慶齡，我沒有這個女兒！」

「查理先生，您不必激動。你要不看僧面看佛面。慶齡不是你的女兒還是我的女兒哩，你不能拒之門外。」卡爾先生婉言相勸。

查理嘆了口氣，默聲不語。此時，他心中也有座火山，他能不想自己的女兒嗎？他是恨鐵不成鋼哇！

「美齡，還愣著幹啥！快去喊呀！」

「好！我這就去。」美齡爽快地應了一聲，拔腿就走了。其實在爸爸病重的時候，慶齡已經給美齡打了幾次電話要來，可是爸爸都不允許。爲這個事兒美齡也沒少費心勁。

等美齡陪著姐姐走進這個房子時，慶齡跪在查理的床前，道：「爸爸，不孝之女看您來啦……」話還沒說一半，慶齡便說不下去啦，嗚嗚地哭了起來。

是啊，慶齡也有難言之苦啊！

聽到女兒的哭聲，心比鋼石硬的查理，此時心也軟了，淚水滾落下來：

「爸爸原諒了你，快起來。」

「爸爸！」慶齡一頭撲進了父親的懷裡。這兩顆隔離的心重新又聚在一起。看到這個場面，全家人都落淚了，包括來看查理的卡爾將軍，也禁不住掏出針織絲絹，暗暗擦淚。機率的卡爾將軍，立即取出照相機，快門一按，攝下了這組難忘的歷史鏡頭。如今這組照片還留在海南文昌縣宋氏家族的宅院裡。

查理由於極度興奮，也正是在這天晚上，「胃癌」再次向他襲擊，他痛苦地死去了。這位擁有百萬的大亨，盡管他從西方發達國家買來高級抗癌藥物，卻也無濟於事。

查理臨死之際，屋外電閃雷鳴，大雨傾盆，整個天空成了風雨逞能的世界。臨死前，查理突然從昏迷中醒來，表面上大病似輕，實際上離死神不遠了。有經驗的人都知道，這叫「迴光返照」。

「孩子媽，孩子都在嗎？」查理望著淚眼的妻子，吃力地說。

「孩子爸，孩子都在，只差美齡給你取藥去啦。」妻子倪桂珍邊擦淚邊說。

「美齡，美齡，我可能看不到她啦！」查理說到這裡已淚流滿面了。這時，妻子桂珍突

然哭出了聲。死了當家人，如同房子斷了頂樑柱。全家人一個個淚眼望著他，都憋不住地哭了……

許久許久，倪桂珍才斂住哭聲，她知道自己今後在這個家庭的份量，她不能像孩子那樣哭起來沒有個完。她擦了擦眼淚，不無悲痛地說：「孩子他爸，有話你就留下吧！」

「我，我，怕是不行了。今後的路還很長，我對不起你和孩子。子良、子安還未成人，你要盡力去培養，如能成才，是爸爸的心願，不能成才也不要勉強。子文在美國學習，要常去信問安，他是有希望的，剩下三姐妹，沒有成家的就是美齡了，美齡應該對社會有所作爲，因爲她天資好，因此選擇朋友要愼重，靄齡是大姐，要多操心啦。」

查理說到這裡，一陣難耐的咳嗽，又使他昏迷過去。恰在這時，美齡取藥歸來，再喚爸爸的時候，誰知爸爸已壽終正寢了。

「爸爸，你應該等等我！」美齡呼喊著。

「爸爸，美齡回來啦！」靄齡也幫美齡呼喊著。

「爸爸，我美齡有話對你講！你應該睜睜眼，看看我！」

「回來吧，爸爸！」

「回來吧，查理！你不能扔下全家一人走啊！」

……

一聲呼喚一聲淚，連聲呼喚淚滿巾。這喚回生命的呼喊，化作一陣陣風雨聲，回盪在宋家宅院的上空。

宋家姐妹三人爲爸爸守靈三天三夜，一直等爸爸出殯。

辦完葬禮後，靄齡和慶齡對母親倪氏安慰一番後，便各自回到了丈夫身邊。最終安慰母親和處理父親後事則由美齡承擔。

第六章 愛情的根

12

碩果累累，還需根深葉茂。世上萬物，無不與根系相連。愛情也是有根的。

宋家三小姐美齡愛情的根在哪裡？這還得從頭說起。美齡回國以前，就擔心父母包辦她的婚事，她推說在美國已有戀人，總算化險爲夷。美齡回國後不到一年，宋查理死於癌症。父親的死給全家帶來的是悲痛，但在她的婚姻這個問題上，却給她帶來了自由。偌大的上海大世界，沒有她能看得上眼的。她曾對二姐慶齡說非英雄不嫁，她的婚姻一拖再拖。用她自己的話說：「我是一朵遲開的花。愛我的人我不愛，我愛的人世上有。」這時，蔣介石從流

亡的日本回到了中國。實際上，他已躲在上海，化名在一家小公司中當店員。

1887年10月31日正午，蔣介石在上海以西，浙江省的溪口鎮上玉泰塩舖的二樓降生到世界上。

蔣介石的生母王氏名采玉，生于1864年11月19日，是本省嵊縣葛竹村人，其父王有則，以販賣土產爲業。她有兄弟四人，長兄王賢巨，次兄王賢裕，餘二人不詳其名。王氏先嫁給本地人某某爲妻，夫亡，後回娘家茹素念佛，度其寡居生活。

但那時王氏只有22歲，她的哥哥王賢巨、王賢裕都勸她改嫁，庶能終身有靠。適蔣家蔣明火繼室孫氏新喪，由其堂父王賢東說合，嫁給蔣明火爲塡房，次年生蔣瑞元（數年之後，一位教師給他起名「介石」、「周泰」。眞正叫起來便是「介石」。）其後生女名瑞蓮、瑞菊及子瑞青。

1895年，也即是蔣介石8歲的時候，其父染疾去世其母又成了寡婦。

王氏帶著親生的兩個兒子和兩個女兒，與前妻所生子蔣介卿分宅而居，撫養著四個均未成年的孩子，內心是非常痛苦的。她除了誦經拜佛解心煩外，將全部希望寄托在蔣介石身上——「望子成龍」，誰知小蔣便不爭氣。

他是個古怪又多病的孩子，動輒大發脾氣，在村裡總受奚落。一個算命先生說，他長了

一個形狀不規則的頭。而且「出奇的怪」。他長大以後還是這樣，時而低聲哭泣，時而暴跳如雷，時而長時間的悶悶不樂。注意到他這種怪僻舉止的一位私塾先生說：「你會以爲他有兩種不同的性格。」在他鎮靜時，他講話嗓門高，速度快，是低濁的浙江口音。

寡婦熬日難啊！不光兒子受人欺凌，母親也受人欺辱，還有當地勢力，也常找他家的麻煩。有一次，一個村民不繳稻穀稅逃跑了，小蔣被拖進法庭，法官威脅他說，如果他找不到錢替那個繳稅就要坐牢。小蔣終於籌措出這筆錢，但他却爲這次不公正的判決所激怒。他說這件事「首先點燃了我的革命火焰。」

他15歲時與一村姑結婚，女子的名字叫毛福美，家住奉化岩頭村。比他大5歲。1910年生子名經國。結婚沒有使他安下心來，他不願呆在偏僻的溪口或者從事塩業生意。結婚以後的4年，他利用母親的一些私蓄去奉化，在一所稱爲文學館的簡樸學校裏念書。

在這所學校裡，蔣介石發現了一本薄薄的中國軍事經典著作叫《孫子兵法》，是在公元前4世紀中國古代戰國時期由孫子寫的。孫子認爲，「不戰而屈人之兵，善之善者也。」他主張以機智勝蠻勇，以詐謀克刀兵。孫子的思想引起了蔣介石的興趣。形成了他未來的理想。也正是在這所學館裡，他的老師把他引進到宋朝學者朱熹的簡朴的儒學理學中去。這一學說把無私、律己和道德修養作爲和諧之道。迄今，蔣介石的生活一直是同貧困作鬥爭，是一

場忍受由於自己的相貌而招惹來的嘲笑的戰鬥，同時也是克服自己的暴躁性情的個人的磨練；對他來說，這一律己的哲學具有特殊的意義，他試圖把這一哲學作爲生活中的信條，但沒有取得顯著的成功。

在這所學館裡，他還養成了延續終生的習慣，拂曉之前起床，穿著睡衣睡褲或襯褲，到臥室的陽台上筆直地站著，双唇緊閉，双臂交叉放在胸前，冥思半小時。

由於孫子思想的影響，他成了一個獻身於戎馬生涯的人，一個將指揮軍隊和間諜的人。

1906年，他離開文學館，決定投考保定軍校，作爲一名治國的軍人。可是沒有路費怎麼辦？他便寫信給家中的母親索取。母親回信反對，他無可奈何。便心生一計，剪掉自己的滿清辮子寄給母親，一時轟動了村人。衆說紛紜，有的說，這孩子有宏志，還是去的好；有的說，這孩子不成才，趁早別花錢。作爲母親王采玉，權衡利弊，還是狠了狠心，取出了她這個寡婦的血汗錢，寄給了兒子。蔣介石接到了母親寄來的路費，欣喜若狂，翌日便登上了去投考軍校的路。

且說保定軍校是袁世凱一手辦起來的。表面上這是爲滿清朝廷保江山的武備學校，暗中袁世凱有他自己的打算，他要使這所學校畢業的學生成爲他的死黨，使他北洋軍閥的系統發揚光大。

「蔣介石！」軍校主持人個別談話時問道：「你是什麼地方人？有幾個兄弟？」

「浙江奉化，」蔣介石恭恭敬敬地答道：「兄弟姊妹一共四人。」

「看來家裡同意你當兵啦！你們南方好靜不好動，怎麼你倒願意當兵？」

「本來，」蔣介石一路上同人們商量過如何回答，早已胸有成竹，只聽他滔滔不絕地說道：「本來我在讀書，因爲感到讀書不能打洋鬼子，平亂黨，所以我決定投筆從戎，效忠皇上。」

「瞧你志氣可不小哩！」那主持人也不便跟他細談，打量他一下，問道：「瞧身體不大結實，倒像是個念書的樣子，你念過些什麼書呢？」

「不瞞老爺說，」蔣介石眨了眨眼睛：「我讀書讀得不多，8歲讀大學、中庸；9歲念論語、孟子、禮記；10歲讀孝經；11歲讀春秋、左傳；12歲讀詩經，間習古文辭，學作制藝；13歲讀尙書；14歲學易經；15歲學策論；16歲溫習左傳；圈點綱鑒；17歲習英文、算術；18歲誦周秦諭子，說文解字及曹文正公全集，尤愛讀孫子及研究性理之學。」

「那還叫我們教你什麼？」軍校主持人爲之大驚：「你一肚子學問，去考狀元得啦，還進什麼軍校？」

「我說過，方今天下不寧，男兒志在四方，上馬殺賊，下馬草檄，大丈夫應該如此。國

難當頭，匹夫有責！」

「那好，我們收下你。」

那時的保定軍隊叫做「陸軍部通國陸軍速成學堂。」課程和設備都非常差。蔣介石怕騎馬給摔斷了腿，怕放炮給震聾了耳朵，終於選擇了步兵科。打打野外，練練把式，因爲這是個速成班，平常稀鬆，課程進展得很快。一年功夫，蔣介石沒費多大勁，便以優異成績畢業了。

袁世凱當然不會放過這個「網羅天下英雄豪傑」的機會，這個速成軍校的校長和教官平時便不斷留心，想在這批學生中挑選幾個，送到日本上學，好在將來派用場。蔣介石鑒貌辨色，能言善辯，並且非常服從，看見教官老遠就一個立正敬禮，同學們都背後批評譏笑他，他便偷偷告密，害得說話的同學屁股上挨了十大板，還不知道是誰請的客。于是彼此猜忌，打鬪時，蔣介石便從中調解，充作好人。這麼著，事無巨細，同學們便把他當作知己，放假時出去遊玩，少不了請蔣介石大吃一頓；同時在教官面前，他又把同學間的事情原原本本報告一番，大大地贏得了校方的信任和賞識。

畢業前那幾天中，蔣介石便被教官叫到辦公室個別談話道：

「蔣介石，快畢業了，你有什麼想法？」

「報告教官，」他眼觀鼻鼻觀心，恭恭敬敬答道：「這一年來，我是如魚得水，畢業後一切任憑教官支配，赴湯蹈火，在所不辭！」

「好小子！」教官暗暗點頭：「你知道學武藝了，應該怎麼使用？」

「一切爲了皇上！」介石誠惶誠恐，幾乎要跪了下來。

「你錯了！」教官双眼一瞪，隨即和顏悅色，拍拍他的肩膀道：「蔣介石，你知道我們的學校是誰辦的？」

「袁大人！」

「是啊，算你的造化，你給袁大人看中啦！他根據我們的報告，要提拔你，重用你，你將來得好好報答袁大人才是！」

「那，」蔣介石滿心喜歡，滿身打顫，像做夢似的，結結巴巴半天，双膝落地向教官跪拜道：「都是大人所賜，學生來世變牛變馬，也當圖報。」

「起來起來，」那教官把他扶起，笑道：「不用行這麼大禮，咱們以後是一家啦！當今咱們袁大人，連皇上也得怕他三分，好小子，好好幹吧，記著別忘記袁大人的大恩！咱們以後聽他指揮便是！」

「那我分發哪裡去呢？」

「你？」那教官哈哈一笑：「你好造化哩！袁大人要派你到東洋去深造，回來再派你帶兵，限你半月之內動身！行嗎？」

蔣介石一聽要派他日本留學，咕咚一聲又跪下來謝過教官栽培，答道：「從今以後，袁大人就是我的再生父母，赴湯蹈火，在所不辭。去日本的行期請袁大人決定，學生在校待命！」

且說袁世凱派往日本學陸軍的4個學生，在1907年（清光緒卅三年）自天津直航東京，立刻向東京振武堂報到。振武堂是日本陸軍預備學校，是專門為中國人設立的，蔣介石在那個學校讀了兩年。

近百年來，日本是侵略中國最積極的國家之一，他特為中國人創辦軍事學校，顯然不願意中國人在日本學到太多的東西，因此所有「眞材實料」的功課，以及一切有關日本軍事秘密的玩意，中國學生是沒法得到的。蔣介石也不例外，他在日本所學到的僅僅是兩個字：「服從！」日本教官有一句話使他到死都不會忘記：一切皆要遵從長官的命令，譬如有時讓他們跑步，跑得十分疲倦的時候，仍然要大聲責備他們「沒用」！竟把兵者當作機器人哩！

當時在日本的同盟會很複雜，有孫中山、黃興、章太炎、陳英士等不同的派系。孫、黃、章等在日本的幹部根本瞧不起蔣介石，認為這個留學生，不過是袁世凱浪費了民脂民膏。

冤冤枉枉派錯了人。吃喝嫖賭、吹拍奉迎他樣樣精通，就是缺少一點革命者的氣質。有時也拍拍胸脯，伸伸大姆指瞪眉瞪眼幾聲，或者爭辯得臉紅脖脹，同人家打成一團，但這些都跟革命無關；當然孫中山、黃興、章太炎等人都不想吸收他加入同盟會。但陳英士對他非常欣賞，一來陳是浙江湖州人，同蔣算是同鄉；二來陳同蔣的脾氣、個性、素養、外型都差不多，再加上蔣是袁世凱所派的留學生，陳英士一心一意要網羅這個同鄉，於是便把他吸收進了同盟會。

光緒卅四年那年，孫中山在欽州進行第七次革命失敗，赴美籌餉，黃明堂等舉事於雲南河口，也未成功。同年光緒與西太后相繼病死，溥儀嗣位。宣統元年間，蔣介石已經在振武堂畢業，轉入日本高野炮兵第十三聯隊實習，先充二等兵，再升上等兵。

蔣介石加入同盟會，極力追隨陳英士。一天，二人談起了心。

「袁世凱恐怕今後日子也不好過？」蔣介石試探地問道。

「他？」陳英士哈哈大笑？「人雖然老謀深算，當上了北洋軍閥的頭兒，可是將來萬一有個三長兩短，北洋系統首先要拿他開刀！」

「爲什麼？」

「你該明白，袁世凱手下誰的勢力最大，大到幾乎可以同他相提並論。」

「馮國璋、段祺瑞！」

「可不是麼？今天的政治，大家要耍著幾個人，老袁萬一下台，馮、段既然具備了北洋系統首領的條件，就可以犧牲袁世凱取而代之。」陳英士說到這裡哈哈大笑：「所以你們雖然是老袁派來留學的，可是一旦回去，將來馮國璋和段祺瑞可以不買帳！」

「別提了！別提了！」蔣介石連忙聲明：「我已經加入同盟會，當然追隨你和中山先生起來革命，反對袁世凱到底！雖然是他把我送到日本留學，但我可以大義滅親！」

「好小子，說得對！改天孫中山到達東京，要不要我給你引見一下，他是個好好先生哩！」

蔣介石正是求之不得，免不了表白一番他對孫中山的仰慕，以及對革命大業如何忠貞云云。沒幾天孫中山果然到達東京，蔣介石隨同陳英士前往集會的地方，見到了這位領袖。通名道姓握過手，只見孫中山忙著同幹部們個別談些問題，屋子裡烟霧騰騰，緊張熱烈，他只好找到一個角落悄悄地等待聽講。沒多久，只聽見有人宣布開會，孫中山誠懇、激動的聲音在爽朗地大聲說道：

「同志們！這次我從檀香山各地帶回來華僑龐大的捐款，帶回來中國革命必然成功的保證！」接著暴風雨似的掌聲，蔣介石跟著拍了一陣，心裡却體味著這句話：「華僑的錢很容

易到手哩。」

……

掌聲再次在場中捲起，蔣介石聽得出了神，心裡想道：「孫中山眞是了不起啊！這麼多人擁護他，原來的確有他一套。」

散會後，陳英士陪同蔣介石晉見了孫中山博士，會談是在友誼親切的氣氛中進行的。

「孫博士，見到您很榮幸！」蔣介石道。

「革命不分先後，歡迎你加入我們的隊伍。我們的革命任務是很艱巨的，我們的道路是曲折的，但是勝利是屬於我們的！」孫中山說到這裡，又道：「我們要團結一切可能團結的人，對付我們的敵人，包括團結運用幫會勢力，希望你跟陳英士好好學學，他有不少東西哩！」

「博士先生，我明白，我一定用心去學。」

……

從孫中山博士那裡回來，星斗滿天，蔣介石沒有睡意，又到陳英士那裡坐了兩個時辰。

「陳大哥，聽博士的口氣，你好像在什麼幫會是嗎？」

陳英士的神氣不大好看，呷了一口茶，嘆了口氣道：「我是在幫會，剛才他講話是補我

的台。爲什麼不在會上講我，而表揚陶成章。陶成章算個球蛋！他在江浙一帶哪裡比得上我？你沒聽他說嗎？『陶成章是一位積極的同志！』哼！那我們算不算積極呢？」陳英士發過牢騷，馬上感到在蔣面前這樣說法有點不大妥當，迅即轉口道：「不過孫中山這人說話隨便，我也不計較罷了。」

「你參加的是不是青紅幫？」蔣介石大感興趣：「我在奉化和軍校的時候，同他們已經有來往了。有難同當，有福同享，大家委實義氣。」

「那好極了！」陳英士非常高興：「你爲什麼不早說？你老兄懂得其中的規矩麼？」蔣介石搖搖頭說：「我只懂一些『海底』（暗語）。」陳英士便架起一條腿，像師傅授徒地說道：「小蔣，你得了解其中情形，別忘記這是我們革命黨推翻滿清的大本錢！你光知道三合會、哥老會、天地會、小刀會這些名稱是不夠的。要知道三合會的主要活動地區是廣東、福建一帶；哥老會的主要活動地區是在長江流域，勢力不小。不瞞你說，我就是江浙一帶的『大哥』（首領）！」

「啊！」蔣介石又驚又喜，想立起來行禮，却給陳英士一把按住：「在這種地方，我們免禮了，可是除了革命的關係以外，我們今後還多了一個關係哩！」

不久，蔣介石回浙江看望母親，在上海同陳英士一起搞了幾次武裝搶刼和暗殺活動，從

而他的名字開始進入警察局的檔案。這些襲擊都是革命者和幫會分子聯合搞的，以致分不清誰是革命者，誰是幫會分子。

接著，陳英士和蔣介石又一起回到上海。蔣介石被陳英士委任為團長。當時陳英士的部下異常龐雜，五花八門，無所不包。都督府中「將軍」如毛，連舞台上的演員潘月樵、夏月潤、夏月珊兄弟都是「少將」階段。

辛亥革命成功，上海獨立後，蔣介石在「楊梅都督」手下擔任第五團團長。「楊都督」指的是陳英士，此人滿身楊梅大瘡，整天離不開女人，因此人們都稱「楊梅都督」。蔣介石駐防吳淞，編練滬軍。同年孫中山從法國回來，各省代表在南京開會，推舉孫中山為臨時大總統。這本來是件使革命黨高興的事，但陳英士卻例外，只見他愁眉不展，唉聲嘆氣，忽然杜門謝客，一反常態起來了。

蔣介石聞訊之後，便從吳淞到都督府去看他，問陳英士為何悶悶不樂？

「你瞧！」陳英士指指桌上一份文件。蔣介石還以為是孫中山對他有什麼責備，忙不迭把那文件拿起一看：「龍華會章程」，心裡明白，脫口而出道：「原來又是陶成章這小子！」

「小蔣！」陳英士對這個25歲的團長憤憤說道：「你跟我也不是一天兩天了，我有多少

實力，你該知道！」他拍拍胸脯，「全上海的有誰不知道我陳英士的！陶成章是什麼東西？」他從太師椅上直蹦起來：「可是孫中山偏偏看中他！害得外面都知道陶成章是江浙一帶的革命首領！他媽的把我陳英士三個字往哪裡放！」

「啊啊！」蔣介石把「龍華會章程」往桌上一攤，右手一指：「你瞧他口氣好大：『趕走滿州韃子皇家！』好像辛亥革命是他一個人的功勞哩！難怪外面有人捧他，說他往來滬杭，經營北伐，看樣子孫中山給他迷住啦！」

「你再瞧後面，」陳英士把「龍華會章程」翻了幾頁，指著一行字道：「瞧！他媽的你說他放些什麼屁？」

「啊啊！」蔣介石一字一字念道：「嘿！要把田地改作大家公有財產，也不准富貴們霸占。」哼！他放下章程搓搓手，「這不是反了？」

「是啊！」陳英士反背著手，焦急地往來踱著：「誰不知道我姓陳的良田無數！陶成章這幾條章程說說還可以，實行起來怎麼得了？我們革命的爲了推翻滿清，他媽的他革命都革到老子頭上來啦！」陳英士使勁把烟蒂一摔，用馬鞭狠狠踩了幾脚，双手撑腰，向侍衛揮揮手：「到外面去！」然後親自把辦公室大門緊緊關住，回過頭來厲聲喝道：「蔣介石，你是不是我的心腹？」

「那還用說！」蔣介石一驚，垂手答道：「怎麼問起這個來了？你介紹我參加同盟會，你又是我們的洪門大哥，『一日爲師，終身爲父』我牢牢記住：……」

「你記住就好！」陳英士手指直指他的鼻子：「陶成章是我們的大禍害，有他沒我，有我沒他！非把他除了不成！我現在派你去把他幹掉！要一不帶人，二無見證，做得乾淨俐落，鷄犬不驚，事成之後，必有重賞。你有這個膽子麼？」

蔣介石立刻接受了陳英士的命令。

可是陶成章是個革命黨人，行踪飄忽，一時倒也難以下手，蔣介石難免心神不定。蔣的師父黃金榮便勸他別著急，洩露出去反而誤事，答應他幫忙，一定讓他白刀子進，紅刀子出，旗開得勝，馬到成功。

提起黃金榮，眞是赫赫有名。當時黃是法租界捕房的包探頭目，仗著法國人勢力，販毒開睹，逼良爲娼，是第一名大流氓。但黃金榮既非洪門，又非青幫，照江湖規矩叫做「孔子」。「孔子」既不能開香堂收徒弟，又不能磕個頭收弟兄，只能收「門生」。蔣介石曾向他投帖，算是黃金榮名下的「門生」。

再說事有湊巧，奔走滬杭的陶成章辛勞過度，竟病倒了。陳英士打聽到陶成章在法租界廣慈醫院看病。這一喜非同小可，同黃金榮打過招呼，便把蔣介石找來，鄭重吩咐道：「這

眞是天遂人願，這小子不早不晚，恰巧在上海生病，又正好躺在法租界，你師父麻皮金榮可以幫個大忙！」陳英士哈哈大笑：「這叫做踏破鐵鞋無覓處，得來全不費功夫，去罷！」

蔣介石一聲不響，到法租界廣慈醫院前後左右裏裏外外打了個轉，找到了陶成章的病房，明白了進出途徑。那正是宣統三年的深秋，入夜寒風蕭瑟，夜涼如水，廣慈醫院庭園岑寂，幾棵法國梧桐落葉簌響，燈影黯淡，工友倚牆假寐，護士也在休息，値夜醫生尙未到巡房之際，忽視有一個黑影閃入院中，幽暗的燈影中只見來人頭戴毯帽，遮住眉毛，穿一件夾大衣，双手入袋，迅速登樓，一直推開陶成章的病房房門，之後便聽見一聲槍響，全院震動，等到查出是陶成章遭了暗害，凶手早已逃之夭夭了。

凶手是蔣介石。

對於一個積極的革命黨人之死，當時轟動一時，可是上海在陳英士統治之下，法租界探目頭子又是黃金榮，要是能抓到凶手，那才怪哩！

「蔣介石」三個字，從此便開始記錄在歷史上了。暗殺革命領袖便是蔣介石在辛亥革命時突出的「功績」。

暗殺了陶成章，蔣介石以爲功勞甚大，可以在政治上一步登天，「抖」起來了。不料陳英士目的只在拔掉眼中釘，無意過早提拔蔣介石，尤其是陶成章案發生後懸賞緝凶，少不了

一番官樣文章，他要蔣介石好好躲藏，免得露出了馬脚。

殺了人不用償命，而且還有大把銀子花用，蔣介石雖然沒有高升，但在物質上，可是大大地滿足了。

他自暴自棄，過著一種放蕩不羈的生活。尤其是自民國二年陳英士遇刺後，足足在上海放蕩了十年。期間他在上海混得最久，同時因為他是青幫中人，著實撈了不少好處，開碼頭就是其中一例。不過開碼頭這個名詞，在這裡並不能當強盜解釋。因為青幫碼頭上到處都有，並且有招待同幫的規矩，故幫中人到了不得已時，便到各處走動，每到一處，「掛牌」一番，非但食宿不愁，臨走還有一筆盤纏可以到手。這麼著，連走幾個碼頭，白花花幾百塊大洋算是賺定了，而開碼頭這玩意兒，也成了青幫徒的一項職業。

且說蔣介石在十年放浪的生活中，摸透了上海各種各樣的妓院門戶。自從洋槍大炮打開了中國的海禁，上海以孤塚荒郊，一變而為繁華之地，香迷十里，麗鬪六朝。據估計，上海每12座中國房屋中有一個窰子，光是公共租界就有總數668家窑子。上海居民每130人中有一個妓女。其中，多半屬於或忠於青幫。

蔣介石在滬期間，常跟著那一幫「搶帽子」朋友東轉西逛，張靜江、戴季陶等識途老馬，當然是義不容辭，充當嚮導。

論妓院，四馬路的「小廣寒」尤為出名。蔣介石初到小廣寒，身上沒有帶幾個錢，但張靜江、戴秀陶、陳果夫他們搖搖擺擺，派頭一絡；他跟在背後，也就一步三搖，上得樓梯，揀個位子坐下，只聽得張靜江不耐煩：「幾個宿貨，唱又唱得壞，長又長得醜，明明已經是時候，怎麼幾個名角還不來？」

「靜老，」戴季陶問道：「你是個老內行，娘兒們也就同古董差不多，哪裡有點痣，哪裡有塊斑，靜老可不可以開列名單，讓我們小兄弟有所選擇麼？」

大家正在哄笑，陳果夫指指樓窗下：「瞧，那一乘轎子是誰來啦？」衆人聞聲齊把腦袋探出窗外，只見一個雛妓下得轎來，纖細的十指往龜奴双肩一搭，那龜奴把她往背上一背，拾級如飛，一瞬眼便到了樓上，引起茶客們一陣私議。張靜江皺皺眉頭：「小把戲，過不了癮，名角還不來，我們這一趟眞費了功夫。」

「老爺，」茶房在旁聽到便把毛巾往肩上一甩，推一推瓜皮帽，堆下一臉笑道：「老爺要找誰？」

「不必了。」張靜江大剌剌擱起那條跛腿，打開鼻烟壺聞聞半響，大聲打了個噴嚏，接過手巾擦抹一番，指指蔣介石道：「今天，我們帶一位新朋友蔣老爺來，你們要好好招待。」

「只要蔣老爺吩咐。」茶房向蔣介石打躬道：「小的名叫阿四，以後請多賞光。」

蔣介石點點頭，低聲問陳果夫道：「怎麼娘兒們上樓，還要人背？豈不笑死人了？」

「你有所不知，」陳果夫蓋上茶碗蓋：「這是名妓胡寶玉發明的，一下轎便要龜奴背，無非是增加一分聲勢。不過，現在只限於雛妓，大一點的，不用這一套了。」

「這樣子有點像病人看郎中。」戴季陶哈哈笑道：「那麼大的娘兒們還要人背，阿彌陀佛。」大家胡扯了一陣，還不見名角到場，張靜江便提議抽幾個福壽膏（鴉片），提提精神再說。當時四個人移步烟榻，自有阿四在前開路，穿過大批茶桌，躺上烟榻，吞雲吐霧，閉目養神。蔣介石也對付了幾口，精神大振，就是缺少女人。正發愣間，但見阿四把門帘一掀，低聲叫道：「各位老爺們，『林黛玉』如娘來啦！」

蔣介石眼睛一亮，忙從烟榻爬將起來。原來，這個「林黛玉」並非是紅樓夢中的主角，乃是清末上海「四大金剛」之一。久墜風塵。經歷悲慘，直到四十多歲，還要幹那勾當，年老色衰，不能叫座。聽說張靜江那幫人馬在小廣寒消遣，不免上前招呼一番。

「是你。」張靜江放下烟槍，喝了口釅茶：「抽一口罷？剛到嗎？」

「罪過罪過。」「林黛玉」把裙子一提，露出雪白的大腿，往榻上一坐，替衆人斟過一輪茶：「你們知道的，我已經戒了。可是睡不好，起得晚，你們來久啦。」

「聽說你在請和尚念經，想仰仗菩薩保佑，把鴉片烟癮不戒自斷，可見效麼？」戴季陶問道：「如果見效，那佛法無邊，又多一證明了。」

「我身體也不大好，」陳果夫從烟榻上坐起來：「敢問你除了念經，還有些什麼花招，竟眞的把烟戒了？說來聽聽，我也可以請和尚念經治病。」

「又開玩笑，」「林黛玉」裝著一臉笑：「老爺們怎麼會戒烟？福壽膏嘛，我是沒福份。」「林黛玉」垂低了頭：「戒它幹嗎？」她岔開話題，向蔣介石點點頭，「這位初見，是剛到上海嗎？貴姓大名？你們爲什麼會讓他愣著，不給介紹一下……」

「是啊，」戴季陶躺在榻上，脫掉鞋子，隔著襪子在揑脚丫：「蔣老爺早就在上海了，我們也想把他介紹給你，可是他一聽是四大金剛，聽得直搖手，他說他怕你把他，」戴季陶做了個猥褻的手勢：「嗯，他吃不消！」

「嚼嘴嚼舌！」「林黛玉」瞋了他一眼，問蔣道：「是嗎？」

「是啊，」蔣介石這才開了腔：「怕金剛把我一口吞了肚。」

「喲，」「林黛玉」掏出粉紅手絹，一抿嘴：「我還以爲蔣老爺是個好人，原來老吃老做，也是個老行家哩！」

「這叫做來者不善，善者不來」，陳果夫提議道：「靜老，也沒有什麼好聽的，我們還

是走人罷。」

「急什麼？」張靜江是這三人中的大哥，下得烟榻，接過手巾，閉上眼睛聽了一會：「這個聲音好熟，是誰在唱？」

「惜春老四家裡的姚怡誠小姐。」阿四在旁答道：「她害了個把月嗓子病，今天才登台。」

「是嘛，」張靜江睜開眼睛：「我說聲音好熟，可又想不起來。」他朝「林黛玉」點點頭，「我們聽戲啦，改天到你那裡去。」「林黛玉」明知生意沒有兜到，裝著笑臉謝道：「全仗張老爺關照，我就回去等著啦！」

「下一輩子罷！」張靜江待她走開，輕聲說道：「也不撒泡尿照照自己，人家找姑娘，可不是找祖母來著！」一陣哄笑中一行魚貫回到書場。張靜江吩咐道：「阿四，我替蔣老爺點兩闋戲」。說罷向蔣介石道：「點完戲，我們就可到姚怡誠小姐那裡坐坐，以後您可以隨便過往，這兩闋戲每闋賞洋一元，算是我請客。也有人多至十闋二十闋的，愈多愈濶，不過我們不必做瘟生，兩闋夠了。」

蔣介石不斷點頭，眼瞪瞪望著台上的姚怡誠小姐，但見她風流俏麗，差點流下口水來。聽完話，便跟著姚怡誠小姐到惜春老四那裡。戴季陶悄悄地對蔣說：「老弟，一切讓靜老打

點，你少開口，免得人家當你是瘟生。靜老花錢，一向花在刀刃上，決不多費一個銅板，可是人家當他是財神，決不拿他當瘟生，你要學學。」

「我也懂一點。」蔣介石不甘示弱。

「你過去玩的是野鷄，」戴季陶做了個鬼臉：「老弟，這中間差別可大哩！」蔣介石聽老戴說他玩野鷄，面子上有點不大好看，頓時啞口無言。因爲張靜江跛腿不便上樓，照例在樓下房間坐下，只聽見一個龜奴在門外叫道：

「先生，要不要碰和（打麻將）？」

「急什麼啦？」老鴇惜春老四和姚怡誠小姐麻雀似的在他們面前跳來跳去，敬茶奉烟，忙個不休。蔣介石聽僕役稱她叫做先生，心頭納悶，便問身旁的陳果夫道：「怎麼她是先生？」

「是這樣的，」陳果夫同他耳語道：「書寓裡的姑娘，一般稱作先生，長三堂子的姑娘就沒有這個『尊稱』了，叫做校書。但她的僕役爲了增加聲勢。背地裡還叫長三做先生。只會在交際場所裡稱呼她小姐。凡是在同一個宴會中，如果有一個先生與校書同時參加，那這個先生一定要離席避坐，以示區別。現在書寓不行時了，長三堂子於是一躍爲先生，摒小姐之名而不用，只有野鷄淌白、雉鷄烟女承襲了小姐的稱呼。」

「你們咬耳朵！」姚怡誠笑吟吟走過來，一手搭在蔣介石的肩上，一縷香味直鑽鼻孔，使這個新嫖客幾乎暈過去。

這一眼產生了爆炸性的後果，並且也被他的朋友們注意到了。在他們的敦促下，他收了這位姑娘作小老婆並把她帶到溪口他母親家中。他有一個幸福的大家庭，他專橫的母親，他孤獨寂寞的妻子和倔強的兒子，以及標緻的姚怡誠。那年蔣介石25歲。

再說蔣介石的拜把子兄弟戴季陶，性好漁色，但怕內特甚，瞞著她的妻子立一日婦為妾，於1916年生一子，初起包瞞隱蔽，后因日婦染病身故，遺下嬰孩無人撫養，若將其領回戴宅，恐遭大婦之忌，萬般無奈，只得與其盟弟蔣介石相商，就以此子送給蔣為養子（但開始時以代養為名），歸姚怡誠領導。此子就是蔣介石的第二個兒子蔣緯國，實為戴季陶之子。那時，蔣介石在上海家中雇用一個厨司，一個當差和一個女佣，但工資常常發不出。

蔣介石娶了漂亮的姚怡誠小姐為妾，並沒有結束「十里洋場」的浪蕩生活。蔣介石的結髮妻子毛氏當時曾在上海住過一陣，蔣變成濶佬以後，便把她趕回老家溪口去了。蔣的母親把媳婦送到上海具有深意，希望介石能夠養一個「真正的」孫子出來。不料毛氏不但沒有生得半個兒子，而且經常挨她的丈夫耳刮子。民國十六年間，據蔣經國給她母親（毛氏）的信上說道：

「他（指蔣介石，下同）只顧自己在外嫖賭吃喝，不顧家裡妻兒飢寒。你（指毛氏）規勸他，得到的回答是非罵即打，我親眼看見你在樓梯上端被他一脚踢下，從樓上滾到樓下，跌得不省人事，他却揚長而去，可見他是殘忍沒有人性的，是典型下流流氓！」

此信是蔣經國當年親自寫的，絕不致「向壁虛造」。當年蔣介石所以如此，一來毛氏是鄉下女子，俗稱「黃臉婆」，在十里洋場「帶不出去」；而在秦樓楚館所碰到的，盡是些花枝招展，妖妖嬈嬈的娘兒們，蔣介石錢來得容易，玩女人也非常容易，於是把結髮妻當作眼中釘。

不久，這個玩女人的能手，又喜新厭舊，瘋狂地愛上了未曾裹脚的多才多藝的妓女，叫陳潔如。陳潔如原籍是蘇州人，生於1906年，自幼長在上海，受過中等教育，能說俄語。蔣介石對外交際應酬，常帶新寵出入於社交場中。這個女人的驚人才能以及她那非同尋常的頭腦使他神魂顛倒。他休去了與他結髮的鄉下妻子，拋棄了他不久前剛剛安頓在溪口家中的小老婆姚怡誠，而與陳小姐結了婚。

1921年11月，蔣介石給他第一個妻子的兄弟寫了一封信，要求他幫助安排離婚：

「……

十年來，一聽到她的脚步聲，一看到她的身影，我就忍受不住了。至今，我根本無家可

言。十年的痛苦經歷使我決定與她離開。作出這個決定並非易事。你是個通情達理的聰明人，我想你也許能夠爲我的幸福考慮，使我脫離這無盡的苦海。

……」

就在那封信的第二天，他同陳小姐按佛教儀式結了婚。原來「占有」這個年輕女人的杜大耳朵（杜月笙），實際上把這位新娘讓出去了。陳小姐從此成爲第二位蔣介石夫人並且在國內外旅行時都使用這一名稱。

蔣介石在上海這個花花世界裡，內有妻妾，外有「野鷄」，這還有好？不久染上了「楊梅大瘡」，躺在家裡養病。那時候不比今天，既沒有特效藥物，又沒有高明的花柳醫生，直把他急得沒有辦法。膿血淋漓，舉步維艱，少賺了「帽子」錢不算，還給黃綠醫生敲走了一大筆竹槓。

這天早晨，天剛剛大亮，上海便籠罩大霧中。霧濃得很，十幾步便看不見人影。

「我受不了，陪我到醫院走趟吧！」蔣介石向妻子陳潔如道。

「天剛亮，霧也大，怕是大夫不能上班，你再忍耐一會兒，吃了早飯我陪你去。」蔣介石看了病，取了藥，剛要走出醫院門口的時候，正好迎面碰著上海參議會童工委員會的一群人來醫院視察。

蔣介石一眼瞅見這群人中有一個美人。她美得不同一般人，有大家閨秀的氣派。衣著是淡紫色的，給人以莊重感。敞胸的天鵝絨長袍，鑲滿威尼斯的花邊。在她頭中間有一個小小的三色紫羅蘭花環，在白色花邊之間的黑緞帶上也有著同樣的花。她的結髮的格式並不惹人注目。引人注目的，只是常散在她頸上的鬢邊的那小小的執拗的髮卷，增添了她的嫵媚。在她那美好，結實的頸子上圍著一串明晃晃的珍珠。

這位高雅、孤傲的美人，恰走在隊伍中間。全隊伍中也只有她一位女的，觀模樣二十出頭。此陣式使她成了一位衆星捧月式的人物。

且說這美人不是別人，正是宋三姐美齡。她從美國留學回國後就參加了市童工委員會。她和她的同伴剛剛視察了一座紡織工廠，那裡的童工營養不足，目光呆滯，面色蒼黃。笨重的體力勞動，使他們體力不支，昏倒被送進這家醫院。宋美齡來這家醫院的目的，一來視察，二來採訪一下這些住院童工們。她想寫一篇文章，向全社會呼籲一下，引起人們的注意和重視。宋美齡剛下車走進醫院大門口，正好碰見蔣介石。一個裡進，一個外出，二人打了個照面。若不是蔣介石的眼睛像釘子一樣釘住她，恐怕她是看不到蔣介石的。

不久，蔣介石打聽到那位美人，姓宋，名美齡。她家住在霞飛路二十一號。她還有兩個漂亮的姐姐靄齡和慶齡，都嫁給了中國的政界人物。另外，蔣介石還打聽到宋美齡有一位情

人，名叫劉紀文，是宋在美留學時的同學。……

13

古人云：欲得之必先知之。蔣介石打從在福利樂醫院見了美齡一面後，愛神便降落在心裡。於是便派出了一些把兄弟作爲自己的耳目，把個宋小姐的身世愛好、秉性脾氣打聽得如指掌、爛背在心。可謂用心良苦！

這些情況的了解，又使蔣先生對宋小姐倍加愛之，人貴有自知之明。他知道宋氏家族門樓的高低，而自己出身低賤。按行話講，這叫「門戶不對」。可是蔣介石要決心縮短這個差距。凡事則立，不立則廢，於是他立即著手制訂追求她的長期策略。

這種長期策略共分三步走，第一步提高自己身價，讓對方追求自己；第二步邁進政界，走出上海賭場。辦事要有野心，他信奉「不想當總統的人永遠做不了總統」這句格言；第三步要找一位合適的「月老」，從中說和。這位「月老」他選中了孫中山。因爲孫是美齡的姐夫。這一層關係極其微妙而重要。再者，孫所領導的中國革命，給四萬萬中國人民帶來了某些勝利的希望。

恰在這時，蔣介石又聽到了孫博士從廣州給他的來信。信中提出要他去廣東，協助他做

些工作。於是，他決定起程，離開這座十里洋場。使自己有更高層次的追求，向自己的長期目標邁進。

「親愛的，你是我的，我不能讓你去！」蜜月中的妻子陳潔如綿綿深情。

「說實在的，我是不願離開你的。人家是求我去，我能不賞臉麼！」蔣介石吻了一下陳潔如。

「不，我不嘛！」

「聽話，親愛的。你要知道孫先生已在廣東得勢。廣東的形勢，大有可爲！俄國變成了蘇聯，蘇聯十月社會主義革命的影響大極了。我們的孫先生完全贊成蘇聯的做法，對蘇聯非常羨慕，他還同蘇聯發生了關係，這麼一來，孫先生的革命，眼看就要成功了。如果這次我去，助他一臂之力，他怎麼還不給我一官半職做做。如果我做了官，那你還不是官夫人？」

陳潔如被蔣介石的一番話逗笑了，說道：「你眞心要去，我依了你。不過不能見了女人走不動；十天給我寄回一封信來。」

「好，好，好，我答應，親愛的。」口是心非的蔣介石口蜜腹劍。

且說蔣介石此去廣東，正是離開這賭場，到達那賭場。革命和投機，在他看來，兩者竟是一樣的。

却說蔣介石在民國十年十二月乘飛機到廣州。廣州國會正在召開非常會議，選舉孫中山為非常大總統。那時國內打得一團糟，孫中山忙得不可開交，對蔣介石的千里投奔，只匆匆忙忙地談了幾句，末了說：「這樣吧，要做的工作很多，一時也難以安排，你搬進總統府，跟我呆一陣再說。」

蔣介石於是高高興興做了孫中山的侍衛。侍衛就侍衛吧，總統的侍衛，雖說官兒不大，名聲叫起來响亮。他心眼靈活，侍候周到，掛著根盒子炮追隨左右，沒犯過什麼差錯。可是，時間一長，作為野心勃勃的他就覺得沒意思了。再加上他從內部得知陳烱明要叛變孫中山。如果形勢一變，他日子就不好過，於是隨便找了一個藉口，回上海看「行情」，靜待時局的發展。

直到第二年6月16日那天，一個驚人的消息到達上海，說陳烱明果眞叛變，炮轟總統府，孫中山避難到了永豐艦上。蔣介石不禁為自己的心計成功暗暗慶幸。同時，百無聊賴的他，又聞訊靈機一動：「機會來了，孫中山處境危險，可是國內各方面條件對他有利，陳烱明成不了大氣候，我姓蔣的在上海處境糟透了，沒有絲毫希望，如果在孫中山患難之中再追隨他，那他脫險之後……」

「這是很危險的，」陳潔如規勸他，「機會還有的是，你早不去晚不去，偏在這個時候

，我看危險！」

「你眞是頭髮長見識短，」蔣介石不悅：「你以爲我此去一定活不成麼？反正到處沒辦法，碰碰運氣，至少比呆在上海孵豆芽強！何況大總統坐的是大兵艇，陳烱明又沒有船，怕什麼？」

……

蔣介石冒著連天的炮火到達廣州，幾經周折，到達孫中山的座艦，倒叫孫中山愣住了：「你怎麼來啦？」

「沒想到吧！」蔣介石慷慨激昂：「知道總統有危險，所以不避艱難，星夜兼程，追隨左右，擔心總統啊！」

處在危難中的孫中山被蔣介石這番話感動得不知所云。

「孫夫人呢？」蔣介石急問。

「她差點給機槍打死！是她最後一個撤離，是她保全了總統的命。」在一旁的侍衛老趙替孫說道：「衛士們彈盡援絕，便向叛軍繳械，双方言明：一經繳械，對方就不再實施射擊。」

「孫夫人好險！」老趙喘了口氣：「双方講好以後，對方馬上變卦，衛士同黃副官、馬

副官衛護孫夫人剛離開總統府，叛軍就開槍掃射，死掉不少人！叛軍老是不見總統出來，於是進內搜索，才知道總統早已離開……」正說到這裡，艇上突地一陣騷動，原來是外交總長伍廷芳、衛戍總司令魏邦平上永豐艦來了。蔣介石跟著大家進入會議室，前後左右站立戒備，商量了片刻，只見孫中山聲色俱厲，指著魏邦平說道：「魏司令！你現在回去，把隊伍集中在大沙頭，策應海軍，向叛軍進攻！恢復陸上防地！」

「是！」魏邦平離座站起來，向孫中山敬了個禮，便下了小汽艇。

「伍總長，」孫中山站起來：「今天，我要親自率領艦隊，擊破叛軍！否則中外人士以為我已經喪失力量，而且也不知道我在什麼地方。如果躲在艦上，潛伏黃埔，不盡職守，僅僅為我個人避難偷生著想，中外人士都會笑話我們的。」

「炮聲震撼著河流，震撼著艦身，遠處白烟迷漫，火舌飛舞，山谷中响起巨雷似的回聲。叛軍一顆炮彈落在永豐艦船舷旁，水柱激到半空中，蔣介石心臟劇跳，双腿酸軟，拉著孫中山的胳膊勸道：「報告總統，這裡危險，趕快進去！」

「讓開！」孫中山掙脫他那只手，浩氣蕩然，傳令艦長道：「目標正前方，敵炮車！」

艦隊猛烈攻擊著目標，叛軍顯然沒有料到這一著，抵抗漸告微弱，終於冷寂。艦上的炮彈掠過長空，「轟轟轟」地在叛軍中起爆，只見那叛軍抱頭逃竄，狼狽不堪。魏司令的炮火

又打了過來，孫中山的攻勢勝利了！

「李艦長，快取出照相機，咱們和大總統一起留個影吧！歡呼我們的勝利！」蔣介石對艦長講完，馬上又跑到孫中山眼前：「報告總統，大家對總統的指揮有方非常感謝。我尤其是願意追隨總統一輩子，艦長也說總統偉大，願意給您照一個相，作爲勝利紀念，嗯，他已經在那裡等了！」

「好吧！」孫中山整了整衣帽，濶步向前走去。

蔣介石喜上眉梢，忙不迭搬出一把椅子，讓孫中山坐定，便立在他身旁，一手撐腰，照下了一張相片，喜得他一夜沒合上眼睛。待照片洗好，送到戰報一登。從此蔣介石身價倍增，逢人便說：「瞧，我是孫大總統最親信的人！」好一張政治資本照。

且說蔣介石這個徹頭徹尾的政治投機商，他兩面三刀，陽奉陰違，表面上對孫中山百依百順，可是對下面群衆却是傲慢無理，不可一世。平叛戰爭一結束，在孫大總統號召下，國民黨人懷著興奮、新奇的心情回到廣州，孫中山設立了大本營，復任大元帥，組織了國民黨軍事委員會，蔣介石由孫中山直接提名任命爲委員。

當時在孫中山周圍的人，有汪精衛、胡漢民、廖仲愷三人。廖是深深體會孫中山聯俄、聯共、扶助工農三大政策，而且參與機要的人；胡却是右派；汪是一個動搖的軟骨頭。蔣介

石早就知道廖仲愷的分量，在他面前表現得特別積極，孫中山與廖仲愷決定派蔣介石去蘇聯，觀摩人家的優點，準備回來以後幫助廖仲愷。

孫中山爲了多多培養革命幹部，又派張繼同行。臨走之前，免不了鼓勵一番，於是蔣、張二人在民國十二年七月中旬，從廣州回上海，出發往莫斯科。

蔣介石在上海的「師友」們瘋狂地歡迎和歡送他，整天在秦樓楚館消磨日子，連陳潔如都難見到他。大地主、大商人、大「師父」，把他們未來的日子寄托在蔣介石身上：「快點回來啊，你一上台，我們的日子就好過了！」

8月間，蔣介石同張繼到達莫斯科。

鮮艷瑰麗的莫斯科，緊張興奮的蘇聯人，寬廣樸素的高爾基大街，端莊高聳的克里姆林塔尖，多采多姿的各種歌劇和戲院，矗立雲霄的聖巴塞爾教堂的穹隆，銀白色的河流，和諧的手風琴……

蔣介石對這些沒什麼印象，他只對一個山尖有興趣，那個山頭拿破崙曾經到過。他的願望，凡是拿破崙到的地方，他一定要去。

光陰似箭，不覺半年過去。

蔣介石走馬觀花回到中國後，一天，孫中山把他召去。

「我們決定辦一個革命的軍事學校！依靠軍閥隊伍來革命是不行的，進行革命，必須要有革命的武裝，我考慮很久，決定按照蘇聯赤衞軍的組織，成立陸軍軍官學校，」孫中山興奮異常地說道：「這是前年蘇聯代表馬林的建議，我考慮很久了。」

「太好了，」蔣介石附和。

「我們想派你做黃埔軍校校長！」

「啊！」蔣介石乍聽，不知如何是好。

「你可以試試，」孫中山笑道：「大家多研究，多幫助你。你是英士介紹給我的。在永豐艦上你也表現了對黨國的忠誠。再者你履歷表上還寫著在日本學過軍事，我想你是可以勝任的。」

「實在，」蔣介石驚喜參半：「我沒有經驗。」

「別怕，」孫中山從卷宗抽出一張名單：「有這麼多朋友幫著你，你怕什麼？瞧：黨代表廖仲愷、校長蔣介石、政治部主任周恩來、軍事顧問鮑羅廷、教務主任加侖、教官鄧演達、惲代英、聶榮臻。」

「恐怕他們會笑話我。」蔣介石故作掩飾：「我看還是另外派一位同志擔任校長吧。」

「你不要推辭了，」孫中山坐下來：「這是你的一個獻身革命的機會。我現在批一張條

子，要他們撥500支奧造毛瑟槍給你，交給學生受訓。」

「什麼時候成立？」

「6月16日開學。」

黃埔軍校按照計畫準時開學。從此，蔣介石走馬上任。盡管白手起家，困難重重，但他還算忠於職守，當了軍校校長，他平生第一次感到有所建樹。按照他追求宋家小姐的「三步走」計畫，已實現了兩步，目下還有請月老作媒一步。他想，自己來廣州，和孫大總統的關係非同一般，交往日益密切。關於向宋小姐求婚之事也應該開口了。再者，陳潔如如何處理呢？黃埔軍校校長的職銜畢竟不小，關鍵是正牌的。如果再讓陳潔如這個婊子作夫人畢竟不大體面。姚怡誠給他來信要來廣州居住，還有原配夫人毛氏呢？蔣介石心事忡忡，反而睡不安寧了。

蔣介石心裡一急上了點火，牙也疼。軍校政治部主任周恩來，得知蔣校長身體不佳，勸說：「學校已走上正規，我看你就休息幾天吧！」

蔣介石雖沒說可以不可以，反正躲在宿舍不出來了。整整三天，他才把自己亂麻一般的思緒理清。萬事之首，他要找孫大總統談談。談什麼？如何談？……總之，他把腹稿已經

打好。

蔣介石說幹就幹，趕巧翌日是一個星期天，蔣介石便信步來到孫中山宅第。

孫夫人雖不喜歡他，但卻熱情地接待了他。

「孫總統呢？」

「他去隔壁打個電話，馬上就回來。」慶齡風姿楚楚說完，馬上擺上茶杯，給他盛上了釅茶：「蔣校長，先喝茶！」

「好，好。」蔣介石接過茶杯，道：「國有今天，黨有今日，全靠大總統。上次跟著總統，在永豐艦上蒙難不死，全是總統的洪恩啊！」

「你說到哪兒去了？平叛戰爭的勝利，全靠我軍全體官兵的共同努力作戰。我看單靠他一人，恐怕我們現在都當炮灰啦！」

「夫人說得對！夫人說得對！」蔣介石呷了一口釅茶，哈哈笑了起來。

這時，孫中山從隔壁走過來，滿面春風道：「你們又講起我的蒙難史來了。」

「可不是嗎！」蔣介石站起身。

「快坐下。」孫中山擺了擺手道：「上次蒙難也多虧老友在難中幫忙。說實在的，原來我對你們江浙人是有看法的，說的多做的少，油頭滑腦。難中見誠心，自從那次蒙難，我才

眞正認識了你。幹好了，你蔣校長前途是無量的。」

「那裡那裡！」蔣介石故作推辭道：「我這個人是屬狗的，只要別人對我以誠相見，我能拿心掏給你看。」接著，他把身子向孫中山那裡靠了靠，又道：「今天來，不是工作，而是一些隱私事，想同總統談談，以便總統能給我做個參謀。」

「什麼私事公事，你就只管說吧！凡是我能幫助的，盡量成人之美。」孫中山道。

「總統不是別人，恕我直說了。」蔣介石察言觀色，說道：「國有國父，家有家長。我們這些單身漢還缺老婆啊！總統閣下向來關心部下生活，乃至柴米油塩，這個事也定能幫忙啦。」

「這個問題好說。中國還不像蘇聯，那裡女性缺，中國人口多，怕你這個堂堂有名的大校長，還找不到一個俊老婆！」孫中山說這番話也是頗有幾分眞誠。接著，他又問道：「聽說你溪口老家不是有原配之妻嗎？」

「唉！」蔣介石嘆了一口氣：「總統還不知，因感情不和，早幾年間，我們就離了婚。」

「這，這，這還不知道，」孫中山說完，在一旁倒水的孫夫人插言道：「那你的美人姚小姐呢？」

「看我剛要說起她，夫人便就提起了她。我猜想是陳英士告訴夫人的吧。她，這個人長得倒是不錯，花兒一般，就是不大正經，我已去信跟她脫離了關係。」

「看來蔣校長倒是正經的啦！」慶齡反唇相譏，實際她是知道蔣介石在上海交易所的老底的，也是風言風雨傳到她耳朵裡的。但是有關他和陳潔如的婚事，慶齡和丈夫並不知曉。蔣介石察顏觀色，見他們沒有相問，也就隱私下來了。此時，他只顧笑笑，道：

「關於我的事，還請總統和夫人多關照。有關條件嗎？人才容貌且不論。主要是有些文化教養，最好能懂些外文，日後也好給我當助手什麼的。」蔣介石的這番話是有所指的，也是他想了幾天才想出的。孫中山是明眼人，他馬上意識到小妹是合適人選。孫中山可不像花兒腸子的蔣介石，他待人忠厚，爲人正直，早年間人們對他曾有「大炮」之稱。聽了蔣介石一番話後，把頭轉向宋慶齡，道：「夫人，按照蔣校長的條件，我看三妹美齡挺合適的。不如，你就給他們倆做個月老紅娘吧？」

孫夫人瞋了丈夫一眼：「小妹那脾氣你又不是不知道，她要看不上，你就休想說通她。再說，她那眼光也高著哩！我看非成個姑娘王不可。要做紅娘，我看還是姐夫的話她聽。」

慶齡把「皮球」踢了過去，實際上她是一千個不同意。因爲蔣校長在跟前，有些話不好說明罷了。

「好，我做紅娘，找個空閒時間，先給岳母透個話。」孫中山爲之一笑。

「總統先生，我告辭了，不過您老要保重身體，您的福壽也是我們黨國的福壽啊！」

「謝謝！」孫中山和慶齡站起身送客。

蔣介石走後，平時穩重的孫夫人對丈夫埋怨一場。

「你也不看看蔣介石是個什麼人？上海十里洋場誰還不認識他？今天跟這個扯，明個跟那個扯，腦袋光禿禿，滿身流氓氣。」

「人言可畏。不能光聽那些流言蜚語。也不能光揭人家短處，最近，我看他對黨國還是忠誠的，廣州蒙難足以證明。中國有句俗語：危難之時見忠心。看人就要看關鍵時刻。這個人有才幹，工作有魄力，用好了說不定是位將才哩！」

「什麼將才師才的！我就不同意你的看法。我看他純屬一個野心家！甭看現在在你面前裝得正經，說不定百年之後還要挖墳鞭屍呢！」

「看你說到那裡去啦。眞是婦人頭髮長，見識短喲！」

慶齡氣了，站起了身：「我鄭重提示你，蔣介石這個人不可重用。還是先頭那句話，他是個野心家。你願做好事你盡管做去。我家小妹決不嫁這樣的人！」

「那如果小妹要是同意呢？」

「我看小妹是不會同意的！」

「話不要說絕了，那可不一定。」

……

兩人不歡而散。恰在這時，一只花貓跑了出來，嘴裏叼著一只老鼠。孫中山看了，感到又悲傷又好笑。

第七章 天意難遂

14

羊城的天猶如小孩的臉，說變就變，剛才還朗朗晴天，不知從哪兒捲來一團濃雲，正好躲在羊城的上空，淅淅瀝瀝地下起了毛毛細雨。

宋美齡剛剛從滬到達羊城，恰恰趕上這雷陣小雨。她行走在街道上，不禁咒罵這陣小雨故意跟她找麻煩。

宋美齡來羊城是孫中山總統邀請的。孫中山已給蔣介石許了口，要做蔣和美齡的紅娘。自從那天他與蔣談了話，這個熱心人當晚便給住在上海的宋夫人發了電報，讓美齡來一趟羊

城，有要事相商。

宋夫人接到電報，便和女兒美齡商量。美齡推說工作離不開，不願來羊城。母親道：「你父親不在了，很多事還得你姐夫操心，他既發電報請咱，咱也不能失禮。再說，你有半年沒見到你姐姐啦，說不定二姐也想你啦。」在母親的勸說下，哥哥宋子文便送小妹上了飛機。美齡來到羊城，走出站口不見人接她。心中好喪氣，只好自己走了，美齡冒雨剛走出幾步，一輛轎車箭一般駛到了她的面前，嘎然停下。

「小妹，讓你久等了。」孫中山打開了車門。

「姐夫，剛才我眞想罵你！邀我來，還不接我。」美齡責怪道。

「會剛剛散，來遲了一步。」

「我二姐呢？」

「她在家等你。」

「不對。你一定讓我姐生氣了吧？」

「還不是爲了你。快上車吧，回家說。」

美齡跨上了車。長條轎車風馳電擎一般地向總統府駛去。時值8月，金秋拂春。路兩旁的木棉樹和桉樹，藤蔓纏枝，雲遮霧障，莽莽蒼蒼。細雨中的羊城，宛如一座翡翠城。

使美齡奇怪的是，車子到了家，還不見姐姐出來接她。姐夫把她讓到竹椅上：「小妹，你先歇歇，我去把你姐姐請來。」

片刻，慶齡走了過來：「小妹，我沒能接你，怪姐嗎？」

「二姐，」美齡撲上去，緊緊抓著慶齡的手：「我知道姐夫給你氣受了。」

「那還不是爲了你。」

「爲我？」美齡愣住了。

「那就讓你姐夫告訴你吧。」慶齡說完望了丈夫一眼。

「小妹，是這麼回事。」姐夫忙揮手圓場道：「你也不小了，我們也該爲你操心了，尤其是查理父親逝世後。最近，姐夫爲你選了一位，就是姐夫的部下，黃埔軍校校長蔣介石，此人條件不錯，雖說有點小毛病，但是金無赤金，人無完人嗎，在這一點我和你姐有分歧。」

「那姐姐的意見一定是不同意了。」美齡把目光投向慶齡。

「我不同意能頂個啥，關鍵大主意還得你自己拿。」

「這個人我既認識又了解。」美齡笑道：「要問我同意不同意，還得容我考慮考慮！等你們消了氣後，我會答覆你們的。」

「你如果願意見面的話，我可以隨時通知他來。」姐夫又道。

「那好吧，姐夫，」美齡點點頭，既沒有表示反對，也沒有表示贊成。

羊城8月，風光旖旎。宋美齡在羊城半月，流花湖畔既沒有留下她的足迹，白鵝潭中也沒有留下她優美的身姿。她把自己關在姐夫的深宅高院中，獨自反思。

關於愛情這個課題，對她來說並不是陌生的，不過對於這個在西方生活了十年的她，她的觀點傾向于西方化了。說實在的，她對中國封閉性的愛情觀，加上濃厚封建意識色彩，是看不慣的。她認爲愛情應該像西方那樣是直率的，不應該有私毫的隱晦。大白天，男女搭肩搭臂有什麼不好！不過中國人是正人君子，若那樣是被人恥笑的。在這一點上，她是不同意姐姐慶齡的看法。對於蔣介石這個人，姐姐說他是玩女人的能手，作風不正，可是她却不把問題看得那麼重。她認爲男人畢竟是男人，人也應該互相理解。她對蔣介石這個人，並沒有正式接觸，談不上印象好或印象壞，因此也談不上同意不同意。

她從美國回來後不久，是從一張油印小報上發現「蔣介石」的名字的。這張小報是在日本的留洋生陳英士主辦的。陳英士是孫中山同盟會的會員，陳英士是革命的，因此她認爲蔣介石也是革命的。對於傾向革命的宋美齡來說，蔣介石並不壞。

後來，又使她對於蔣介石這個人發生了質疑。那是她在一張大報上發現的。醒目的標題

是《刺客蔣介石》。內容報導了蔣介石如何行刺陶成章的事。作爲青幫的亡命之徒蔣介石，夥同陳英士一起進行多次武裝搶刼和暗殺活動，他稟承主子陳英士的旨意，承擔了除掉陳英士的共和派對手之一，有影響的革命家陶成章的任務。陶成章是上海興明會——原江門的又一幫會支系的領袖，並且顯然圖謀對陳英士在上海的政治領導權提出挑戰。蔣介石認定除掉陶成章的機會到了。此舉大概會使他重新取得他良師的好感。一天淸晨，他暗暗跑到陶當時在那裡治病的一家上海醫院，發現陶身旁沒有保鏢，便拔出手槍道：

「陶成章，我要送你上西方，你還有什麼意見？」

陶成章面對烏黑的槍口，連連擺手道：「兄弟有話好講好說，你爲什麼跟我過不去？」

「沒什能好講的！這上有陳英士的命令！」

「陳英士剛從我這裡離開，他不會這樣的！」

「那你就上訴上海警察吧！」蔣介石凶相畢露。

「我，我要上訴警察局！……」陶成章沒說完，槍響了，他倒在血泊中……

這有聲有色的描繪，宋美齡讀著讀著，不禁淚水潸潸，連聲道：「這太殘忍了！這太殘忍了！」從此，她對蔣介石的認識又來了一個一百八十度的大轉彎。蔣介石不是革命派，倒是一個靑幫份子。

前不久，她又從廣州一份報端，發現蔣介石與孫中山合影的照片，這張照片背景是永豐艦。孫中山是坐在一把椅子上；蔣介石則是側立其後，面露微笑。下面有段措辭得當的文字：

黃金若糞土，肝膽硬如鐵。蔣介石與孫中山蒙難于永豐艦上。他們携同全軍將士，萬衆一心，力挽狂瀾，迎得平叛勝利，只見千里識駿聲，危難識忠誠。

接著在該報第二版詳細報導了孫大總統蒙難的經過和蔣介石的知心相助。宋美齡認眞閱讀了這篇報導，振人心扉的文字，又一次使她對蔣介石改變了看法。她佩服蔣介石的忠誠爲人，她感謝蔣介石對姐夫的難中相助。讀著讀著，她不禁拍桌叫道：「蔣介石太偉大了！太偉大了！」總之，蔣介石作爲一個神秘的人物永駐她的心間。她似乎從他身上看到了什麼，她自己也說不清。也許這種說不清的影影綽綽的看法，使她最終成爲蔣介石的夫人。也許是她所特有的政治敏感！

……

光陰難駐迹如客，半個月過去了，宋美齡還是脚踩兩隻船，猶豫不決。面對著姐夫姐姐兩種迴然不同的意見，何去何從呢？她不知該怎樣回答姐姐和姐夫？有心見面怕姐姐反臉，違心拒絕又怕對不起好心的姐夫。唉！乾脆不偏不倚算啦。此時只有不偏不倚才是兩全其美

，也是最高明的辦法。第十五天淸晨，在飯桌上，宋美齡向姐姐、姐夫作了辭別說明：

「姐姐姐夫，您們爲我個人的事，操盡了心，這都是爲我好，我都領情。不過，我覺得現在談還不大合時宜，因爲我還小。我想再推二年吧。也許那時更好，姐姐和姐夫的意見能趨於一致。」

「這也好。我們作兄長的也只能當個參謀，主意是你自己拿。」孫中山首先回答。宋慶齡接著道：「小妹，我看你這樣做就對了！」但是最痛苦的還是宋美齡。也就是這天上午，宋美齡啓程離開了羊城。羊城留給美齡的印象：霧的羊城、羊城的霧。

15

且說蔣介石那天從孫中山住宅回來，半月間，又去了兩次，名義上是滙報軍校工作，實則是探聽美齡的態度及反應。孫中山一再給他打保票道：「我觀小妹是沒有什麼意見，只是她姐姐這個參謀沒當好。小妹不便當面頂撞姐姐，只好採取中庸之道。我看有門。」

蔣介石撥動著自己的如意算盤，對孫中山的話信以爲眞，他知道自己的身後的三個婆娘不好辦，都是日後他的絆脚石。他決心先搬掉她們。

說實在的，這三個婆娘都很厲害。但是最厲害的首推陳潔如，次之姚怡誠。陳潔如可不

同於別人，她生性怪僻，你若惹了她，她和你扯不清。再者，老蔣在她手中有話柄，弄不好，會叫你身敗名裂。

蔣介石思忖半天，決定先給陳潔如寫信。然後再給姚怡誠、毛福美寫信，忙忙火火大半夜，三封信寫好後，他又覺得這樣不妥，或者能達到事與願違的境地。「唰唰唰」，他又把三封信揉成一團，划根火柴燒了。這時，他想起了上海的青幫兄弟們，他們還是能理解他的，能幫他辦事。於是，他便把這件事差使給杜月笙和張嘯林：「替我解決，日後有謝」。

「毛氏那方面好辦」，不久，杜、張二人回覆蔣介石：「我們說明來意，她一把鼻涕一把眼淚直哭，我們簡直沒有說話餘地。留下來一點錢，安慰她，說反正以後你的生活不成問題，即使蔣校長不提出離婚，事實上你們也並沒有生活在一起，分居與離婚實質是一樣的，你就接受了吧。」

「她怎麼說？」蔣介石皺著眉頭問道。

「女人家嘛，」杜月笙双手捲在袖管裡，拱拱手笑道：「你不必跟她計較。總之，她說話很難聽，可是也不能怪她，宰相肚裡好撑船，我看你算了吧，還是按照原定辦法行事，把她安頓起來，每個月柴米不缺，也就算了。」

「那也好，就按你們說的辦。」蔣介石皺眉瞪眼道：「要走就快點走，趕快離開溪口。

」

「她，」張嘯林插言道：「她說她已有兒子經國，她不能帶兒子離開溪口。」

「娘希匹！」蔣介石拍著桌子罵道：「把經國想法給我接來，我準備安排他去蘇聯留學。這樣再趕她離開溪口沒話說的了吧！」

「我們也這樣說了，人家不幹，她說離婚不離家！」

蔣介石怒不可遏：「真是敬酒不吃吃罰酒，你們也別理她，我也不管，看她這個臭女人把我能咋著！」

「別，別這樣，」杜月笙勸道：「江湖人講義氣，何況到底是結髮夫妻。一日夫妻百日恩。她當然對你不會有什麼花樣。問題是弄不好教天下人笑你沒有義氣，我看你別管吧。」他拍拍胸脯：「交給我們辦好了，同意她離婚不離家，大不了給她找一間房子算了。」

「好好，」蔣介石不耐煩：「就派禮卿負責照護罷！這件事我交給你們了。」他臉孔一板：「怡誠那邊怎麼辦？」

杜月笙同張嘯林交換了幾個眼色，還是張嘯林先開口道：「她不同於毛氏。當我們說出此事，她只流淚不答言。讓我們鬧得好沒有辦法。」

「後來，你們怎麼辦了？」蔣介石一展眉頭問道。

「我們便抓住一條，她和你沒有正式辦理結婚手續和舉行正式婚禮，屬於同居性質，不受法律保護，自然可以不了了之。」

「她沒說什麼？」

「直到我們走時，她還在哭。」

說到這裡，蔣介石暗暗慶幸：「是，我們那時只顧早點同居，連關係手續也忘辦了。讓她哭去吧！哭死了才好哩！」接著蔣介石又問：「潔如恐怕不是個省油的燈？」

杜月笙道：「關於這個女人，我看你也不必動氣……」

「你說好了，」蔣介石不耐煩：「我早已知道，娘希匹，這臭婊子在外面抬出我的招牌招搖！我恨透她了！」

杜、張二人又交換了一下眼色，杜月笙低聲勸道：「你今天已經平步青雲，別跟這種人一般見識。陳潔如有一陣子實在沒有辦法，不過她也不敢亂來。如今你得發啦，確實有人去捧她。上海灘嘛，你當然明白，潔如買買野人頭，憑你三個字抬高了她的身價，這件事情，嗯，像這種事情，……」

「你說罷，」蔣介石緊皺眉頭：「她還有臉找我？不守婦道，到處招搖，我不理她！」

「不行啊不行！」張嘯林勸道：「你可以不理她，她可以不找你，嘿嘿！她當然不敢找

你。問題是你如果眞的不理她，她今後在外面可就亂來啦，人家便可以說：走！找蔣介石小老婆睡覺去！你臉上還有光彩？」

蔣介石半天不響。這時，杜月笙又湊上前道：「她知道你在上海交易所的底細，她說只要你不要她，她就要上訴上海警察局，查辦你！」

「娘希匹，這個女人眞狠毒！」蔣介石不禁罵道。罵完後，他又深感對她頭痛。

「這個，」杜月笙看出蔣介石的頭痛病，馬上說道：「打蛇打七寸，這個女人愛財，你想想她不愛財，當初能進窰子院。我看我們不如順水推舟，她要睏了給她條枕頭。我說給她八萬塊，准能封住她的舌頭。」

「娘希匹，殺了她算了！」蔣介石直蹦起來。

「你不能再生氣。」張嘯林擺出師父的面孔來：「你不能同她們生意人一般見識。她向你要八萬塊，我看這筆錢也要用在刀刃上。她總算額角頭高，碰到這麼一個客人，如今橋歸橋，路歸路，嫖堂子都不在乎花幾個萬塊，你又可必肉痛這八萬塊？你眞覺得窩心，我給你墊！」

「我倒不是肉痛。」蔣介石連忙轉過口氣：「娘希匹，這臭婊子拿了錢如果再要抬出我的名字招搖……」

「絕對不會！」杜月笙插嘴道：「靜老同我們可以擔保。你也可以相信得過！」

「而且我們已經給她準備了後路。」張嘯林咕嘟咕嘟喝完了一杯茶：「要她嫁人！」

「誰？」蔣介石一愣。

「你不認識的。」杜月笙勸他道：「一個醫生。你給她八萬塊，她跟那個醫生就結婚，大家橋歸橋路歸路，以後如果她敢招搖，用不著你開口，我們會把她開銷！」

蔣介石一聲不響，他知道這個醫生是誰。他也認識這個醫生是誰。

那是蔣介石還在上海交易所的時候，以全副精力投注在這個大賭場。然而豪賭必輸，轉動如飛的輪盤賭戛然而止！蔣介石這個大賭棍破了產，債台高築。蔣介石因掏不出這麼多錢，被幾個債主圍打一頓。

蔣介石双手捧著熱辣辣的兩個臉頰，失魂落魄回到自己的住處，只見破舊的門口停著一輛半新不舊的包車。他心一愣：「我偷偷地搬到這裡，難道還有人知道，追上門來討債麼？」他不敢馬上進房，躡手躡脚上得樓去，只見房門虛掩，陳潔如在裡面嗤嗤地笑道：「別動手動脚，給人瞧見了不成話！」

「哦，」是個生疏的中年人口音：「誰不知道你已經是蔣太太，可是你先生沒辦法，破了產，還是跟了我吧！」蔣介石一聽放了心，原來此人不是為討債而來。他心灰意懶，也不

鬧進房去。顫巍巍上得天台，双腿軟弱，倚在牆垣上悵然遙望，只見十里洋場，華燈初上，炊烟四起，黃梅季節的鬱悶天氣，使他呼吸都感困難。

「是那個倌人出堂差了？」蔣介石喃喃說道：「去罷，不管你是老五或者老三，反正我蔣介石是不會告你了。」……

他想敲門，只聽室內床板的嘰嘰聲傳來。那一對男女還在說話：

「他眞的不知道？」男的問。

「我也始終沒有跟他說，在我以前的客人之中，有你這麼一個人！我說只不過有一個老風樣的小開。」小的答道：

「現在不用怕了。」還是那個陌生的男子口音：「現在你可以當面告訴他：你破產啦！還借什麼小房子？老娘要跟有錢人去了，跟我大名鼎鼎的孟醫生！……」

蔣介石回憶到這裡，心血上湧，手脚發麻，要發作嗎？青紅幫弟兄會說他小器，而他的政權是同青紅幫分不開的，這些醜聞其他人是不知道的，他只有把恨咽在心底。過了好一會兒，他嘆了一口氣，道：「好吧！八萬就八萬。這三個女人我交給你們了，你們看著辦吧！」日後，只要蔣某做官，也把你們統統請到賓上席！

陳潔如拿了八萬塊錢，同蔣介石結識一場，就像在跑馬廳發了一筆橫財，也就同那個老

相好的孟醫生悄悄地躲起來了；姚怡誠早已擦乾了眼淚；毛氏的情形就不同，她只有哭。高興的只有蔣介石一人。此時，他正在孫大總統府裡舉杯，飲酒作樂，一陣淫聲浪笑，包含著他在愛情上的一場政治陰謀！

第八章 夜長夢多

16

噩耗，驚人的噩耗！北平傳來了大元帥孫中山逝世的噩耗。

打擊，莫大的打擊！

「月老」逝去了，他追求宋家小姐的意願也告結束。他不禁失聲痛哭……

《紐約時報》宣布孫逸仙于1924年5月15日去世。他並沒有去世，而是準備去北京，希望與當時控制那個北方都城的軍閥聯合起來，以避免發生戰鬥和犧牲。

且說控制華北的軍閥已被「基督教將軍」馮玉祥趕出北平。馮表示，他願意讓孫中山來北平擔任中國總統職務，而不僅僅在廣州擔任臨時大總統。正是這種妥協的氣氛中，孫博士應邀去北平「就新政府事宜提供意見」，說得直率一點，就是進行私下談判。

馮玉祥將軍是一個大老粗，他用一根救火水管爲他的軍隊施洗禮。雖然他自己幾乎目不識丁，他却強迫他的士兵每天晚上記一個漢字，否則不給吃晚飯。他誇口說，他教導他的士兵要記住自己是人民的僕人，他還治軍嚴明。但與此同時，他亦參與陰謀、宮廷政變和征服，直到成爲玩弄權術的老手。在1924年，他對無休止的爭鬥感到厭煩了，於是自己橫戈馬上，指揮將士奪取了首都，向蘇聯人求援。雖然莫斯科已經在支持華南的國民黨，並幫助孫逸仙（孫中山）策劃北伐，但克里姆林宮決定也支持馮玉祥。俄國教官和顧問開始帶著武器及其他援助抵達北京。

馮玉祥完全清楚國民黨的力量日益強大，孫博士深得民心，結盟是有利的。1925年初，由鮑羅廷（此人是列寧派到廣州來的共產國際駐中國的首席代表）出面，和馮玉祥達成了一項秘密協議，下一步就看孫博士的了。

但是時間不多了，到1924年11月12日孫博士已58歲，他消化器官有毛病，因此，他不喝酒。在離開廣州之前，爲了謹愼起見，他對事情作了安排。政府的主要職位由他的各主要副

手擔任。爲了安撫在上海的黨內侷促不安的保守派支持者，他任命國民黨執行委員會高級成員、右派人士胡漢民爲「副大元帥」。

在前往北平的路上，孫博士由慶齡、鮑羅廷和18名國民黨官員陪同，于11月17日乘一艘日本輪船駛往上海，然後又駛往神戶。再從神戶抵達天津。在同當時的滿洲軍閥的私下會談中，孫博士的身體在悲痛中垮掉了。有三個星期時間，慶齡一直守候在他的病榻旁邊，安慰已無法挽救病情的惡化。12月31日，一輛專列火車把他匆匆送往北平，十萬群衆擁擠在月台上歡迎他，祝福他，但是他病得很重，這位演講大師無法向他們發表講話。1月26日，他住進協和醫院，經專門診斷，確認爲癌症後期，無法醫治。他被送往在凡爾賽會議上代表中國的外交官顧維鈞的寬敞的宅邸休息。

孫中山的病危，不脛而走，他的親密同事們紛紛來到他的身旁。他最重要的三名副手——右派胡漢民、左派廖仲愷和擔任軍職的蔣介石——都留在廣州，不是他們不來，而是孫不讓他們來，因爲他們對那個南國都城的控制並不牢固。

在彌留之際，孫博士建立了一個中央政治委員會，代表他在北平展開活動，風度翩翩、講究打扮的汪精衞是委員會的高級成員。汪精衞也有一個非凡的歷史，他曾以1910年「暗殺」滿清攝政王「未遂」而著稱。那次陰謀不過是一場鬧劇而已。暗殺者把一枚土製炸彈隱藏

在攝政王宮廷附近的一條溝內，後來發現他們把導火線剪得太長了，炸彈被發現。根據裝炸彈的箱子這個線索，追踪到了陰謀者在北平的躲藏處，汪精衞被警察發現。他知道這次陰謀，但他實際上沒有參加，他坐了幾個月的牢，直到1911年的革命衝開滿淸監獄的大門，他才獲釋。這段經歷便成了他的政治資本。他聲稱，暗殺陰謀是他的主意，此後便一帆風順。汪精衞幾乎在任何一個原則問題上都能妥協，這樣就使他在國民黨內經久不衰；他周圍的人都被殺害了，他却安然無恙。現在他有幸守在孫博士的病榻旁，極有可能成爲大元帥的繼承人。

當這位偉大的革命者生命垂危時，國民黨中央政治委員會面臨著兩個問題：孫同莫斯科以及中國共產黨的聯盟是否要保持下去；而最重要的是，誰成爲國民黨的新的大元帥或最高領袖以獲得孫長期奮鬥的成果。於是，爭奪權力的鬥爭開始了。

任何人似乎都沒有思想準備。在莫斯科，列寧已去世，而斯大林和托落茨基爲奪取權力在進行殊死鬥爭，他們根本顧不了這邊。鮑羅廷作爲蘇聯駐中國的首席代表，急需得到莫斯科的指示，但一項也沒有來。

在孫中山臨終前，圍在孫博士病榻旁慶齡旁邊的，是孫科；還有她的弟弟、少年得志的金融家宋子文；頤指氣使的大姐靄齡和她忠實的丈夫孔祥熙；風流倜儻、善於交際的小妹美

齡。這6位親屬中，只有美齡年齡最小，也是孫博士最爲掛心的。

「美齡，你年齡不小啦，關於成婚的事，姐夫幫不上你大忙啦。」孫中山顫顫抖抖說。

「姐夫，莫這樣說啦，您已經幫了我的大忙，我謝姐夫了！」美齡說完，淚水如斷了線的珠子，從她那俊美的双頰流落下來。

宋美齡爲姐夫病入膏肓而感到痛苦，又爲姐夫臨終前爲自己的擔憂而感到不安！使她遺憾的是，自己未能讓姐夫看到自己完婚的情人！她想到了蔣介石，這是姐夫親口提到的。自從蔣介石闖進姑娘的情海中，宋美齡無時不在觀察他，哪怕報端有關他的一段豆腐塊的文字，她都細細閱讀、品味，漸漸地使她嗅到她與他之間有著一種相同的氣味。美齡像二姐慶齡一樣，一直守在孫博士的病榻前，直到壽終正寢，大概也是爲感謝爲她牽紅線的姐夫。

孫博士在臨終前，汪精衛向孫宣讀了一份別人起草、需他簽字的政治遺囑，在場的每個人都屏息諦聽。最後孫吃力地說：「很好，我完全贊同。」汪精衛還念了一份個人遺囑，把孫的藏書、文件、個人用品及莫里哀路的房子都交給慶齡。多少年來，孫籌集和使用了大筆款項，而這就是他留下的一切。兩個文件都在3月11日簽了字，簽字時，慶齡扶著孫博士的手。

這個被稱爲《總理遺囑》的文件，後來在國民黨的每一次政治集會上都要宣讀，成了對

孫逸仙的日益增強的偶像崇拜的課本。由宋子文向孫博士宣讀了一封由鮑羅廷和孫的特立尼達出生的助手陳友仁用英文寫的致蘇聯遺書。這封遺書後來刊登在蘇聯的《眞理報》上。

3月11日，這天是星期三，孫博士要求把他從那張舒適的床上移到行軍床上。3月12日，這是一個無風的天氣，上午9時30分，他溘然長逝。

蘇聯公使館立刻下半旗致哀。俄國人還從莫斯科訂了一口特殊的棺材，一口帶玻璃蓋的漆成黃色的鋼棺材，這種奇形怪狀的新玩藝沒有使用。在中國，棺材是用稱爲楠木的硬質木材製造的，最好的楠木來自雲南西部山區。慶齡挑了一口傳統的「頭號」楠木棺材。

3月19日，宋家爲哀掉這位親人，私下舉行了一次未作宣揚的喪禮。接著，在北京協和醫院的小禮堂舉行公開喪禮，由加拉罕同志作主祭人，由前司法部長許崇智致悼詞，悼詞摻雜著一些孫自己講的關於他同耶穌相似的話。

悼詞宣讀完畢。

一隊穿白色法衣的唱詩班打破了肅靜，走過來了。他們由燕京大學的學生自動組成，手持點燃的大蠟燭，唱著孫博士生前喜愛的歌：「甜蜜的和平·上帝博愛的禮物。」（由《時代》雜誌的亨利·盧斯的姻兄弟萊斯利·塞夫林豪斯唱獨唱部分。）他們排列在靈柩旁，在優美、壯觀而簡樸的儀式進行過程中，他們一直站在那裡；在外面，成千上萬的人等待著，

一直等到唱詩班把送葬者從小禮堂裡領了出來，哭聲也從小禮堂裡引了出來。在哭聲中，很多人失去了理智，不得不讓人攙著。

孫夫人身穿喪服，蒙著面紗哭著，是那樣虛弱和哀痛。她的小妹宋美齡和由孫的前妻的兒子孫科架著她的双臂。後面還有孔祥熙夫婦以及其他親友。再後面是24個護棺人抬著的巨大靈柩。

巨大的靈柩通過十里長街時，街道兩旁擠滿了數十萬的人群，人們早就滙集到這裡，從凌晨3點到上午10點，整整七個小時，他們等待著和領袖告別的最後一刻。

最後，巨大的靈柩通過十里長街，伴著人們哭聲移至座落在白皮松林中的西元碧雲寺大殿。

而就在此時，身穿肥大袈裟的方丈才得到通知俄國的棺材此時運抵北京，他惡狠狠地罵道：「這些大鼻子辦事，眞不是時候！」那口棺材在匆匆送往碧雲寺後，被和尙機智地放到一邊去了。

在廣州的蔣介石本想去參加喪禮，目睹一下美齡的風姿，可是他沒有去。此時他正做著他的黃粱夢……

當孫博士的病危消息傳到廣州，使蔣介石感到十分吃驚。爲了將孫博士的病情通報黃埔

全校師生，他立即命令傳達，敲响鐘聲，全校緊急集合。

黃埔軍校沸騰了！

沉重的鐘聲伴著人們雜亂的脚步，全校師生肅立在後院的廣場上，人們還不明白是怎麼回事兒。只見蔣校長一掃往日和顏悅色，肅立在講武台上，他目掃廣場半周，然後以極其沉痛的心情，宣布了這個令人吃驚的消息。

宣布孫中山病重消息的第二天，他又宣讀了孫博士在北京逝世、享年58歲的公告。

宣讀完這則消息後，他不知是怎樣回到自己辦公室的，他痛苦的心情無以言表。不管怎樣，大樹底下好乘涼，他是感恩這棵「大樹」的，可以說沒有這棵大樹，也就沒有他蔣介石的今天。正是這棵大樹使他脫穎而出。一日爲師，終生爲父。所以他痛哭流涕……

再說，孫博士的去世，又使他追求宋美齡的道路上蒙上了一層灰色的網。蔣介石對漂亮出衆又有教養的美齡一見傾心。自從他在上海福東利醫院門前看了美齡一眼後，他再也不能把她那風度楚楚的印象從心頭抹掉。他不光傾心於她的容貌，更使他著迷的是與美齡結合將會給他的前程帶來的鴻運。

孫博士的死，無疑是對他一個沉重打擊。

17

蔣介石窺出的這種天機不是別的，就是孫中山逝世後面臨權力和繼承人的分配和競爭。

在當時的大多數旁觀者看來，蔣介石作爲繼承人的可能性並不大，因爲還有許多比他顯赫著名的人物。但是，這不等於沒有空子可鑽，關鍵在於兩條：手腕和心計。蔣介石心想，只要我奪得天下，還何愁她一個宋美齡不成。

蔣介石想到這裡，接著又盤計一番擺在他面前的形勢，公眾的主要競爭者有四位：右派胡漢民、中間派汪精衞、左派廖仲愷，還有靜候一旁的第四個候選人。公開並不知曉他，但黨內首領與他十分親密，那就是好鬥的上海左派首領、青幫老板杜月笙。

杜月笙可以用兩種方法控制國民黨：自己直接當繼承人，通過正常程序來這樣做的可能性不能說沒有，而是極小，或者，安排一次選舉選出一個爲他利益服務的爪牙。作爲鴉片鬼和幫派頭目，杜月笙大耳朵早就知道，最好由一名代理人來滿足他的野心。選誰呢？蔣介石考慮只有兩個人合適：一是在上海的經商伙伴、瘸子百萬富翁張靜江；另一個便是自己。由於鮑羅廷的存在，選舉任何一個明顯反共的候選人都不可能。

再說優柔寡斷、婆婆媽媽的中間派候選人汪精衞已缺乏雄厚的力量基礎。他充其量只能

成爲一個折衷人物，一個臨時教皇。他和瘦小、強硬的右派胡漢民是死對頭。他們都瞧不起對方。估計他們的力量會彼此抵消。

明顯占優勢者是在美國出生的左派廖仲愷，他是杜大耳朵間接接管的最大障碍。廖是鮑羅廷的寵兒，也是胡漢民的密友。人人都喜歡廖，孫中山的遺孀慶齡更喜歡他。如果任其事態自然發展，廖肯定是孫中山的繼承人。

在孫中山逝世後的幾周內，以前同國民黨結成聯盟的兩名軍閥乘混亂之機攻占了廣州。鮑羅廷逃到了黃埔；在蘇聯加倫將軍的幫助下，蔣介石和廖仲愷合手進行了反擊。很快奪回了廣州。在48小時激戰內，俘敵17000人，繳獲槍炮16000件。

廣州局勢再度安定以後，國民黨中央委員會匆匆開會決定孫博士的繼承人選。會議吵成一鍋粥，最後決定不搞個人繼承，全國政府由左、中、右—廖、汪、胡聯合領導。汪精衛得到了基本上禮儀性質的代理主席的頭銜；胡漢民被任命爲外交部長；政府控制權仍掌握在廖仲愷手裡。

但是左派這樣做得到了相反的效果。翌年，一個新的共產黨控制的工會在上海組織了500多次罷工。這個新工會的出現是對青幫的工人同業工會的直接威脅，杜大耳朵和黃麻皮不甘心讓別人控制工人，杜大耳朵已經是中國最堅決和最徹底的反共分子。現在，他要採取

行動了。在一系列帶有不祥之兆的行動中，他首先派張靜江去廣州向蔣介石進行遊說，並策劃一場奪權鬥爭。

1925年8月25日，不幸的事終於發生了。廖仲愷在廣州坐小汽車去參加國民黨中央委員會的一次會議。當他從車上下來時，5名槍手從建築物柱子後面閃了出來，像匪徒一樣對他開槍，把他擊倒在地。到底誰是謀殺廖的罪魁禍首，始終是懸案一樁。

鮑羅廷和蔣介石進行了一次契卡式的調查，以清查內部的奸細。一名嫌疑犯被帶到了蔣介石在黃埔的辦公室進行審問。發生爭吵，結果蔣介石歇斯底里大發作，拔出手槍當場將其擊斃。

謀殺事件除掉了國民黨左派領袖的事後的影響所及，又去掉了溫和的右派的領袖。這便在國民黨的高級領導層造成了眞空，爲蔣介石的上台開闢了坦途。在改組指揮系統的鬥爭中，出現了一些出乎意料的怪事，完全像一場令人眼花撩亂的戲劇。

杜大耳朵長期的經商伙伴張靜江在1926年5月19日當選爲廖仲愷的繼承人，出任國民黨常委會主席。以前，誰也不認爲他有擔任此職的眞正可能性。他在這一決定性的崗位上只有幾星期，正好用這段時間爲蔣介石的當選作出安排，使蔣介石在1926年7月7日接替他擔任此職。

青幫在廣州的這位喬裝打扮的人物——脾氣暴躁的黃埔軍校校長——突然超越過所有跑到他前面的人而成了孫中山的繼承人。

多少人，包括俄國人，無不爲之嘩然！

新官上任三把火。蔣介石登台表演後，對外借用兩股力量，一是俄國的支持；二是中國共產黨的組織才能，因爲等待已久的北伐即將開始了。再者，對內網羅黨羽，招降納叛，大提一批，大罷一批。美齡的哥哥宋子文雖和蔣有矛盾，但是蔣不但沒廢除他反而重用了他，提他出任中央銀行的行長。蔣介石這種心計不說自明。接著，擁有軍政大權的蔣介石發出了北伐出征的命令。

北伐始於1926年夏季，目標是長江流域。兵分兩路，一路主要由左派組成，向西北方向朝武漢挺進；另一路由蔣親自率領，是他得意的黃埔部隊，朝東北方向的上海挺進。這兩路軍後來成爲兩個水火不相容的政府。

上海已經落入蔣介石和青幫之手。到4月底，幾乎全國各地很大一片地區也落到他們手裡。人人都看得很淸楚，蔣介石已同青幫作了交易，當然，自1922年以後，杜大耳朶一直在不斷促使蔣介石朝這個方向走。

在玩弄了幾十年的權力以後，青幫在奪取中國國民革命的領導權方面處於比其他任何力

量都有利得多的地位。在中國，青幫所起的作用同納粹黑衫黨差不多，當時，國家社會主義使希特勒在德國上了台。

在黑4月的大屠殺之後，人們驚魂未定，一片沉靜，武漢政府也只能發出凄厲的抗議聲。慶齡和她在中央執行委員會中的一小批同志發表了一個英勇的但卻起不了什麼作用的宣言：

「鑒於蔣介石犯有屠殺人民和反對黨的罪行，鑒于他故意採取行動以及罪惡昭彰……將蔣開除黨並解除其一切職務……官兵應將其捉拿歸案，交由中央政府根據懲治反革命分子法令予以懲處。」

他們是對天哭泣。政府在武漢，但是軍事力量在上海。武漢無法執行她的命令，無法逮捕蔣。她控制下的左派軍隊正在進行一次擊潰北方軍閥的戰役，無暇他顧。一些比較積極的左派指揮官，如曾建議逮捕蔣的薛岳，很快就被蔣介石收買了。共產黨已處于無能爲力的地步。

並不是所有的武漢官員都想譴責蔣介石。有人認爲，這是妥協的時候，要共產黨和其他極端分子忍氣吞聲。汪精衞成了那些急于同蔣同流合污的人聚合點。慶齡想讓他們挺起腰杆來，但是她發現他們惶恐不安，搖擺不定。

鮑羅廷企圖發動一次反蔣宣傳運動，但這像是要死灰復燃，他開始燒毀文件，爲蘇聯顧問及其他家屬撤出中國作準備。

從典型意義上說，武漢政府並不是左派的，而只不過是一條漏水的船，上面坐滿了拚命想浮在水面上的溫和派。自從兩年前廖仲愷在廣州被害以來，中央委員會中沒有什麼眞正的左派。現在，所謂的「左派」只包括政治上的理想主義者和改革者宋慶齡，被一名外國記者始終稱爲「憂鬱的無能者」的孫科，哈佛出身的自由派宋子文，維多利亞式的利己主義者陳友仁，最後還有花花公子汪精衞。

他們除自己以外的任何人都構不成威脅。鮑羅廷說，慶齡是「國民黨整個左派中唯一的大丈夫」，還可說是眞知灼見。

鮑羅廷同孫博士合作做的事情已接近成功，但是蔣和青幫劫持了革命。

蔣介石深深懂得：劫持了革命並不是劫持了全國。爲消滅反對他的人，他還必須尋找靠山，找個有錢的洋爸爸，洋爸爸是日本還是美國？他想盡量爭取美國。於是再一次想到了宋家王朝和美國這種根深蒂固的關係，想到了美齡……

想到這裡，他便派人找來了好友張靜江，二人爲之密謀了一番。於是，這種政治婚姻伴隨著蔣介石得天下得美人的陰謀同時進行了。

第九章　政治姻緣

18

謬論說百遍化爲「眞理」。

上海的青幫，蔣介石的弟兄們，經過一陣熱鬧的遊說，使宋家聽到的皆是對蔣的讚揚話，說中國唯蔣能得天下，除此沒有別人。宋家正是在這種形勢下開了一個重要的「家庭會議」。

莫利哀路宋子文豪華的公館裡，拉上窗帘，謝絕賓客，宋靄齡在絲絨沙發上發表著她的高談濶論，坐在她旁邊是對她百依百順的丈夫，大資本家孔祥熙。

「這件事我跟子文商量過不止一次。要我看，中國的形勢要變，上海更不用說了。慶齡那邊的武漢政府遲早要垮台，只是時間問題。」

「是的，」孔祥熙始終贊同他太太的看法，在一旁敲著邊鼓：「太太說的也是，政府要分裂，形勢變化莫測，現在看來，老蔣的命運也是我們的命運。半個月前，老蔣去了日本，我看是要尋找支持。說實在的，那小日本，是靠不住的。」他只有深深的嘆息。

「問題是日本不可靠，美國又信不過他。」宋子文微笑道：「前些日子美國對他這位總司令是採取不信任態度的。所以他此行日本，是爲了給美國施加壓力。說實在的，美國表面上對此事不露聲色，但在暗中活動得可厲害哩，也怕老蔣眞的投靠了日本。總之，形勢可複雜啦。」他放下雪茄：「誰不知我們宋家同美國的關係，美國對我們不錯，我們也不能錯待了人家！」

「那我們怎麼辦？」宋靄齡插嘴問道。

「是啊！」宋子文說：「現在我們不是在想辦法嗎！依我看，蔣介石這個人不是不想投靠美國。最近，他和我說了幾句話，洩露了天機。」

「他說什麼啦？」宋靄齡、孔祥熙都伸過頭來。

「他說，青工會童工會不是美齡幹的活，他想給美齡安排工作。」

「什麼工作？」靄齡嘴快。

「秘書。」

「秘書，」宋靄齡眼珠一亮，兩手一拍道：「有了！把美齡嫁給他。我想改一天他一上台，就不會把我們宋家擱在腦後。這門親事應當儘快定下來，不然，失去了機會。」

「妙哉，妙哉！」孔祥熙再次贊同：「他想睡，我們給他一個枕頭，日後，他不會不感謝我們的。」

宋子文一言不發。

「你是不贊成？」宋靄齡瞪著一對黑眼珠：「美齡當了他的秘書、夫人，有利於他打通美國的關係，這不僅對姓蔣的有利，對我們宋家也有利呀！你不贊成嗎？」

「不不，」宋子文忙不迭地揉揉鼻孔，答道：「不是不贊成，問題是美齡肯不肯答應。」

「是的。」孔祥熙道：「這是個問題。不用說美齡，就是慶齡她也是反對的。」

「她們不贊成，」宋靄齡氣忿忿地說：「慶齡根本不能算是我們宋家的人，她早已背叛父母，管她幹嗎？至於美齡，她不贊成也得贊成，她這次的婚事實在太重要了！」

「老蔣今年多大了？」孔祥熙問道。

「40。」宋子文噗嗤一笑：「你倒眞像做媒似的。」

「小妹今年多大？」孔祥熙問他太太。

「你管她多大！」宋靄齡嗔一眼胖頭大腦的丈夫：「今年十八，你怎麼樣？」

「說正經話嘛！」

「她今年著實年齡是30。30對40。也不能算太離譜。」

「我不是這個意思，」孔祥熙說：「小妹已有情人劉紀文。恐怕劉紀文也不幹！」

「幹不幹還不是得聽美齡的！」宋靄齡淡淡地說：「只要老蔣給劉紀文安排個好工作，他會樂不顚的願意！」

「老蔣那邊的太太呢？」

「沒有關係，只要姓蔣的明白她同小妹結婚以後有些什麼好處，他就有十八個太太也得離婚。」

「誰做媒人呢？」孔祥熙又問。

「這還不好辦！」宋靄齡十分有把握地說：「在上海這個地盤，找個合適的媒人怕是不難吧，張靜江、杜月笙……」她一口氣說出八九個。

「噢，原來大姐早有譜啦！」宋子文挪了挪身子，驚奇地說。

「不是大姐有譜，因爲父親在世的時候，已把小妹的事叮囑過我。」宋靄齡說到這裡，追問：「大弟，你以爲如何？」

「我怕小妹不高興。」宋子文答道：「小妹在美國的時候，就同劉紀文打得火熱。而且，他放低聲音：「他倆又快結婚，怎麼一下子又變卦。叫人爲難。再說姓蔣的絕對比不上劉紀文，蔣是流氓出身，劉是個出國留學生；蔣其貌不揚，劉英俊瀟脫，唉啊，哪個女孩子不愛漂亮的小伙子，我看小妹不會肯的。」

「我說她肯！」靄齡力排衆議，「不信我同你打賭！哪一個女孩子不喜歡丈夫做大官，何況姓蔣的，他是今後中國的第一夫人！」

「你把慶齡往哪兒放？」宋子文問。

「她是現在的中國第一夫人，小妹是將來的中國第一夫人。」她瞅一眼孔祥熙：「就是我這個大姨姨，永遠做不到第一夫人啦。」

孔祥熙裝作沒聽見，只管大口大口地吃水晶紅蘋果。

「先問問小妹再說！」宋子文抬腕看看錶：「你的意見我贊成。小妹同紀文出去看電影，也該回來了。」

正說著，一輛汽車在門外嘎然而止，從車上走下來一位跛脚的青幫頭子張靜江。

「稀客，稀客！」宋靄齡首先站起迎接他，宋子文也迎了出來：「靜老，你來得正好，大姐正要找你哩！」

「好哇！那麼說我這次來對了。」張靜江哈哈笑道，露出一嘴假牙。

張靜江這個頭面人物進出宋家大院是有次數的。過去三年沒有來過一次，這近一個月便有二次，今天這是第二次。張靜江來這裡目的不是別的，他是奉蔣介石之命而來這裡「牽線」作月老的。他知道靄齡是這個家庭的主事人。因此他對子文、祥熙道：「我知道你們都是忙人，今兒我想找靄齡扯扯，你倆該忙都忙去吧。」

「好，好，有事你就給大姐談吧！」子文和祥熙客氣一番，便各幹各的事去了。宋靄齡把張靜江讓到客廳裡坐下，又倒上一杯濃茶開口道：

「靜老，你這是無事不登三寶殿，哪股風把你吹來的？」

「哦，我是隨便走走，過去因爲忙，欠債太多啦！該走都沒走到。」張靜江呷下一口茶，吐出一片茶葉又道：「今天我來，也順便關心關心你家小妹。」

「你是想給我家小妹提媒是嗎？」宋靄齡露出幾分喜色。

「有這麼個意思。」張靜江緊緊注視著靄齡表情的變化。

「那你先說說是個什麼人家？說實在的，我小妹眼光可高著哩！」宋靄齡說道。

「那麼，也說說你小妹眼光有多高？我包她滿意就是。」

「我小妹條件有三！」

「哪三條？」

「一是要求門當戶對；二是要相貌超群；三是要才能出衆，要有相當於領袖或統帥的能力和權力。按小妹的話說，非英雄不嫁。」靄齡說完自己也笑了：「恐怕難找吧！」

「不！」張靜江擺了擺手，道：「靄齡，依我看，你是已經有目標啦！」

「沒有。這只是條件。靜老今天來要提哪家呢？」靄齡反問道。

張靜江想了想道：「這三個條件起碼我包你兩條滿意，行不行？」

「哪兩條？」

「你說的第一、第三條。」

「好哇！你就說說吧，反正這裡也沒有外人。」

「要我說我就說，」張靜江放下手中的杯子靠了靠：「最近聽老蔣放出風聲，想找位如意夫人，我看妳家小妹合適。蔣、宋、孔、陳這四家都是大家族。可以說門當戶對。再說蔣介石也是未來的中國一號人物，這是其二。至於這人英俊不英俊，我看無大礙，情人眼裡出西施。全在美齡看啦，你說是不是？」說完一陣笑聲。

「這是件大事，我怕是小妹不會同意。」靄齡故意拿一把。

「那你當大姐的可以幫拿個主意嘛！」

「是啊！」宋靄齡淡淡一笑：「靜老既然來了，我可以拿個主意。等我和小妹通個氣，然後再給你回個話，可以嗎？」

「那好！那好！」張靜江連連答道：「我這頭就等你的話啦。」

接著，他們又談了一會家常話，張靜江告辭，便驅車離開了宋家，直赴蔣介石的下榻處。

19

蔣介石住在英租界。門前有一片竹林。翠綠翠綠，給人以清新感。張靜江的車子掠過那片竹林，箭頭一般地駛進了官邸大門，然後向東打了個彎兒，越過一棟平房，再行百米，便來到了蔣介石的臥室前，嘎然停下，捲起了地上幾片落葉。

昨天蔣介石剛從日本歸來，晚上，青幫兄弟們在青宛大酒家設宴爲他接風。蔣總司令顯然喝多了點酒，一直睡到今天的10點鐘。此時，他剛剛起來，吃了點早點，正要看報，張靜江便風風火火闖進了屋裡。

「蔣總，昨晚是不是喝多了點？」

「哎，都怪你。要不是你那最後一杯，我倒是沒事的。可是喝了你那杯，我就覺得受不了，頭也大了。」蔣介石放下報紙。「到哪裡逛去啦？」

「還不是為你的事！」張靜江答非所問。

「我的什麼事？」

「沒有姑娘摟，晚上睡不著唄。」

「靜老，看你說到哪裡去了！」

「我說的是實話嘛！」張靜江取出了一支三星牌雪茄，點著，深抽了一口道：「今天，我到了宋公館。」

「噢，你到宋公館去了！」蔣總司令瞪大眼睛。「見了宋小姐嗎？」

「沒見到宋小姐，倒見了宋大姐。我把你的事給她講啦。」

「她都說些什麼啦？」蔣介石向張靜江靠了靠，道：「快說給我聽聽。」

「她說蔣總司令的事她可以幫忙。」

「她還說什麼？」

「小妹美齡的工作由她去做。」

「那你說這事有門啦？」

「我看八九不離譜，你就準備喜酒吧。大華酒家。要好好地熱鬧一場！」

「這個沒問題。休說大華，就是鴛鴦樓，上海有名的地方我讓你吃個夠！」

「好好，一言爲定！」張靜江話題一轉：「這次你去日本又找了幾位小姐？」

「哎！我們不談這些，談談別的吧！」蔣介石道：「這次靜老代問好的川野長成，我帶到了。」

「你這次訪日成果不小哇！」張靜江稱贊道。

「哪裡哪裡，反正我一到東京，一下碼頭，便結結實實地放了一炮。全日本的報紙在第二天的顯著位置刊登了這個有利日本的消息。」接著，他介紹了他受到頭山滿的熱烈歡迎，當晚爲他設宴洗塵云云……

席終人散，頭山滿帶著蔣拜訪過川野長成，便來到了他下榻的豪華屋子裡。地上是精細的榻榻米，四周陳列著大堆中國古玩，壁上掛著名貴的中國字畫，窗明几淨，樹影婆娑。美麗的下女忙不迭送茶奉烟出出進進，秋陽透過潔白的紙窗，把屋角的刀劍，壁上神龕照耀得眼睛發花。蔣介石愣了陣，感嘆道：「日本是舊遊之地，可是這一次給我的印象又不同，日本簡直是我的第二故鄉。」

「那好極了，」頭山滿摸摸地刷子似的鬍鬚：「中日一家，希望閣下好自爲之。閣下剛才說的那句話，明天我一定稟告天皇，想天皇聽到以後，他一定龍顏大悅，視閣下如親人似的。」頭山滿摒退下女：「敢問閣下，閣下這次駕臨日本，有什麼具體的問題要同在下商量麼？」

「問題不少，」蔣介石嘆息一聲：「主要的是北伐將告成功，而敝國內部仍未一致，如果貴國願助我一臂之力，使中國取得統一，那麼今後貴我兩國的友誼，一定是水乳交融，和諧無比。兄弟就爲這件事專程來訪，待閣下表示意見之後，兄弟當再考慮美國之行，有無必要……。」

「不不，」頭山滿大笑道：「無論如何，閣下不必到美國去，任何問題，東京都能解決得了！」

「我知道美國對我是有意見的，」蔣介石瞅一眼頭山滿。「他們也曾派人同我談過。」他指指隔房：「張岳軍也知道，有一些記錄他保管著。」

頭山滿露出一排高低不平的牙齒，笑道：「這個我們也知道，閣下不必轉彎抹角，我們可以暢所欲言！」他乾了一杯：「閣下，你是無論如何同日本是一致的？」

蔣介石點點頭：「我決不會三心二意！」

「好！」頭山滿蒲扇似的手掌往矮茶几上一拍：「這就成了，我早同他們說過，蔣某人是中國第一人，只要他同大日本步驟一致，日支兩國的利益當然也是共同一致的。現在打開天窗說亮話，你說的不錯，美國人是在找你，所以不必到美國去了，在日本，照樣可以解決美國同你的問題。」

蔣介石發愣。

「別奇怪，」頭山滿在榻榻米上挪動了一下身子：「他們正在找你，還打電報到上海去調查你我之間的關係。你總會同美國代表見面的。問題是美國是美國，日本是日本，閣下可以同日美做朋友，日美兩國在支那也應該共同分享利益，但是，」頭山滿額上青筋根根突起：「美國是白種人，日支同是黃種人，支那有句老話說：非我族類，其心必異！閣下在日美之間究竟選擇誰做你親密的朋友，你可以考慮考慮。」

「那一定是日本！」蔣介石脫口而出。

頭山滿粗獷地縱聲大笑，把紙窗紙門動得格格作響：「明天我們再談，可能美國的代表要來找你。今天同張先生上銀座玩玩去吧。」他猥褻地笑笑：「閣下回國以後，日本女人長得越漂亮了。」

蔣介石哈著腰送頭山滿出得房門，看看時間尚早，桌上又有文房四寶，便撿出張宣紙，

蘸飽墨汁歪歪斜斜寫上四個大字：

「親如一家。」

吃過晚飯，蔣介石免不了逛一陣，回到寓所已經是半夜時分，不料門外有車停著，室內燈火輝煌，兩人正納悶間，下女已經迎將出來，一躬到地，然後跪在席子上爲他們脫掉皮鞋，邊脫邊說：「頭山滿先生同一個美國人在等你，他們來了好半天了。」

頭山滿大剌剌盤坐在客廳裡，那個美國人却不自然地穿著双拖鞋，立起來同蔣介石握手，用流利的日本語寒喧一陣，三個人圍著茶几坐下。

「閣下」，頭山滿指指「親如一家」四個字：「川野先生明天收到這份禮物，不知道有多高興吶！」他的弦外有音，把這張宣紙放在那個美國人面前解釋道：「親如一家，就是說親切、親密、相親、親愛得像一家人似的。你們西方人對於家庭的觀念與我們東方人不同，我們東方人，家庭是一個基本單位……」

美國人微笑著：「差不多，差不多，西方人也一樣。」

「你們談吧，」頭山滿看看壁上那座古老的掛鐘：「時間不早了，我明天一早還有事。」

蔣介石也不挽留，讓張群送他出門，待下女整理了茶具，這才拉上紙門，同美國人促膝、

傾談。

「對於閣下，我們知道得很多了，」美國人點上紙烟：「尤其這一次閣下大膽同共產黨分裂，眞是令人欽佩！」

「但在我的印象裡，貴國似乎對我有很多誤會。」蔣介石眨眨眼睛：「似乎好多地方接不上頭，因此有好幾件事情，都使我有難以下台之感。」

「所以你到日本來了？」美國人笑道。

「那我要不要到貴國去，大家推誠相見，談一談。」

「不必了，」美國人斂起笑容：「頭山滿應該跟閣下說過，我是可以代表華盛頓的。中國還沒有統一，中國很需要統一，而統一中國的理想人物，我們考慮很久，考慮的結果，以及中國朋友的意見，都以爲閣下最爲合適。」

蔣介石不安地挪動一下身子，悄悄地把兩手心冷汗朝榻榻米上擦去：「你說的是TV宋他們？」

「你不必問，」美國人微笑：「現在問題很清楚，日本人對閣下有興趣，美國人對閣下期望更大！如今美日双方在某些地方已經取得諒解，只等閣下表明態度！」

要我表明態度？蔣介石爲客人斟一杯茶：「我的態度還不夠明白嗎？TV宋同你們常在

一起，他一定跟你們說過，關於我的來踪去迹，以及同中共勢不兩立的情形。」

「你弄錯了。」美國人微笑道：「我們不是要你表明反共的態度，你在反共方面已經非常出色，只是，只是……」

「……？」蔣介石緊張地盯住客人的嘴。

「只是，」美國人思慮良久，這才脫口而出道：「閣下在對美國的忠誠上，似乎還不夠些。」

「並沒有不夠，」蔣介石辯道：「而是你們同我來往的歷史太短，我姓蔣的不是忘恩負義的人，你們給我多少幫助，我有多少成就，將來便……」

「聽說閣下的大公子在蘇聯留學？」

「小孩子嘛！」蔣介石一愣：「他根本什麼也不懂，你們如果認為不妥，我把他找回來好了。」

「不，」美國人笑道：「千萬別讓他回來，希望他在蘇聯呆一個時候，多懂一點蘇聯的事情，將來會有用處的，閣下懂得我的意思麼？」

「啊！」蔣介石眼睛一亮：「我懂！那我告訴你罷，我那孩子在蘇聯同托洛茨基他們相處得很好，平時雖然瘋瘋顛顛罵罵人，甚至罵我，那都是……」他把右手一揮：「假的！」

美國人大笑，笑了一陣，拍拍蔣介石的肩膀道：「閣下，我說你眞行！」隨即斂起笑容：「閣下，我們談正經的！」他從貼身口袋裡掏出一疊文件來：「美國想同閣下之間達成一項協議。我們怕閣下對英文不了解，特找人翻譯了一份中文的，內容很簡單，請過過目。」

蔣介石双手微微發抖，迅速接過那份字迹工整的協議中文副本，只見上面寫得分明：

美利堅合衆國駐日本代表與蔣介石將軍訂立如下協議：

一、美利堅合衆國願以全力支持蔣介石將軍在中國建立政府，統一中國。

二、美利堅合衆國在中國一切權益，以蔣介石將軍爲首的政府應盡力保障並協助發展。

1927年10月　東京

……

蔣介石反復讀了幾遍，他感到這兩項條款的份量，全身發瘧疾似的哆嗦著。他心想：簽了字，就等於外國對他這個總統的承認。「好，我簽字！」揮筆信手寫下了「蔣介石」三個大字。

「祝賀你！」美國人伸出了手。當兩双手握在一起時，一場黑色交易算是成功了！

蔣介石向張靜江描述到這裡，張靜江贊不絕口：「後生可畏！後生可畏！你眞行，幹了我們想幹而沒有幹成的大事！宋美齡應該是你的！從今後，你把國事治理好，我把你的家事包起來！」

「靜老，」蔣介石三句不離美齡：「過幾天，你還到靄齡家看看情況，那頭一有動靜，趕快告訴我，我們國事、家事一起抓起來！」

「蔣總，」張靜江語氣肯定，「這個你就放心吧，爭取年底完婚喝喜酒！」

「哈哈哈……」蔣與張相視一下，情不自禁地大笑起來。一陣笑聲過後，張靜江抬腕看了看錶：「喲！早過開飯時間了！」

20

也就在張靜江回家吃飯的時間裡。「天樂」電影院正好散場，宋美齡和劉紀文挽著臂順從人潮走下電影院大門的台階。

宋美齡身穿粉紅色中國旗袍，手戴金鐲，頸戴項鍊，英國式高跟棕色皮鞋，走起步來稍帶「嚓嚓」聲，此時她顯得風采動人，姿容貴雅。和她挽臂的劉紀文，是位高大俊美的青年，相貌漂亮而又端正。他的身材和他那運動員似的形態，證明當地人送給他的「排球健將」的雅號當之無愧。他的烏黑頭髮梳得那麼平貼和整齊，使他那白色的面龐充滿了青春的活力。他風度瀟灑，脚步從容，態度溫和。

他倆依偎著跨上馬路向前走。從表情上看來，他們還沉浸在剛才電影的情節裡。

「泰爾和瑪麗是多幸福的一對，我們結婚吧？」紀文道。

「親愛的，我們相愛多年了，我們應該結婚，不過我還得同母親、大姐商量一下。」美齡莞爾一下。笑靨越發迷人了。

說實在的，美齡自從美國歸來，在愛情的海中，她一直脚踏兩隻船。一是劉紀文、二是蔣介石。爲此，她拒絕了多少富門紈袴子弟。她愛劉紀文，愛得深沉，在異國的國土上，他們就相識，以至於誰也離不開誰了。但是，時間的推延，隨著閱歷的廣濶，「當第一夫人」的願望又漸漸使她認爲劉紀文並不像她理想中的丈夫，以至她把目光推向另一個人——蔣介石。因此，劉紀文幾次提出與她結婚，她都婉言謝絕了。但是，感情這個怪物又使她與劉紀文分不開。分開了她便感到空虛、寂寞。今天，劉紀文邀她看電影、盡管大姐要找她去一趟，可她還是陪劉紀文看電影來了。他們從電影院出來時，太陽已經沉入了地平線。大街兩旁的華燈已亮，行人越來越少。地上好像下了一場小雨，柏油路面反射著燈光，給人一種神秘感。

他們正好路過靄齡家的門口，美齡道：「紀文，陪我到大姐家去一趟吧？大姐今天早上就讓侄女喊我。」

「我不去了。我不想看你大姐那張嚴肅的臉。」劉紀文答道。

「大姐就是那樣的脾氣，實際她心眼善良著哩！親愛的，陪我去一趟吧。」

劉紀文經不住美齡的幾句好話，便說：「好吧，陪你去一次，下不為例。」

他們沿街一直往前走，片刻便來到大姐的家門口。

這是一所豪華的住宅。整座樓房雕刻著古老的花紋，古色古香。它那下面的兩根大柱子，它那尖尖的瓦屋頂，和頂樓的像鳥嘴似的突出部分，這一切使這所宅子看起來像一只蜷曲著的大鳥。

她們倆剛進大門口，靄齡便從屋裡迎過來。

「你們倆看到這個時辰，怎麼沒把影院子背到家裡來呀！」大姐埋怨道。「我想找美齡有點事，紀文你先到客廳休息去吧，他們有人在那裡打麻將。」

「好！」劉紀文嗔了美齡一眼道，很快地走開了。

宋靄齡把美齡領進了自己的屋裡，坐下。靄齡端出糖盒，取出一顆巧克力，塞到美齡的嘴裡。然後道：「小妹，今天大姐找你有一件事商量。」

「什麼事讓大姐這麼發急，早晨就讓人喊我。」美齡嚼著糖問道。

「好事唄！」

「什麼好事？」

「你猜猜吧？」靄齡笑了笑打開了留聲機，一陣德國爵士音樂便放了出來。

「猜不著。」美齡搖了搖頭。

「那我就告訴你啦！」靄齡道：「有人給你提媒啦！」

「提的哪一位公子？」美齡調皮地問。

「不是公子，是一位司令，他叫蔣介石。」靄齡說完觀察著小妹的臉色。說實在的，她是想過蔣介石，沒想到大姐又提了出來，確實她心理很矛盾，嗨！感情這怪物！

「大姐，」宋美齡訴說道：「你是我的大姐，你能看著我跟他40歲的人結婚，我才30歲！誰都知道姓蔣的作風不正、害楊梅瘡弄得髮脫齒落，我我……」她說著說著抹眼淚了。

「你眞是不懂事！」宋靄齡擺出大姐架子，「就因爲我是你的大姐姐，我不能讓你同紀文結婚！紀文有什麼好？你說他是留學生？留學生的地位也不能同姓蔣的比！你說長得漂亮？漂亮管什麼用？姓蔣的亂找女人，那是過去的事了，只要他以後不亂來就行了。你別看劉紀文有錢，今後姓蔣的找錢比呼吸空氣還容易！何況你今後是中國的第一夫人！無論名譽、地位、財產、啊啊啊，你眞傻！肥肉到嘴你還推開？告訴你罷！要不是我已經同你姐夫結婚，我非抓住這個姓蔣的不可！」

宋美齡思索著，睫毛眨了眨。

「小妹，」宋靄齡拉住她一支胳膊：「你別傻啦？你想，你同姓蔣的結了婚，你是總司令夫人，以後就是主席夫人，甚至是總統夫人，傻丫頭，想一想罷！劉紀文能滿足你這些麼？」

宋美齡雖然已經心動，但還堅持道：「我不，大姐你想，姓蔣的滿身楊梅瘡，會不會傳染……」

「笑話！」宋靄齡笑道：「萬一你生了病，我陪你到紐約找醫生，怕什麼？姓蔣的不會要兒子，你也已經在紐約扎起了輸卵管，不必擔心生兒子會有先天梅毒，這個問題怕什麼！」

「姓蔣的已經有了三個老婆，而且到處玩女人，」宋美齡撇撇嘴：「我再嫁給他，不……」

「又是笑話！」宋靄齡苦笑著說：「他的家庭問題你不要管，他已經同三個老婆脫離了關係。別說他有三個老婆，即使有三十個，她們都不敢出面吵吵鬧鬧，那不是同自己的性命開玩笑嗎？」

「我的生活習慣同他合不來，」宋美齡皺眉頭：「他常莫名其妙地同青幫勾勾搭搭，他

連拿刀叉都不懂，眞像個一竅不通的阿木林……」

「不許你這樣說！」宋靄齡生氣道：「你要放明白點，今天不是你同蔣介石結婚，是同統治中國的皇帝結婚！你懂嗎？看你聰明一世，糊塗一時，連這點問題都想不通，還埋怨我做姐姐的，氣死我了！氣死我了！」她邊說邊躺在沙發裡撲心口。

「大姐，」宋美齡挨著她坐下：「我不是不懂，是怕，……」

「怕？」宋靄齡噗嗤一笑：「有什麼可怕的？」

「怕他干涉我的行動。」

「傻丫頭！」宋靄齡縱聲大笑：「你以爲這個人可怕？你錯啦！你說姓蔣的莫名其妙，一竅不通，那眞是一點不錯，現在他靠了美國的勢力要上台啦，誰不知道宋家同美國的關係？現在我們宋家的人嫁給他，那等於替他統治中國。就像大哥當年做買賣一樣，美國有貨買，美國商人要賣，他在中間轉一個手，買賣成交，鈔票賺到。」她嘆嘆氣：「什麼國家大事？據我看來同做買賣完全一樣，不過寫字間改做國民政府，總經理改名總司令，將來業務擴大，改做大總統而已！所以我說姓蔣的一點都不可怕！當然咯，中國人是怕他的，他的部下會怕他的，我們怕他幹嗎？一不是普通的中國人，二不是他的部下，姓蔣的今後裡裡外外離不了我們宋家，怕我們的不折不扣倒是他！」

宋美齡思索著。宋靄齡看她已經動搖，也不去打擾她，慢慢呷一口茶，準備答覆她所有的問題。

「大姐，」宋美齡邊咬著指甲邊問：「紀文怎麼辦呢？他要是知道我變了心，他會自殺的？」

「哈哈！」宋靄齡幾乎笑痛肚皮：「你以為紀文眞會自殺？你以為這種男人對愛情眞是忠貞不二、不折不扣的麼？」

「紀文跟我說過的，」宋美齡躲過她大姐鋒利的眼光：「他對我說：『我誠心誠意地愛你，如果你跟旁人結婚，我就死在你面前！』」

「一對傻傢伙！」宋靄齡嘆息道：「兩個傻東西！」她撫摸著宋美齡的肩膀：「小妹，你現在決定了罷？」

「要我嫁給姓蔣的？」宋美齡起立：「讓我再考慮考慮。」

「你要找紀文商量麼？」宋靄齡警告道：「你就說，如果他敢不放棄你，小心姓蔣的剝掉他的皮！」

……

21

宋美齡從大姐靄齡屋裡出來時，星斗滿天。劉紀文在客廳裡等她發急，早憋了一肚子火。

「看你姐倆有完沒完，早知道這樣，當初我就不來了！」紀文埋怨地說。

「這個人就愛耍小脾氣，」宋美齡的臉色也不像初來時有說有笑：「說實在的，我眞不喜歡你這點小脾氣。」

……

兩個人一路無語。

他們再往前走，馬路上升起了霧。灰色的霧氣籠罩著灰色的城市，裝飾上一層白霜，樹枝子和電線都顯得毛茸茸的，馬路兩旁的夜燈也顯得昏暗了。

人生啊，也像這夜霧一樣。

此時，劉紀文感到宋美齡有些態度反常，他不理解此時的宋美齡就像不理解眼前的霧一樣；宋美齡也感到自己心中有團霧，她想不到姐姐會說出那樣一番誘人心靈的話，以至於使她墜入眼前的五里霧中……

越往前走，夜霧越發大了、濃了。他們倆是不知道怎樣走到劉紀文的家中。就像這夜霧一樣，兩顆心被這夜霧隔絕了。

「美齡，我覺得你今天態度有些反常，大姐給你談了些什麼？你能如實告訴我嗎？」劉紀文拉開枱燈，終於憋不住了。

「沒有什麼！」宋美齡竭力掩飾自己的內心。確實她心裡也亂成一團麻，她不知道怎樣開口說出那件使他們双方不愉快的事。

「不，不說清，今天誰也別想睡！」劉紀文說。

「就是沒什麼唄。」宋美齡一屁股坐在床上，把頭低了下去。

「快講吧？」

「……。」宋美齡無語。片刻她抽泣起來。

「哭什麼？」劉紀文上前說道：「反正你不說出來，我也猜個八九不離十，大不了來個分道揚鑣！你走你的陽關道，我走我的獨木橋。我雖是愛你，也不像有些男人離了女人不能過。是不是你大姐又給你介紹了一個41歲的老頭子？」

「紀文，那你知道？」宋美齡瞪圓了淚眼。

「世上沒有不透氣的牆！早幾天，蔣介石還在日本時，就有人放風聲。我只不過聽了沒

當回事。我也相信你不會這樣做的。」劉紀文侃侃而答。

「紀文，你沒猜錯，大姐找我談的正是這個事。」

「那你答應她啦？」

「不不！」宋美齡又抽泣起來。

「那我們提前結婚，來個先斬後奏，既成事實，看她怎麼辦！」

「不不！」宋美齡哭著說：「若是那樣，大姐是不認我這個妹妹的。」

「你呀你，眞是個女人！我說的主意又不行，你又拿不出個主意來。」

「你不知道，是老蔣求的婚。」

「老蔣追求你，難道不興我追求你！」劉紀文打抱不平。

「你說，他那個老頭子，我能喜歡他嗎！再說他是有婦之夫，可是我怕……」

「你怕什麼？」劉紀文追問。

「我要依了你，那老蔣心狠手辣，他會整死你的！你還不知道，今後這天下是他姓蔣的天下。胳臂擰不過大腿啊！」宋美齡心情很矛盾。

「那你屈服他啦？」

「你說不屈服能行嗎？」

劉紀文沒有答話，心想美齡也是爲自己好，她是有苦難言。但是，他又捨不得放棄美齡，他也是有苦難言啊！他也知道蔣介石和他的青幫兄弟們在上海的厲害，多少人被他們暗殺！多少人家破人亡！是啊！未來的天下是他姓蔣的天下，他也不能不想這一步，不能不防啊！

「紀文，你是啞巴啦，你說話呀？」宋美齡追問道。

沉默，又是一陣沉默！劉紀文心裡有莫大的痛苦！

「如想到後果不堪設想，那我們就分手吧！」良久，劉紀文才答道，實際他也潸然淚下了。

「你同意分手。」宋美齡不相信自己的耳朵。

「對！好合好散，爲了你也不痛苦。」劉紀文語氣肯定。

「紀文，說心裡話，我也是爲了你好。即使我名譽上成了蔣的人，我們也不能忘記恩愛一場，你有什麼要求就說吧？比如要他給你更高的職位？要我倆私下保持關係？你要什麼？我都能通過蔣的口滿足你、答應你。不然我不和他結婚！」

「美齡，你考慮得很周到，凡是你所說的我都同意！」劉紀文擦了一把淚。

「紀文，如果我答應了你而辦不到，我起誓不姓宋。」

……

夜是深沉的，他們是在淚水中熬過了這一夜。

第三天的傍晚，宋靄齡一直在耐心地等著美齡的歸來，院子裡一陣風掠過，美齡悄悄回到了家裡。

「小妹回來了！」宋靄齡喜出望外，只見她容光煥發，精神抖擻與三天前那種不安祥的樣子大不相同。宋靄齡心頭雪亮，把她一把拉進房裡，笑著問道：

「死丫頭，這幾天你同紀文難分難捨啦！怎麼樣？你們想通了吧。有些什麼條件？」

「條件？」宋美齡大驚：「你怎麼知道我們有條件？」

「你說罷！」宋靄齡把她按在沙發裡：「那是一定的，說，你們對老蔣有些什麼交換條件！」

「第一、」宋美齡當眞開口道：「紀文說他現在已經是中央委員、這份差使沒賺頭，他要求蔣發表他做南京市長；第二，給他一百萬現金，作爲賠償費；第三，宋美齡頓了一頓：「我同他可能還有些來往，蔣介石不得干涉！」

「還有嗎？」

「沒有了。」

好！宋靄齡笑道：「我馬上找他們去。我想他們一定會答應的。」

且說宋靄齡立刻把喜訊報給張靜江。張靜江又連夜飛報到蔣總司令。蔣介石一聽，大腿一拍道：

「好啊！我和宋小姐喜結良緣，這眞是，蒼天有眼，大地相助啊。靜江，給你這個『同志』記上一功！你馬上告訴宋靄齡，這三個條件我包了，叫他們放心！」

「是！蔣總，我馬上回話告訴他們！」張靜江應道。

「慢著！」張靜江正要回走，蔣介石又叫著了他，道：「你快與靄齡確定個喜日，我們熱鬧一場！」

「好，一切由我張靜江安排！」張靜江笑了。蔣介石也由衷地笑了。

第十章 隆重婚禮

22

1927年9月17日《紐約時報》于頭版頭條的位置刊登一則令人吃驚的消息《蔣總司令即將和宋美齡女士結婚》，並在左上角刊載了蔣介石與宋美齡的近日儷影。

該報駐上海記者米塞爾維茨發回的這篇報章說：

「這場在中國空前隆重的婚禮正在緊鑼密鼓地進行，據說蔣已請來了一位英國著名裁縫正在爲他趕做禮服、禮帽，宋家正在爲其妹趕製嫁妝，據說這份嫁妝價值三萬五千美元，是中國姑娘中至高無上的。據說蔣總司令已同結髮之妻毛福美離婚，採取的是中國最傳統的做

法——休妻制，宣布她再也不是他的老婆了。除了原配夫人外，蔣似乎還送走了另外兩個『老婆』；另外宋美齡也同她的情人，當年赴美留學生劉紀文分手。」

米塞爾維茨還說：

「種種迹象表明：即蔣同宋美齡舉行的婚禮沒有因爲這些形形色色的蔣夫人的存在而推遲，他們之間的婚姻完全是以双方的愛情爲基礎的。蔣同宋的羅曼史將使蔣身價倍增，成爲中國第一人。………」

據米塞爾維茨說，向他提供這一重要消息的，既不是委員長本人，也不是宋美齡，而是赫赫有名的孔夫人——宋靄齡。整個事情都是孔夫人一手操辦的。她9月16日在西愛咸斯路的寓所舉行了記者招待會。她把委員長、美齡「介紹」給一群記者，宣布：「將軍要同我的小妹結婚。」然後，大家都到正規的庭院給這位瀟灑漂亮的一對拍照。全世界的報紙和雜誌都預先刊登了這些照片。當時誰也沒有想一想婚姻掮客靄齡究竟起到什麼作用，誰也不想問一問1921年已與蔣結婚的蔣夫人怎麼辦？所以這些更具有新聞價值的東西，往往被一些記者忘記了。

婚前，新郎拜見岳母是中國的傳統。1927年9月28日，在日本的鎌倉。秋雨打著人們的臉，一團團飽含雨水的烏雲，在低空慢慢移動。在鎌倉的宋老夫人倪桂珍接見了女婿蔣介石

。

宋老夫人來鎌倉已有半年多了。宋查理死後，她遇到了一些感到失望的事。尤其是女兒們的婚事，更使她頭痛。她作爲基督教徒，希望女兒的婚禮都應在宋查理的教堂舉行，由本教堂牧師主持。靄齡是在日本結婚的，未能這樣做；慶齡私自出走，也不可能這樣做。三個女婿兒，最中她意的還是靄齡的男人孔祥熙，對於孫中山和蔣介石，說心裡話，她是不中意的。或者說是反對。開始蔣介石來電要來鎌倉看她，她拒絕了；後來靄齡和美齡來信勸說，她才勉強答應了，時間放在今天。

往日不大著重打扮的蔣介石，今天卻破例穿戴一新。他脫下了軍服，少了點威武。考究的衣服色彩使他精幹了些，顯得年輕，精神煥發；他的臉擦了油，紅光發亮的鬍鬚，是他40歲年齡的象徵，不過他今天刮得鐵青。他手中的盒裝禮品，靄齡深知母親的口味，特意提醒蔣買的。

「媽，我來看您老來了……」蔣介石一進門便說。

「漂洋過海，這麼老遠，你還何必再跑一趟。」宋老夫人並不是十分熱情。

「這是我給您買的禮品，權作我的祝壽！」蔣介石說完把那盒禮品獻給宋老夫人。

「家裡什麼也不缺，你又何必破費。」宋老夫人道：「坐下喝茶吧。」

蔣介石在宋老夫人的指點下，坐了下來。他善於察顏觀色，從老太的臉上，似乎對他不大感興趣。既來之則安之，蔣介石壓著心中的火。

「媽，臨來時美齡讓我給您老問好。」蔣介石沒話找話道。

「好。」宋老夫人理了理腮邊的頭發問道：「聽說，你要和美齡結婚？」

「對，媽媽，我這次來正是向您老正式求親的。」

「你不是還有原配妻子？」宋老夫人提出了疑問。

「我們已經離婚了。」蔣介石把早已準備好了的離婚證取了出來，道：「媽，請看我們的離婚證明。」

宋老夫人接了過來，認眞看了起來。不錯，是份離婚證明。接著，宋老夫人又問：

「你也知道的，我們宋家是一個基督教徒之家，你既然願意同我的女兒結婚，你願意成爲一個基督教徒嗎？」

「媽，我願意。我要試一試，要學習《聖經》，並且盡力去做。」蔣介石事先有準備地講：「如果媽媽同意我與美齡的婚事的話，我們的婚禮願在父親的教堂裡舉行。」

「好的！」宋老夫人臉上第一次露出了喜色，顯然對方的回答使她感到滿意。她對蔣的偏見看法從中也得到了抵消。幸運的蔣介石，深感爲這幾句事先有準備的話而感到慶幸。

「你既願入教，就得守教規約束，這不是兒戲的！」宋老夫人叮囑道：「你要和美齡每周到西摩路的私邸，一起祈禱一次。」

「兒子明白！」蔣介石面目莊重。

「那你就回去吧。」宋老夫人下了逐客令。

且說蔣總司令乘飛機回到了中國。不久，他們的婚期就確定宣布了，喜日選在12月1日。美國的《紐約時報》搶先發布了消息。陸續全世界21家報刊雜誌作了宣傳。輿論宣傳無疑助長了人們對這場政治姻緣的重視。同時，也給這場即將舉行的隆重婚禮塗上了一層神秘的色彩，它像廣告牌一樣，招攬著全世界的觀衆，翹首盼望這一天。

23

1927年12月1日，蔣介石期待多年的婚禮在上海舉行。婚禮分兩次舉行：一次是在宋家，這是安靜的並且合乎基督教的習俗，時間較短；另一次是在豪華的大華飯店，帶有外交性質，有些中國傳統的味道，婚禮時間很長，持續到當晚12點鐘。

清晨，當慕爾教堂的大鐘撞響的時候，宋家的親戚好友已經聚集到西摩路的私邸。他們是宋靄齡、孔祥熙、宋子文、宋子良、宋子安等51名基督教徒和至親好友。明眼人會注意到

，這裡沒有宋慶齡，這場婚禮本來已向慶齡發了請帖。1927年9月30日，慶齡接到了請帖，回到上海她和孫中山曾一起住過的家。但是，她在上海沒呆多久，便匆匆離開了上海，她同一位名叫雷娜，曾羅梅的美國朋友，去了莫斯科。說實在的，她是爲小妹痛苦的，她力求說服小妹，但生米做成了熟飯，爲時已晚。

當教堂鐘聲再次響起的時候，人們聚集在耶穌的像前，一對新人——蔣介石和宋美齡站在最前排。第二排是宋氏家族的人，其次是宋氏家族的親朋。宋老夫人頭髮已經花白，但神態很好，精神奕奕，她對今天的一切安排很滿意。可以說過第三個女兒的婚禮，她是最滿意的。她閉目祈禱幾句後，主持婚禮的牧師從後門步入教堂，他不是別人，正是南方衞理公會及阿倫紀念教堂的余日章。此人是黃仁霖的岳父，辦事幹練，在江浙一帶是小有名氣的。本來教堂是沉靜的，他乾咳一聲後，教堂更是寂靜無聲。

在余日章牧師的主持下，婚禮進行順利。

接著是一陣朗朗可聞的聖經禱告聲漫過這陰森寂靜的教堂。這聲音像一部合唱的歌曲一樣悅耳動聽。

蔣介石、宋美齡在牧師的指揮下進行各項儀程，直到婚禮告一段落，大家簇擁著蔣、宋二人走出了嚴肅寬敞的教堂，被轉移到外灘的大華飯店舞廳，舉行邀請來賓參加的婚禮。

如果教堂過於嚴肅的話，那麼大華飯店則是異常的熱鬧。偌大的大華舞廳，在滬是出名的。一條黃綠相間的琉璃屋簷，把個巍峨的大華飯店和舞廳從蔚藍的天空中勾畫出來，那壯麗的柱廊，淡雅的色調，以及四周層次繁多的建築，組成了一幅莊肅絢麗的圖畫；屋內豪華裝飾的天花板上，吊著金黃流蘇的五座宮燈，宮燈四周又有小彩燈相配，猶如衆星捧月一般。輝煌的大廳布置得光彩奪目，劉易斯育嬰堂用彩帶和白色鮮花組成巨大的婚禮之鐘。在臨時搭起的台子上有一幅孫博士的大幅畫像，畫像兩邊是國民黨黨旗和國旗。台上擇著白色鮮花，一個大「喜」字占了赫然的位置。在另一個台上坐著白俄的管弦樂隊，他們個個穿著白衣白褂，可謂渾然一體；在管弦樂隊的旁邊，來自世界各地30餘家報刊雜誌的記者，他們手提照相機正在焦急地等待這場婚禮的進行；大廳裡早已坐滿了1300多名被邀的來賓，他們懷著興緻的心情耐心地等待著；遺憾的是在這1300多來賓中張靜江這個月老沒能來，他是昨天被送進醫院的；舞廳外面還有1000多看熱鬧的人被門衛堵在門外；大華飯店六層樓的房頂上垂下十行花花綠綠的鞭炮，一直到地面。看熱鬧的人圍觀著，談笑著。只要那炮竹點燃，便是這隆重婚禮的開始。

下午4點一刻，炮竹點燃，樂隊開始奏樂，煞是熱鬧。「噼噼剝剝」的鞭炮聲把沉寂多日的大華飯店震醒，把人們的興緻推向高潮。如果說外面熱鬧，那舞廳裡更是熱鬧。當婚禮

主持人、前北京大學校長蔡元培先生登上禮台，立在孫博士遺像下的時候，台下爆發出經久不息的掌聲，那掌聲震耳欲聾。蔡元培先生是一位當代中國最有影響的人物，是南京政府的教育部長。本來這場婚禮應由張靜江主持，因他有病，臨時改爲蔡元培先生。此時，蔡先生目掃一周，只見來賓中有英國、美國、日本、挪威、法國以及其他一些國家的領事。陪同這些貴客的是國民黨衆位元老，以及上海界的頭面人物，他們分別坐前三排。杜大耳朵也夾在中間，剃光的腦袋閃閃發光……

蔡先生用英、漢兩種語言向來賓致意。台下又是一陣熱烈的掌聲。

「先生們、女士們，今天是大喜的日子，客盈滿廳，讓我把各路來賓以及外國來賓介紹一下。」舞廳裡頓時鴉雀無聲。

蔡先生一一將衆來賓向觀衆介紹，足足持續了半個多小時。末了，他宣布：

「歡迎新娘、新郎入場，向衆位賓客致謝致禮！」

同時，蔡先生也指揮舞女們跳起來，白俄的樂隊奏起來。

蔣介石穿著高雅的歐式禮服，在孔祥熙和作爲男儐相的首席秘書的陪同下出場，舞廳裡熱鬧迭起。但見他穿的是條紋褲子、鞋罩、燕尾服、銀色領帶，像花生形古怪的腦袋剃得光亮。他滿面掛笑，向來賓們揮手致意。人們熱烈鼓掌歡迎這位軍事領袖。攝影師把鏡頭對著

他不停地轉動、拍照。

又一次掌聲迭起，後面的人們再次登上椅子，伸長了脖子。伴隨著「新娘來了」的古老名樂曲，新娘挽著他的哥哥、前財政部長宋子文先生的臂膀從廊子後面走進舞廳。廊子上鋪著大紅地毯，兩邊擺著白色的鮮花，美齡穿著白色長裙禮服，披著銀白色喬其紗，披紗用一枝香橙花別著，稍稍偏向一邊。飾以銀絲的白軟緞長裙長長地拖在身後，像一隻出水的白天鵝，透過紗裙可以看到銀色皮鞋。她的烏髮藏在白色尚蒂利桃花的罩紗裡，罩紗垂到肩上，形成第二層披紗。她手裡捧著一束用銀白色緞帶繫著的淡紅色的「康乃馨」。

有4位女儐相隨著美齡，她們是郭小姐、王小姐、孔小姐（羅莎蒙德）和倪小姐。前兩人穿的是桃紅色軟緞衣，上面鑲著鑽石和桃紅色珠子。軟緞袖子長僅齊肘，在肘部用濃淡相宜的桃紅色喬其紗做成寬大的袖口。另外兩位年紀較小的女儐相，穿著同樣的衣服，但是頸上裝飾著帶褶的喬其紗，袖口也帶褶。女儐相後面，跟著撒花的小女孩周小姐和陳小姐。她們身穿撐開來的桃紅色塔夫綢衣裙，手持裝滿花瓣的小花籃。最後是兩位小侍從孔珍妮小姐和孔路易少爺，他們身穿黑色絲絨衣和緞子背心。

這是一次高雅文明的婚禮，與基督教的習慣相反，新郎、牧師、或其他人都沒有擁抱或親吻新娘。

新娘款款走到新郎身邊停下，鎂光燈閃爍著，拍下了一張張動人場面……

「向國父孫中山三鞠躬！」蔡先生指揮道。

「向宋老夫人鞠躬！」

「向來賓來客鞠躬！」

「夫妻對拜鞠躬！」

新郎、新娘按照主婚人的指揮，一絲不苟地做了。他們知道，不認眞做，觀衆是通不過的。

接著，蔡元培先生宣讀結婚證辭。宣讀完畢，一個大印蓋在結婚證書上，一式兩份，新郎新娘每人一份。在接收證書的時候，一對新人向主婚人蔡元培先生躬身施了禮。然後他們又向證婚人蔣介卿施禮，向周圍觀衆施禮。

「向新郎、新娘獻花！」在蔡先生口令下，只見兩個十一二歲的小姑娘，頭扎紅頭絹，手捧鮮花，跑上台前向新郎、新娘獻了花。

在樂隊的伴奏下，美國男高音歌手霍爾唱起了《哦，答應我！》，宏亮的歌聲，伴著人們有節奏的掌聲，彌漫於大廳。

「先生們，女士們！爲新郎新娘祝福！爲祖國的統一祝福！唱吧！跳吧！」頓時，舞廳

活躍起來，對對舞伴結伴走出，挽臂搭肩，跳了起來，輕歌曼舞。

……

舞會一直持續到晚上7點鐘，接著，大華飯店又爲來賓舉行了盛大的宴會。宴會中，新郎新娘又舉杯爲1000名來客碰杯，致謝……午夜12點鐘時，蔡先生宣布晚宴結束。在雷鳴般的掌聲中，委員長和新娘快步穿過廊子，走到由鮮花組成的大鐘下面的椅子邊。緞帶拉開了，數百數千的玫瑰花瓣從花鐘裡落下來，撒在新郎新娘的身上。

美齡退席了。她悄悄從後門出去，乘車到西摩路換裝。晚上，她和蔣帶著200名衛兵上了專車，去莫干山靑幫的一個寺院。在那裡他們開始了新婚蜜月的生活。

《紐約時報》第二天在頭版頭條的位置報導了婚禮的盛況，這是近年來的一次輝煌盛舉，也是中國人的一個顯赫的結婚典禮……國民黨將在星期六召開全體會議。該報說：「如果會議開得圓滿，蔣將再次成爲中國的實權人物。」蔣發表了一項聲明，說他準備重新掌握指揮權：「我們結婚以後，革命工作無疑將取得更大進步，因爲我今後能安心地擔起革命的重任！從現在起，我們兩人決心爲中國革命事業作出最大的貢獻。」

旁觀者沒有忽略參加婚禮的整個外交團。人們注意到布里斯托爾上將參加了在西摩路舉行的家庭婚禮儀式和在大華飯店公開舉行的婚禮，他手下的人同他一起參加了大華飯店的婚

禮。宋氏家庭的新成員得到國際認可：美國感到滿意。

美齡和新婚丈夫剛到寺院，第二天一早，蔣就被叫去參加一個據說是「黨的重要會議」。會議從早上8點一直開到晚上8點。

正如宋慶齡說的：「他倆的結合是政治，不是愛情！」1927年12月10日，即婚後第九天，蔣介石恢復了總司令的職務，後來又被選爲中央執行委員會主席，即委員長。

在1928年10月10日慶祝1911年武昌起義的「双十節」時，蔣介石的南京政府成了國民政府，宋美齡也成了第一夫人，從而實現了她那「非英雄不嫁」的誓言。

第十一章 名人夫婦

24

12月的莫干山寺院，正是梅花盛開的時候。這裡天然的風景不用人工煞費心機地設計，十分醉人。莫干山高，白雲纏在山腰。毫秒之間，景物不同；同一地點，瞬息萬變。一忽兒陽光燦爛，一會兒雨雪飛馳。却永有雲霧，飄來拂去，整個寺院藏在其中。蔣介石、宋美齡的蜜月正是從這裡開始的。

他們住在寺院裡，青幫特意爲他倆準備了新房新床。清晨6點，他們起床洗漱，然後到林中小道散步；早飯後，也就是上午時間則接待各方來賓；下午，他們一對新人在討論國家

大事，對時局的看法；晚上，蔣介石陪同宋美齡跳舞。殊不知美齡的舞蹈在學生時代就是出了名的。尤其是她的爵士舞、帕斯舞、叢林舞、搖滾舞跳得別緻，清新活潑。蔣介石學跳舞也就是從這時開始的。不過，他老踩美齡的脚尖。氣得美齡噴他：「你眞是一個不開竅的阿木林。」每逢這時，蔣介石總是笑笑：「夫人，我們是會合作好的！」

在宋氏三姐妹中，宋美齡這個人脾氣反常，她具有超凡的能量和強烈的支配人的慾望。說穿了，她具有一般女性所不具備的特點，那就是權慾心。美齡在政治上極右。她不像二姐慶齡那樣浪漫，一切寄托於理想和對於窮人的憐憫；她也不像大姐靄齡那樣過分於愛錢，養成一種貪婪性，以至於發展到嫉妒人，包括姐妹之間。所以說，當時有人把她們三姐妹比做「龍、虎、狗」不能說沒有幾個道理。

這個意思是說：孫夫人宋慶齡女士道德高尚，思想進步，政治上的操守極純潔高貴，爲全世界民主進步人士所敬仰，是「龍」；宋美齡幫助蔣介石做「外交工作」在蔣介石的家庭裡是大母虫，是「虎」；而宋靄齡則一貫的貪婪成性，只要有利可圖，什麼事都能做，包括美齡的婚事，任何問題都在所不惜，是看家「狗」。但就她們三姊妹之間，宋靄齡和宋慶齡二人是看不對眼的，是有矛盾的，而宋美齡則居間。她同情二姐慶齡的不幸遭遇，她又不同意大姐那樣惡言惡語地攻擊她，以致於沒有了姐妹之情。

宋美齡和蔣介石在度蜜月之間，大姐靄齡斷不了幾天來莫干山寺院看她，美齡是很感激的，所以姐妹倆一說起話兒就長。

「嗨，政治把我們姐妹分開了！慶齡姐要是來看看我該多好哇！」美齡不勝感懷。

「她，她算個老幾，我們宋家全當是沒有了她！她要現在來，我站脚就走！」美齡的一句話燃起了靄齡心中的一團火。

美齡和蔣介石結婚時，慶齡正在莫斯科紅場佇立著，默默地為妹妹祝福著，那是一種痛苦的祝福。慶齡已寡居兩年多。她才30歲出頭，豐姿不減當年，本可以再嫁，母親也多次勸過她，但是她不。她一生不僅深切懷念孫中山，而且，像她同闡明的那樣，致力於使他的主義和理想永存下去。然而，這對她來說，是一個困難的角色，但她以尊嚴、勇敢和忠誠扮演了這個角色。連她的對手也對此表示欽佩和勇敢。一天，她在《紐約時報》上看到一條吃驚的消息，說她即將與陳友仁結婚，克里姆林宮準備給他們度蜜月。她頓時愣住了！這個造謠生非消息對她是個不小的打擊，她幾乎昏過去，眞是流亡寡婦難當啊！她在醫院躺了三個星期，身體幾乎垮了下來。

然而散布這一消息的不是別人，恰恰正是她姐姐宋靄齡。可是宋慶齡並不知道，她還被蒙在鼓裡。宋靄齡散布這一消息的目的，是想貶低宋氏的一樁婚姻增加宋氏另一樁婚姻的重

要性。讓世界上的人可以忘記孫的遺孀，因爲她已作了另一個人的妻子。中國革命新的女性領袖將是南京委員長的夫人——宋美齡。

不久，這個消息傳到美齡耳朵裡，當美齡知道這是大姐散布的謠言時，她氣得哭了。她眞不理解大姐爲何這樣做？這樣太損傷二姐的心啦！這天，宋靄齡來莫干山寺院看她時，她便當面問了姐姐：

「大姐，聽說二姐病了，病得很厲害！」

「我也聽說了，不知得了什麼病？」靄齡回答得漫不經心。

「我倒聽說了。她是看了《紐約時報》的那篇有關她的謠言氣病的。」宋美齡又道。

「一篇小稿，就是那麼計較，還是第一夫人哩，倒不如說是個小肚鷄腸！」宋靄齡輕蔑地說。

「也不知是哪個人，這麼缺德，無中生有，惡意傷人！」宋美齡說完看了大姐一眼。

「也不能那樣說，誰讓她自作自受呢！改嫁多好，可是她不。世界上沒有見過這樣不開通的女人！」宋靄齡佯作不知。

「大姐，我倒聽說是你說的！」美齡認眞起來。

「我！」宋靄齡大吃一驚，馬上她又平靜了下來：「說了又怎麼樣？她要不改，我以後

還要說，起碼比這狠！」

「大姐，一娘同胞，你不能那樣做！」宋美齡不高興地說。

就這樣，姐妹倆不歡而散。

25

他們的蜜月還沒有結束，蔣介石就撲在國家的事務之中，日理萬機。宋美齡經常隨蔣外出各地。在外地他們所住的房子一般總是三間一廳，包括臥室、辦公室、秘書室。宋美齡和蔣介石常在一塊兒吃飯，宋喜吃烤鷄、豬排，蔣則喜吃肉絲鹹菜湯、干菜烤肉、鹹菜大黃魚。宋美齡很講衛生，即使在廬山時也有人從山下捎去蒸餾水應用。1935年暑期，在峨嵋山時，還以瓶裝維琪礦泉水犒勞侍從室高級職員。夫妻間感情深厚，有人說些閒話也不避人。一次，他們和侍從室職員由鎮海飛機場乘坐黑色特長轎車去溪口，在80分鐘行程中，他們談笑風生，宋美齡還和蔣打賭說：「誰先見到江口塔，誰就贏。」不一會兒，蔣說：「吺，我先看到了。」宋接著說：「我早就看到了！」不認輸。在溪口時，往往手拉手徒步於妙高台，相量崗之間，此地群峰環抱，曲徑通幽，風景獨美，他們在千丈岩欣賞風景。

「Darling，你的詩作得好，能即興吟一首嗎？」蔣介石道。

「中國有句俗話，哥讓妹，男讓女。你先來。」宋美齡道。

「好，我先來。」蔣介石舔了舔被風吹乾了的嘴唇，隨即吟出了四句。

「春色鎖山滿目青，

吾觀春色不如秋。

安危他日終須仗，

甘苦來時要共嘗。」

「不，那後兩句是孫中山的，這叫偷詩。不能算你的。」

不錯，宋美齡記得清，這兩句詩是在陳烱明兵變時，蔣介石與孫中山共過患難，因而深受信任，常出入孫公館。孫中山親書贈蔣一副對聯就是這樣寫的。不過蔣介石採取了拿來主義。

「偷也好，竊也好，反正算我一首，該你啦！」蔣介石耍賴道。

「好，我也對一首。」宋美齡道：

「鳥立枝頭唱青山，

青山回鳴作琴弦。

君是青山吾是鳥，

誰知鐵根蟠九泉？」

「妙，妙！」蔣介石連連稱道。

侍從室人員對侍從室稱「公館」，對蔣介石稱先生，對宋美齡稱夫人，都不帶姓，不稱官銜，也顯出他們間的密切關係。

蔣介石有個侍從室，宋美齡也有私人秘書，所以她也有秘書室。女秘書的能力和學識素質都好，但外表卻是其貌不揚者，這或許是做妻子特有的心理。她1933年的女秘書30多歲，嘴唇動過手術還看得出，後來調為中山門外遺族學校當校務主任。繼任女秘書個子很小，長得不順眼，後來換了一個身體健壯穿著時髦但一只眼睛有毛病的女秘書，隨後又換成了一個男秘書，是宋子文介紹的。

蔣介石和宋美齡請客吃飯也是常有的事，菜肴是普通的，有些人出來後說吃不飽。這裡當然有感覺拘束的原因，但與不豐盛有關。

宋美齡處事仔細，也注意小節。有一次，外收發把一封從美國寄來給宋的信封上的一張郵票扯去，宋立即查詢，經外收發胡某承認為集郵而犯下錯誤，送上原物，也就未予處罰。他倆的私人信件，都經各自的侍從秘書（又稱隨從秘書）拆閱送呈，一般批件也由侍從秘書加封，若密件、急件均另打記號加火漆印，外收發有所疏忽立即便能查出。

宋對蔣的公務之外所謂「家務」內助也很悉心，處置得體。1933年至1934年間，公務繁忙，人少事多，侍從人員常由漏夜至天明。辦公室離蔣宋住處很近，宋往往親自做糕點派人送給電務員謝耿民、邵恩孚、孫德慶等人當半夜餐；對少數侍從人員在年終時各送一套長袍馬褂料以資籠絡。汪日章因事忙不易分身，中午回去吃飯多不方便，經常王世和提了報告，宋就叫她的中國厨師每天中午多開一客，每次都是兩菜一湯，很可口。在侍從室未正式成立前都稱「公館」，以後也就襲用了這個舊名。當時侍從秘書汪日章從早到晚都在「公館」裡，隨時都能遇上宋美齡，她頭後梳一個小髻，旗袍貼身，大衣適體，在甬道上都是緊步走過。遇到人總是微微點頭微笑有禮，平易近人，每每不覺得她突然出現，不覺得驕矜盛氣。她和別人談話，總是只供對方可以聽清楚就是，從不大聲，頤指氣使。

宋美齡作爲第一夫人，許多內外事情都得兼顧，所以每日作息時間安排有序，不浪費分秒。每日必看書報，有許多外國寄來的刊物。對文學、音樂造詣較深，對美國歷史及世界名人傳記都在研究，宋的中文也相當好，毛筆字體頗似蔣介石，但較秀柔。說一口流利的上海話和廣東話，也講普通話。

宋美齡對蔣介石的日常生活有很大影響，午休時間均由內務人員放留聲機，片子皆是小提琴獨奏，沒有大型交響樂，都是宋美齡親自選好放在盒內，留聲機在臥室門外，直到開門

時才停止放片。宋美齡不在時，蔣也有了這習慣。宋對基督教的幾個節日非常重視，按西方風俗過聖誕節，即便是軍務前線時也不忘過節。宋美齡對蔣可謂是一個賢妻！

宋美齡和蔣介石結婚後，著手擴建溪口武嶺學校，既作爲對地方的貢獻，又爲蔣培養有用人才。宋美齡不但任命留日歸來的教師爲該校籌建負責人，還親自具體提出學校要包括農科中學、完全小學和幼兒園三部分。顯然她是兒童教育的研究者，還提出要辦武嶺醫院，那是仿照法國鄉村學校方式，以校爲中心，把溪口鎭的社會福利事業都包括進去，如醫院門診、閱覽室、消防隊、電廠、電影院、公園等等，農專要有實驗場，分動、植物兩部分，培育良種，以便研究和推廣。當然校舍的布局和設備都是新式的，衛生設備一應俱全，還備有來賓客房。從設計開始，宋美齡可以說樣樣事情始終過問，連教室門漆成深灰色也是她的意見。學校建成後，無論外觀內飾都很有氣魄，蔣介石和宋美齡巡視檢查得很仔細，並爲竣工剪了彩。不久，她又派去了教務主任，實現了宋美齡的願望。

美齡，一位創造型的女性。

26

美齡一當上第一夫人，就急於行使新獲得的權力。蜜月剛結束，她就使蔣介石同青幫發

生一場糾紛……

那是他們倆從莫干山回到上海以後。要知道，上海是青幫所轄地。青幫有一項規定：每一個要人都要給青幫付保護費。蔣介石過去是定期向青幫支付這筆「費」的；宋美齡這些年來的保護費，一直是由宋子文悄悄地替她支付的。關於向青幫支付保護費，她是這次在莫干山度蜜月時得知的。她聽了很氣憤，當夜，便在枕邊向蔣介石吹了風：

「青幫在上海這麼壞，無惡不作，你爲什麼老跟他們走？」

「人嗎，社會中的人，哪個不交往的。古人云，得罪人打堵牆，方便人開條路嗎！往後你慢慢就知道了。」蔣介石答道。

「哼，我就不信！人以群聚，物以類分，靠近他們的人也決不是好人。」

「看你說到哪裡去了！」蔣介石辯道：「你把我跟他們劃到一塊兒去啦，實在是冤枉。」

「不是我把你們劃到一塊去了，而是你自己把自己劃到他們那兒去了。」美齡道。

「夫人有何證據？」蔣介石瞪圓了眼。

「我問你，以前你爲什麼向青幫付保護費？」

「這是規定。」

「哪家規定？」

「青幫啊。」

「噢，這不是嗎！」美齡說到這裡，像抓到了把柄：「我警告你，現在你當上了委員長，是中國最重要的人物了，今後不應再交什麼保護費了！」她把最後一句話說得肯切。

蔣介石笑笑：「好好好，聽夫人的。」

可是這番夫妻對話被站崗的青幫士兵聽到了，滙報到杜月笙那裡。杜月笙氣壞了，心想：「看我給她來個下馬威，讓這個第一夫人知道知道我的厲害！」

不幾天，蔣委員長便和新娘下了莫干山，隱秘地出走，悄悄進入上海。不久，可怕的事情便發生了——宋美齡失踪了。

這天淸晨，蔣介石吃過早飯，便對美齡說：「今天上午我有約會，需要晚些時間回家。」

「好的，祝你一路平安。」宋美齡和蔣介石接了一個吻，蔣便匆匆地驅車離家了。

兩個小時以後，一輛豪華羅爾斯——羅伊斯轎車開了過來，嘎然停在西摩路的宋家門口。宋美齡聽到車响，以爲丈夫回來了，便出門迎接。誰知車裡坐著一個司機和一個美麗的姑娘，全是陌生人。

「夫人，我們是奉您大姐的旨意，來接您到她家去。」

「謝謝。容我換一下衣服可以嗎？」

「當然，可以。」

宋美齡換完衣服，鎖上門走過來，坐上汽車。汽車把她帶走了。汽車只在上海市區轉圈，根本沒往靄齡家開。美齡憋不住了：「你們要把我帶到哪裡去？」

「帶到哪裡，你還不清楚嗎？」姑娘冷冷地答道：「你沒自由啦！」

「啊！你們這是幹什麼？」宋美齡大聲吼叫：「我是第一夫人，你們無權沒收我的自由！」

「哈哈，好大的口氣，別忘了你是在上海！」司機也對上了她。

………

蔣介石約會後回到家裡，不見了美齡，他很焦急：「怎麼，連個條子也沒留下！」他等了一小時，還不見美齡的影兒，感到事情不妙。便立即回到屋裡，操起電話，直接通話是不可能的了，他撥通了宋子文的號碼。

宋子文一下子就明白了委員長講的事情。他掛了電話，又重新撥了起來。他要了一個只有幾個人知道的秘書電話號碼。一分鐘後，一個熟悉而令人恐懼的聲音過來了。那人便是杜

月笙。

「子文，你放心吧。蔣夫人平安無事，不要擔心。她身體很好。有人發現她只有一個姑娘陪伴，坐著汽車在上海危險的大街上穿行，考慮到無時無地不存在危險，這樣做是很不謹愼的。爲了她的安全，已把她護送到一棟舒適的別墅，她受到了殷勤的接待，因爲她是中國新統治者的夫人，大家都十分尊重她。大家都極力想讓她享受，但她似乎很生氣，什麼都不肯吃。」說到這裡，他又埋怨道：「委員長結婚後也太忙了，應該給夫人安排可靠的保護。要知道，在上海這樣一個危險的城市，這確實太大意了！宋先生是否麻煩來一趟，對這件意外的事作出妥善安排，辦些安全慣用的手續！」

「好，我就走！」宋子文放下了電話。

宋子文匆匆趕到杜大耳朵戒備森嚴的寓所，辦了「手續」交了保護費，從美齡受到「照顧」的地方把美齡接走，送到蔣委員長那裡。這個消息是很清楚的：杜大耳朵猛抽了委員長一皮帶。

美齡在同蔣結婚時，沒有意識到自己還嫁給了蔣的「家族」。靄齡知道，祥熙知道，慶齡知道，子文也知道。但是，美齡直到被軟禁後，才知道杜大耳朵現在是她的嚴厲教父。

這一不愉快的事件使她永生難忘。

27

不久，蔣介石作為南京國民黨政府的首領，帶著新娘美齡移居南京總統府。宋美齡也巴不得早一天離開上海！因為她恨透了她那位嚴厲的「教父」。

1928年的南京是一個被人遺棄、缺乏管理的城市。宋美齡在南京的生活不是她過去的習慣的那種生活。南京冬天嚴寒，夏天悶熱，汚穢不堪，令人厭惡，到處一片衰敗景色。老百姓生活於貧困悲慘的境地。

蔣介石領導下的國民黨人，立即著手把南京重建成一座堪稱中國首都的城市，使它成為中國政治、經濟和文化的中心。在等待新的住宅建成期間，政府人員的住處是簡陋的。那些官太太不願來南京，他們喜歡住在有暖氣的現代化的上海寓所。美齡是個例外，只要能同丈夫在一起，無論什麼樣的住處，她都願意。當北伐開始時，她甚至隨他來往於前線。這意味著有時要睡在車站、棚屋或者四壁透風的帳蓬中。為了方便起見，過分講究的美齡便脫掉綢緞旗袍和高跟鞋，穿上自己設計的一套寬鬆的衣服和平底的布鞋。

南京沒有五光十色的社交生活，但蔣介石和他的隨從經常要開會和舉行宴會。美齡是這種場合中唯一的女性。最初，她感到不自在，但是這種感覺很快消失了。據說，她說過這樣

的話，「我認爲官員們也覺得我是一位婦女，後來我索性忘掉自己，一心一意幫助丈夫工作。他們也就不再把我看作一位普通婦女，而看作他們當中的一員。」

當蔣委員長的追隨者，注意到她的急躁脾氣和高傲自大，對她總是以禮相待，敬而遠之。美齡同蔣結婚後的頭20年裡對蔣的影響的大小是隨著對蔣的忠誠、隨著美齡在促使外國支持蔣的政權是否有成績而變化的。盧斯在《生活》雜誌上故意用漫畫式的筆調描繪這位委員長和他的夫人，使他們成爲羅曼蒂克的固定型式，這樣就成了報攤上的熱門商品。在這一過程中，盧斯總是給他筆下的著名人物起個綽號。他給蔣委員長取名爲「Gissimo」①，給美齡取名爲「Missimo」②。在中國，記者們把蔣的綽號又縮略成「the Gimo」，並稱美齡爲「夫人」，有時又稱她爲「惡龍夫人」。美國駐北京公使館內的美國陸軍隨員史廸威——一位瘦長而堅實、態度嚴肅的校官——給中國的最高領袖造了一個他自己所設想的名字：「Peanut」③。

美齡成了「花生」（蔣的綽號）向西方說明情況的譯員。她發表「半官方的」談話、寫長信、評論文章和寫書，以供在美國出版。美國人認爲，這樣做的效果是極爲迷人的。這讓人感到好像是美國學院的一位聰慧的女子已接管了中國，並對這個神秘複雜的國度裡的事務的眞僞作現場連續評述。雖然她從外表看是個東方人，但在其他所有方面，她讓人確信無疑

是個美國人。正如她自己說的：「我身上唯一可稱是中國的東西是我的面孔。」她還是一個基督徒，了解這一點也是令人欣慰的。

美齡和蔣介石結婚不到兩年，由於她一再促使蔣接受洗禮，蔣表示承諾。作出這種姿態的時間已經不多了。宋老夫人已經61歲高齡，對她這位新女婿產生好感。在宋媽媽的小天地裡，這位衣冠楚楚的委員長的身影象徵著宋氏家族的自豪。這位委員長穿著整潔的制服，修飾整齊，拿一根軍官用的輕便手杖，他身後跟隨著一批修飾很好的隨從參謀、保鏢和卑躬屈節的官僚。通過這個委員長，宋媽媽的兒女被賦予了天命。盡管宋氏姐妹們並不知道，若不是慶齡私自出走去追隨孫先生，他們是不會得到這一切的。

1930年10月23日，蔣介石在宋美齡的鼓動下，終於在父親宋查理的教堂裡接受了洗禮，洗禮儀式由江長川牧師主持。在中國，人們對這一消息感到震驚，接著是冷嘲熱諷地表示不相信。但是，在外國人中間，尤其是在美國人中間，可以聽到表示贊許的感嘆聲。從此以後，傳教士的工作變得容易起來，十字架佩帶起來也會不像以前那樣沉重了。美齡的最突出的特點是，她希望信什麼就信什麼。她顯然認爲這次洗禮是一種眞誠的行爲。

雖然蔣介石的動機是令人懷疑的，但是宋媽媽對這一舉動顯然是滿意的。她於1931年7月23日在青島港的夏季避暑別墅溘然去世。這在她生前也了却了一樁心病。

一旦入教，蔣介石就盡可能定期去教堂作禮拜。每天一早，他就跪著做禱告，甚至在寫每天必寫的日記之前，也是如此。他從小在母親膝下時，就懂得了一些修身之道。母親常常對他說：「要學會克制自己的慾望。貪圖享樂，將變得遊手好閒：意志薄弱，弱不禁風而會跌入深淵。」

蔣介石取得了宋美齡的信任。宋美齡也竭誠爲丈夫服務。同時也做些社會工作。在南京，她爲烈屬子女辦起了學校。其中許多孩子失去了父親、母親或者双親，無家可歸，無人照顧。美齡覺得，只爲他們提供衣食是不夠的，他們還應當受到培養，要上學讀書，使他們成爲中國未來的一種財富，而不致成爲一種負擔。她打破傳統的教育方法，強調要發揚學生的創造精神，以配合遵守校規、克己自制的教育。她還組織農村服務俱樂部，使青年人能夠學以致用，幫助當地農民辦學。

美齡並不限於從事兒童福利工作。她還關心到那些待命戰鬥的年輕軍人的個人生活空虛，組織了軍官勵志社，將一所小樓加以整修，作爲該社的活動中心，這種活動包括了文藝、演講和學習會等。該社一開始活動並不順利。一些軍官學校的學員在美齡上街散步時向她扔東西，威脅要燒掉這棟房子，以此表示他們的敵對情緒。他們怕她利用他們的生活寂寞，騙他們違心地加入基督教。但是後來，加入勵志社的人慢慢多起來了，以至蔣介石的軍官也樂

意參加。

宋美齡閒暇時也到當時出任南京市長的劉紀文那裡散散心，蔣委員長是知道的，不過有言在先，他只當有眼沒看見罷了。

到美齡和蔣介石在南京慶祝他們結婚十周年時，這對夫妻已成爲中國人被贊美或者受批評的一個家喻戶曉的專用語。他們的特殊身分已經遠遠揚名於他們那個難以控制的、分崩離析和一團混亂的國家的國境之外。共同生活和工作了十年之後，美國讀者從S·J·伍爾夫畫的一張畫像中可以仔細端詳蔣氏夫婦。這張畫像刊登在1938年1月3日《時代》雜誌的封面上，圖片下面的文字說明是：「任何犧牲在所不惜。」蔣氏夫婦被雜誌稱爲「今年名人夫婦。」

①Generalissmo（委員長）一詞的簡化，意同「委座」。

②同「委座」意相聯並表示女性，意近「委座夫人」。

③Peanut有「花生」和「渺小的」兩個意思。美國有人認爲蔣介石的頭像花生。

第十二章　美齡從軍

28

婚後，宋美齡一直致力於當好蔣介石的賢內助。頻繁的軍閥混戰，變幻莫測的國際形勢和突如其來的種種變故，使中華民國政府亂得簡直像是一所瘋人院，跟28個分散的地方行省打交道，其中還包括一些難以對付的大土司和大頭人。然而，也正是由於這一切，在13個年頭裡使宋美齡變成了一位高明的調停能手。這一點連蔣委員長也是不得不承認的。

最初，宋美齡並不是有外交家的天賦，她早年雖然畢業於美國韋爾斯利女子大學，但回國以後的生活圈子總還是比較狹小的。就是在當上第一夫人之後，她也不明白究竟要做些什

麼，才能與自己現在的身份相稱。但是，不管怎麼說，宋美齡是拿過刀叉吃飯，見過西洋世面的人，加上跟蔣介石結婚後，有機會接觸了更多的中外人士，心有靈犀一點通的她，自然地知道了蔣介石在各地設立的行營或官邸應該準備兩套客廳擺設，一套中式，一套西式；要爲隨時來訪的中、外貴賓建一個容易找到的盥洗室，並設一間帶酒吧的舞廳。她淸楚地知道，外國人的追求，並不是像中國人僅是政治的；遇上記者提出挑釁性的問題時，最好不要耍脾氣，而是要設法轉移話題；地方軍閥，地頭蛇來晉謁蔣介石時，千萬不要擺架子，而是要給他們創造一個寬鬆和諧的談話氣氛；盡管她脾氣不好，她竭力掩飾自己，不管對何種人總是「微笑外交」，以給對方一個好的印象和風度。這些年也使美齡更成熟起來了。

她要把一切都弄得又妥貼又舒適，把每處行營官邸都布置得十分雅致和整潔。雖說她不懂名畫古玩，她却盡力把它們擺設在客廳，充其量是裝門面，讓它與自己的第一夫人名分相稱。然而，爲了這一切，宋美齡爲了搞到一張名畫，特別是一幀原作時，飛機的汽油不知花了多少。蔣介石以爲她是爲宗教信仰節食，所以每次共同進餐時，都把好菜往她碗裡夾，並勸她不要學那苦行的修士修女，美齡聽了只是嫣然一笑了之。

跟蔣介石一起，宋美齡也經歷了多次憂患。1927年下半年，因蔣介石大開殺戒，受到二姐慶齡的譴責，被國民黨中央開除出黨。結婚雖是在蔣介石下野後，也即是低潮時期，因此

蔣介石對宋美齡倍加尊重，難時見赤心嗎！此後歲月磋跎，蔣介石再度出山，大權獨攬，宋美齡跟著蔣介石四處奔波。有一次在江西南昌市，她和她的侍從官幾乎喪命。

這是1930年10月，蔣介石準備很久、滿有信心的「剿共」戰事，經不起5天的戰鬥，5個師已遭擊潰。內中前敵總指揮十八師師長張輝瓚陣亡。連師長在內，9000人被浮，片甲未歸。一戰失利，嚇得譚師向東龍跑，許師向頭陂跑，途中又給消滅了一半。第一次「圍剿」便鳴金「搜」兵結束了，蔣介石急得抓耳撓腮，呱呱直叫。宋美齡走了過來，她理解丈夫的心情，安慰道：

「親愛的，勝敗乃兵家常事，我們這一次是沒有得到勝利，但中國絕大部分土地還在我們手裡，我們不怕！紅軍的確厲害，但他們龜縮在一個小地方，終有一天會給我們消滅；我主張立刻趁紅軍立足未穩，發動第二次圍剿！」

「我同意。」美國軍事顧問說道：「江西是個腹地省份，是華中與華南的交通樞紐，江西如果給紅軍控制，無異將中國的南北兩部割裂，長此以往，實在不妥，我們應該趁他羽毛未豐，再來個迎頭痛擊！」

「美齡，你快想辦法把何應欽給我召來！」蔣介石來回踱了幾步，停下來道：「我打算

讓他出任第二次圍剿司令！」

「好的！」美齡應了一聲走出了屋。

片刻，侍衛報道：「軍政部長何應欽求見。」蔣介石連忙下令：「快，請他進來。」

何應欽穿著厚呢大衣，全副武裝，行過禮，坐下道：「總座，找我有事？」

「你來得正好！」蔣介石不安地踱著脚步，双手倒剪著，給人以畏懼。人都知道近日來總座脾氣不好，咬牙切齒地不斷罵人。雖然正是新年期間，但南京政府中一點喜氣都沒有，大大小小的官員提心吊膽，只怕碰到蔣介石的氣頭上，丟了腦袋。前不久，他剛剛關了國民黨元老胡漢民的禁閉，鬧得人心惶惶不安。

蔣介石掃了何應欽一眼道：「上一次發動10萬人，我們是失敗了；這一次出動20萬，加了一倍，而且由你軍政部長親自出馬，希望你替我挽回一點面子，別讓人家笑話我們，說獅子搏兎，結果是撲了個空！」

「一定一定！」何應欽滿有信心地說：「這一次我們要記住上一次的教訓，遵照您的意思，採用步步爲營，穩紮穩打，重重包圍的戰術。而且這個時候正是春耕，我一定要做到破壞春耕、搶光牛糧種籽、放馬吃秧、放乾水田、拆燒房屋、殺盡『共匪』的目的！」

「無毒不丈夫。」蔣介石露出笑容：「敬之，」他指指《曾文正公全集》，「這裡面有

好文章。」邊說邊把那幾本書捧了過來，只見正面密密麻麻塗滿了圓圈，有的一連串，有的圈外加圈，有紅有藍。蔣介石鄭重其事，指指點點道：「敬之，我來不及把曾國藩、左宗棠的著作和筆記詳細研究，編成小册子。你就要動身了，一路上有空的時候，你可以看看，內中對於保甲、民團、儲糧、剿匪經費以及對匪軍進攻與防御的方法，都有精闢的闡述，你多看看，回頭我送你一部。」

「好的，」何應欽忙答道：「舍下也有，您不必再送了。」

「敬之，」蔣介石喝口牛奶，放下杯子笑道：「喝牛奶本來我沒有這個習慣，可是我夫人執意要我當茶喝，膩得很。」他面孔一沉：「敬之，此去有一點要注意，對於軍容風紀……」。

「我一定嚴厲管理。」

「不是這個意思，」蔣介石翻了幾頁書，指點道：「你瞧，這是曾文正公給他九弟國荃的信：「想見大索三日」、「大索十日」。「大索」你知道是什麼意思？」

「這個，」何應欽早就聽他說過，可是假裝不懂，答道：「是指搜索敵人罷？」

蔣介石果然得意地大笑：「您太老實，敬之，你太老實。」曾文正公筆下的「大索」，說穿了就是搶刼！拿搶刼刺激士氣，拿搶刼來鼓勵三湘子弟替他們攻城掠地，你說，這個辦

法……」蔣介石把書一摔，笑著。

「啊！」何應欽作恍然大悟狀，接著也笑起來。

「這些兵，他們憑什麼替你打共產黨？」蔣介石問道：「曾文正公想得聰明，他拿大索三日、大索十日來滿足士兵的慾望！」他拍拍大腿：「眞好主意！好辦法！你記著咯？」

「記著！」何應欽滿臉笑容：「這一次，共產黨非倒霉不可了！」

凝視著窗外雪花飛舞，蔣介石半響沒開口。紫金山頭白皚皚一片，水壺在火爐上「吱吱」作聲。何應欽正襟危坐，聽他還有什麼下文。驀地蔣介石回過頭來，悠悠地說道：「敬之，那你走罷，出發那天，我們還可以見面。共產黨你不能小看了他，要記住張輝瓚的吃虧原因。」

「我記得。」何應欽起身告辭，但立刻被蔣介石留住：「敬之，你說說看，你這一次率領20萬人馬出擊，對於我的佈置，你有什麼意見？」

「沒有意見。」何應欽忙不迭地答道：「沒有意見，您的戰略戰術太妙了。此去，我一定根據您的指示，以朱紹良、蔡廷鍇、孫連仲三軍爲主力。以劉和鼎駐建寧，路孝枕向頭陂、孫連仲出擊東韶、郝夢麟駐沙溪、郭華定攻東固、蔡廷鍇撲興國、王金鈺、公秉藩去富田。」何應欽眉飛色舞：「這就是您的步步爲營，穩紮穩打，分進合擊，重重包圍的戰術！」

「好好好，」蔣介石捧著個牛奶杯頻頻點頭：「還有麼？」

何應欽一愣：「想不起了，請您指示！」

「曾文正公與九弟國荃書！」蔣介石指指爐旁上那一疊絨裝書。

「哈！」何應欽恍然大悟：「大索三日！」

「不！大索十日！」蔣介石拍拍他肩膀，兩人相視而笑。何應欽告辭，蔣介石送他到門口，却見宋美齡一扭一扭迎面而來，對何應欽略一點頭，便開口叫道：「唉！我等急啦！大使館又來了電話！」她一撇嘴：「你還動也不動！」

「啊，啊！」蔣介石對何應欽笑道：「我倒忘了，還有一個宴會。不送，不送。」

「這個人！」宋美齡朝何應欽背影啐一口：「討厭死了，大模大樣的！我不懂，爲什麼你派他做總司令打共產黨！」

蔣介石當著她一口氣喝完杯中牛奶，「達令，你不知道，這是我的一計。你知道這次20萬人馬都是雜牌隊伍，讓他們同共產黨幹罷？兩敗俱傷，那最好！打垮共產黨，也不錯，反正20萬人馬不會一個不剩的，打不過呢？我還可找他們算帳！至於讓敬之去指揮，你當然知道我的主意何在咯！好好好，來人哪！準備車子！」說罷披上大氅，前呼後擁，出席美國大使館的宴會去了。

那邊廂，紅軍將領們在天寒地凍中通宵會議，迎擊來者。紅軍最高負責人綜合情況道：「這一次蔣軍加了一倍：20萬。以何應欽爲總司令，駐南昌。何應欽的頭銜比魯滌平响亮，他是國民黨的軍政部部長。可是同第一次『圍剿』一樣，那20萬人全部是蔣介石的非嫡系部隊，其中以蔡廷鍇的十九路軍、孫連仲的二十六路軍、朱紹良的第八路軍爲最強或較強，其餘的比較弱一些。」

紅軍人數同蔣軍相差懸殊，上次蔣軍10萬，紅軍4萬；這次蔣軍20萬，而紅軍只有3萬餘，可是紅軍的有利條件之一是四個月來養精蓄銳，可以以逸待勞，加上良好戰略的運用，他們對軍政部長何應欽掛帥「圍剿」，有再來一次粉碎的信心。紅軍於是針對敵情，計畫撲擊：如果從富田打起，向東橫掃，可以在閩贛交界的建寧、黎川、泰寧地區擴大根據地，征集資財，便於打破下一次「圍剿」，他們下一次的打算也計畫在內了。

但如從東向西打去，則限於贛江，戰局結束後無發展餘地；如打完後再向東轉，勞師費時，也不合適，紅軍決定從富田下手。

日子過得飛快，何應欽率領下的部隊已經進入蘇區一個多月，除了拆毁民房、奸淫婦女、宰掉耕牛、拿走種籽、放馬吃秧、弄乾水田之外，根本找不到紅軍的主力在什麼地方。各軍將領急了，間或到南昌去找這個坐鎭指揮的總司令訴苦：「大索一個月了，還無法找到對

方主力。(共匪)採取的是閃避戰術，極力避免作戰，一直退到不容易到達的深山裡，間或化整為零，先行分散，然後再在我附近集合，進行突襲，腦筋傷透了。」

何應欽從未見過這種打法，他只能告訴三軍將領：「找不到主力，圍住他！餓死他！」然而紅軍不但沒有餓死，而且在5月16日開始了反擊。這一個攻勢好生了得！第一仗找到富田區王金鈺、公秉藩等11個團，一下子便打了個落花流水，接著打垮東固的郭華定、東韶的孫連仲、建寧的劉和鼎、朱紹良。從5月16日到5月30日，15天中紅軍走700里，打五個仗，仗仗勝利，繳槍兩萬多支，俘擄3萬餘人，二次「圍剿」就這樣完了。攻勢初起，紅軍打王金鈺時，正處於蔡廷鍇、郭華定之間。距郭十幾里，距蔡40餘里，有人說紅軍是在鑽牛角尖，但終於鑽通了，簡直是天下奇蹟！郭師敗後，郝夢麟率師星夜逃回永豐，得免於難。由於對蘇區情形不熟，內部又無法統一，士兵也不肯賣命，何應欽浩浩蕩蕩帶20萬人上江西，落得個淒淒涼涼回去，好不悲傷！

却說蔣介石那時光正為另一件事傷腦筋。當何應欽3月間出兵「圍剿」時，同月11日，日本利用長春奸民郝永德，租長春縣三區萬寶山地方生熟荒地五百頃，這事情蔣介石也不覺得什麼，可是同月30日，鄧澤如等以胡漢民被禁，列舉蔣介石六條罪狀，要同他幹起來了。那當兒，蔣介石正在同美、日、德各國軍事專家、「AB團專家」討論發動三次「圍剿」，

鄧澤如斥蔣「究以何職權逮捕與監禁胡漢民！」那是1931年4月30日的事，到了5月3日，陳濟棠、汪精衛、唐紹儀、陳友仁、孫科等11人發表擁護彈劾蔣介石通電，這使蔣介石感到吃驚。

「陳濟棠！」蔣介石狠狠地說道：「我對他不壞，自從十九年他遏止張發奎的叛變以後，我就把廣東的軍權給了他，娘希匹！這……」

「他早已有所打算了，」陳果夫插嘴：「據最近的情報，他不動聲色，解除在廣東境內效忠於我們各部隊的武裝，自居於粵省主宰的地位。有些事實也已變成伏線，他驅逐了廣東省長陳銘樞，自兼省長。同時，據說他爲了鞏固地位，在吸收被他擊敗的鐵軍，而且同桂系分子密切往來。」

「你們爲什麼不早說！」

「調查科早已報告過，」陳果夫還列舉日期：「那時總司令大概正忙著圍剿，沒聽到您的吩咐。」

蔣介石不響，拿著那個通電反覆思量，通電上說得分明，罵得痛快，要蔣介石立即下野。他們已經組織了一個中央執行委員會，並由執行委員會以廣州爲基地，成立了一個南方獨立政府。

「孫科?」蔣介石指指名單:「孫科憑什麼反對我?我同廣東拚啦!」蔣介石驀地回過身來,「嘩嘩嘩」把那個通電撕得粉碎。

緊接著,5月7日那天,蔣介石又在暴跳如雷,廣西李宗仁、白崇禧、張發奎響應討蔣的電文也到達南京。

「娘希匹!」蔣介石發瘋似地大罵著:「我同廣西拚啦!」——緊接著,安徽石友三也加入漩渦,發布通電,支持廣州集團,並開始扣留平漢路的車輛,號召北方軍人反蔣。

「娘希匹!我同北方拚啦!」蔣介石簡直要瘋了,他眼睛血紅,聲音嘶啞,召集文武智囊、各國專家,決定要在三次「圍剿」之前加入個內訌插曲。

「總司令!」調查科把情報呈報:「陳濟棠將有所行動!」

「總司令!」秘書處把廣東向蔣提出的最後通牒遞過去,上面只有寥寥數字:「限在48小時內退職!」

「娘希匹!我48萬萬年都不退職!」蔣介石下令:「在陳濟棠有所行動之前迅予撲滅!」

「報告總司令,」秘書處將文件呈上道:「廣東國民政府已經宣告成立!」

「報告總司令,軍政部長何應欽從南昌回來,要求……」

「滾滾滾！」蔣介石直搖手：「不見他，不見他！」

「還是接見的好。」張群、楊永泰諸人從中說情道：「陳濟棠雖然聯合李宗仁、石友三他們同中央爲難，但他們同共產黨比起來，實在差得很遠。何敬之從前線回來，雖然失利，但是他帶回來「圍剿」的經驗，不妨聽聽他的報告，從而制定第三次「圍剿」的計畫，倒很實際。」

其實何應欽打敗仗回來，對於蔣介石來說，他倒一點都不感到難過。首先20萬雜牌隊伍同紅軍双方都有損失，而他的主力絲毫未動；其次，何應欽平時總有點瞧不起蔣介石的言論舉動，這次黯然歸來，還有資格瞧不起蔣麼？於是當作是張群、楊永泰等的人情准予接見。垂頭喪氣的何應欽被召進來了。

何應欽的報告使蔣介石大吃一驚，他把紅軍描繪成自天而降的勇猛隊伍。蔣介石心想：這是他故意誇張敵人能耐，來襯托自己失敗歸來的不可避免性。但何應欽的建議却深爲蔣所同意：「不要放過紅軍，乘他休整未定，立刻把他一網打盡，如果爲了對付陳濟棠，放過了共產黨，那前途發展就很不利。」張群、楊永泰等人也贊成這種說法，一致認爲陳濟棠沒有多大能耐，其實力與戰鬥性遠不如江西的紅軍，目前是這兩個地方都得動兵。但主要的還是對付江西紅軍。

「石友三怎麼辦？」蔣介石著急道：「他已經幹起來，扣留了平漢鐵路的車輛。」

「我看這事情一客不煩二主，殺鷄不用牛刀，」陳果夫兄弟建議道：「好在漢卿的東北軍同石友三距離不遠，還是請他對付石友三吧！」

「但我還得派兵，」蔣介石在地圖上抓耳摸腮，再三端詳，半响，只見他低沉地宣布道：「好，現在我們集中力量消滅『共匪』，這一次我決定親自出馬，請敬之同我一起去。」

「預備派多少人馬？」

「第一次10萬，第二次20萬，」蔣介石冷冷說道：「這跟押牌九差不多，不咬牙發狠，不能收回老本，這第三次圍剿，就出動30萬人馬罷！」

會議結果，決定由蔣介石自任總司令，下面再分三路總司令：中路何應欽、隨蔣介石駐南昌；右路陳銘樞、駐吉安；左路朱紹良，駐南豐。6月7日，蔣介石離京赴贛，親自統率軍隊。出發前夕要陳布雷代擬三個文告，一對軍隊，一對百姓，一對蘇區人民。放過這三個起身炮，30萬兵馬跟著出動。到達南昌之後，蔣介石却接到一個啼笑皆非的消息：「陳濟棠已經公開著手準備，組織對南京的北伐部隊。」

「娘希匹！」蔣介石罵道：「北伐是我的專利品，你陳濟棠也要冒起牌來，憑這一點我就要你的腦袋！」可是陳濟棠也要取得蔣介石的腦袋。有一天蔣介石在南昌檢閱「圍剿」部

隊歸來，一連串車輛行駛在南昌大街上，南昌居民聽說這一次蔣介石親自出馬打共產黨，街邊擠滿了瞧熱鬧的人，用著好奇和冷漠的眼光投向那一連串車輛。不料路旁有人向車子放槍，一陣騷動之後，街兩頭便進行封鎖，有三個大漢倉惶擠出人叢，被衛隊當時發覺，立即逮捕，身上搜出短槍，押到總司令部，由楊永泰嚴利審問。

「你們是共產派過來的！」楊永泰高高在上，把案桌一拍：「說！還有多少餘黨，他們叫什麼名字？藏在什麼地方？」

那三個人一愣，還未發言，老虎凳子已經推到面前，楊永泰喝問道：「招不招！」

「招，招！」三個刺客連忙答道：「我們是陳濟棠派來的，聽說蔣介石到了南昌，我們便奉命跟踪，見機行事。這次從廣州動身，已經等候好幾天了！」聽說刺客來自廣州陳濟棠，楊永泰還以爲他們說謊，問了問廣州和陳濟棠的情形，三個人說來頭頭是道，不像冒充，楊永泰便揮揮手道：「推出去槍斃了！」說罷便匆匆趕到蔣介石那邊，只見蔣臉色慘白，尙有餘悸，看見楊永泰來，忙不迭問道：「三個人槍斃了沒有？」

「已經槍斃了！」

「唉啊，」蔣介石頹然坐下！「共產黨也學起我們的AB團來啦！永泰，你不知道有多危險，幸虧我們車子多，刺客摸不準我在哪一輛車上，又怕失掉這個機會，向我面前一輛車

子放了幾槍，一個衛士中彈死了，」他狠狠地叫道：「三比一！我們死了一個，他們死了三個！我還要槍斃30個共產黨！」

「這個，」永泰待他罵完，低聲報告道：「這完全出於意料之外的，行刺的事情不是共產黨，是廣州陳濟棠派來的！」

蔣介石又怔住了，只見他沉吟半晌，蹦起來坐在寫字台上，提起身子向楊永泰說道：「我還以爲是共產黨，想不到是陳濟棠！好罷，我抽調四個師去湖南，遏止已經開始攻勢的廣西軍隊，看起來，陳濟棠他們這下子布置得相當凶險，倒不能小看他了！」

「抽調4個師，」楊永泰扳扳指頭：「太多了吧？」

「反正這邊有30萬人馬！」

「可是我們已經打過兩次，」楊永泰建議道：「抽調兩個師如何？」對付石友三，好在還有漢卿的東北軍，我們去兩個師夠了，調動太多，會影響圍剿實力，」他加一句！「這次圍剿，是總司令親自督師，不宜……」

「我懂了，」蔣介石把「四」字改爲「二」字：「你的意見很對。」

石友三的部隊沒多久便陷入張學良同蔣介石的鉗形夾擊中，捷報紛紛傳來，蔣介石對楊永泰的信任自不在話下，可是蔣介石也並不愉快，30萬的第三次「圍剿」並不順利。

原來他在6月30日發動了對紅軍的總攻擊，30萬兵力中，他兼任中路總司令，同何應欽駐南昌；陳銘樞任右路總司令，駐吉安；朱紹安任左路總司令、駐南豐。以嫡系部隊陳誠、羅卓英、趙觀濤、衛立煌、蔣鼎文5個師作主力軍，每師9團，共約10萬人。其次是蔣光鼐、蔡廷鍇、韓德勤3個師，共約4萬人。次為兩萬多的孫連仲部隊。其餘都是雜牌隊伍，力量比較薄弱，但在總攻擊時都處於最前線或距前線較近地區。

經過美、日、德各國軍事顧問的建議，蔣介石起先是滿有信心地改變了他的戰略，他不再採用二次「圍剿」時的步步為營，一變而為長驅直入的打法，企圖壓迫紅軍於贛江，一鼓而消滅之。他這次所以有信心還有一根據：紅軍在第一次「圍剿」後獲得4個月的休整，這次距二次「圍剿」結束只有一個月，他以為紅軍在體力上將不堪一擊。

而且，二次「圍剿」時紅軍僅3萬多人苦戰，這次紅軍不但沒有休整，而且尚未補充，拿3萬多人應付30萬人，蔣介石心裡明白，這就像當年上海交易所裡大打吃小戶一樣，他這次賺定了。然而前方傳來的都是不值得喜歡的消息。7月初，紅軍苦戰兩天後，機動退返其政治中心銅鼓縣，主力沒有打著，蔣介石著急起來，下令包圍。直拖到7月17日，幾路兵馬團團圍住，眼看著紅軍將一網打盡，忽地對方來了個佯攻，蔣軍正在發愣的一剎那，紅軍已經全部在縫隙中安全撤退，不知去向。等到知道紅軍主力已轉移瑞金縣第三基地，蔣軍一方

面業已筋疲力盡，一方面顧慮紅軍致命的突襲，士氣不振，戰爭也不得不停止下來。

於是蔣介石成日長吁短嘆，脾氣焦躁，三軍將領經常同他一起開會，只聽他一個人「哇哇」直叫。

宋美齡得知這個消息，連夜驅車和侍從官從南京趕到南昌。小轎車臨近南昌城時，也許是司機速度疲勞的緣故，車在山啞口轉彎的時候，打遲了方向盤，車直向山澗箭頭一般地衝去，等司機明白過來，爲時已晚，美式吉普車已騰入山溝。「啪」一聲撞到大樹，接著又撞上山崖，車在山溝裡打了幾個滾，方才停了下來。

眞是蒼天有眼，大地顯靈，宋美齡被甩到車外，倒沒有傷著，而她的侍從官的腿被摔傷，肋骨被摔斷三根，住進了醫院。蔣介石得知這個消息，暗暗慶幸，不勝感慨。蔣介石見了宋美齡，很生氣地問道：

「你在南京不是好好的嗎？到南昌來幹嗎？」

「陪陪你嘛！」宋美齡倒很輕鬆。

「多危險呀！」蔣介石面目陰沉：「若是蒼天有眼無珠，我是賠了夫人又折兵啊！」

「哼！我是命大造化大！閻王爺還沒權收留我哩！」美齡淡淡一笑道：「這次不是爲你而來，我是誠心從軍來的。美國朋友勸我換換生活環境，多走動走動，這樣身體不會變胖，

而且紐約的報紙已經同我訂下合同，我到南昌找材料，報導你在前線打共產黨的眞實情況，稿費從優，而且你也可以通過我的報導，讓美國朋友知道：蔣某人多辛苦啊！春夏秋冬一年四季在替他們打共產黨，他們給你的援助，不是可以更多嗎？」

「你呀你……」蔣介石一陣難言之苦：「好，就按你的計畫辦吧！」

29

8月的南昌城，長日剛過，微曛的天氣，使人倦極。鳥聲和著隱隱的濤聲，也好似催眠的歌，有時便會朦朧睡著。城外的虫聲一陣陣地傳到城內來，昏黃的電燈也放出了銀樣的光輝。

且說宋美齡千里「從軍」來到南昌，苦了蔣介石，便宜了外國顧問。蔣介石一心一意想學曾國藩，午夜不眠，繞室徘徊，把宋美齡激惱了：「你半夜三更還不睡覺，也不能妨碍人家休息！」

「我睡不著！」蔣介石指指桌上一大疊公文：「南京芝廂綠豆大的事都得問我，前方軍事又不順利，陳濟棠這傢伙又沒有完，我怎能睡得著？」

「那我們分開睡！」第二天宋美齡便搬到隔室去，這下子倒讓蔣介石透了一口氣。搬妥

以後，私人秘書走過來道：「總司令眞是古今中外罕見的偉大人物，夫人駕到，可是分室而居，這種精神眞是，眞是……」言下不勝贊嘆崇敬之至。

蔣介石臉帶苦笑，嘴裡也不便多說什麼：「沒有辦法，事情太多，我睡不著。批閱盈案累牘的公文眞是件大苦事，常常熬到半夜三更，連累得夫人也睡不寧，不如由她到隔壁去罷。」

「那我，」楊永泰靈機一動：「我算是剿匪總司令的秘書，說也慚愧，沒有多幫你的忙。如今夫人既已搬到隔壁，我今晚就在您房門口擺一張床，總司令如果有什麼吩咐，也方便點。」

蔣介石笑道：「好好好，不過你也太辛苦了。」

從此以後，楊永泰就睡在蔣介石房門口。那當兒「剿共」使蔣介石非常煩惱，因爲這是第三次出兵，而且由他自任總司令，如果同第一、二次的結果一樣，豈不難爲情？可是前方並無好消息，蔣介石常午夜起身，繞室行走，楊永泰聽到動靜，便忙不迭推門而進，驚問有何事傷腦筋？蔣介石也樂意同他商議，此時楊永泰便善觀氣色，適時會提出迎合蔣的意見。同時蔣一身總攬黨、政、軍三權，日理萬機，忙得不可開交，而盈案累牘的公文，更使蔣昏頭搭腦。但公文一到楊永泰手中，繁的即變成簡的，他可以把全文扼要之處用數十字至百字

重行敍述一遍，以楊永泰的才學，當然詞簡意賅，毫無疑義。

然後，他立即擬定上中下三個批答的辦法，寫在同一張紙上，附在來文之中，呈到蔣的手中。他所擬的辦法很少不合蔣的意思。從此蔣介石大爲省力，覺得所有的秘書長在內，沒有一個人能比得上他的，因此把他擢升爲秘書長。於是十年內戰之中，楊永泰做了蔣介石得力的幫手。

楊永泰還有一個特點：「善體聖意」。他懂得中國封建領袖的心理，「新生活運動」，一般人都以爲是蔣介石的「發明」，說穿了，這個頌揚封建意識、提倡復古的玩意兒，正是楊永泰的得意之作。不獨此也，比「新生活運動」還要毒辣的保甲制度，也是楊永泰所倡議的，這制度實際上是加強剿共的軍事活動，把一般老百姓「整」得一愣一愣，動彈不得。楊永泰對於政治當然有野心，他煞有介事孜孜不倦，熟悉中國近數十年來政治的「暗盤」與「底賑」，他有五花八門的政治戲法，他能窺測長官的「心靈深處」，獻出錦囊妙計，這都是他比人高明的地方。然而，楊永泰不過仍是一個「高等紹興師爺」而已，在學問上，修養太淺，在品格上，目光太短，看不出中國政治上的病根。所以盡管他才氣橫溢，大刀濶斧，但他所想來的，只是幫助統治者鎭壓老百姓，屠殺老百姓而已。

且說蔣介石有了個楊永泰所有公文便往他身上推，自己覺得輕鬆一點。雖然前方軍事還

是不順利，但脾氣稍稍好了一些，不再是暴跳如雷，一天到晚拍桌拍凳，打人殺人了。可是宋美齡在南昌住膩了，吵著要上廬山換換空氣。蔣介石說：「你是來從軍的，如今前方快要發動攻勢，反而跑到廬山去，那要給人笑話，怎麼可以？」宋美齡便改變主意，建議開舞會，請外國顧問玩一玩。蔣介石給纏得沒辦法，「好好好，你要怎麼辦，就怎麼辦。不過也得考慮一下，我們是剿共來的。」

宋美齡不服氣道：「剿匪有什麼了不起？誰不知道我們有30萬人，紅軍只有十分之一？有什麼可怕的，你說就要發動攻勢，我跟你一起上前方去！」聽說宋美齡也要上前方，外國顧問們翹起了姆指說：「好好好！」這可使宋美齡樂不可支，她要他們多照幾張「戰地攝影」，同她的「從軍記」一起寄到美國去，可是蔣介石就沒有這樣樂觀，他心中嘀咕著紅軍的突襲，嘴上也不便表示拒絕，同陳誠半開玩笑作眞地說了聲：「辭修，夫人也想上前方，士氣大概可以提高不少。不過夫人也該知道，」他嘆口氣：「同紅軍作戰，簡直是一種終身的刑罰，可以說這是無期徒刑，沒有希望的！」

「別這樣說。」宋美齡瞅一眼外國顧問。

「沒有關係，」蔣介石笑道：「你把我跟辭修講的話記在你的《從軍記》中好了，讓美國朋友明白，我是這樣辛苦地在爲他們打共產黨！」

……

9月初，龐大的攻勢開始了。

在蔣軍的部隊中，到處傳頌著蔣夫人從軍的新聞。雖說當作笑料，但也有的也當眞。

「說不定宋美齡還到我們軍營呢！」

「有可能。」

「等打勝了，我們也和第一夫人照張合影，露露臉！」

「美死你啦！一身臭汗，早把夫人燻跑了！」

「我和她是同鄉，烟酒不分家，到時遞根烟，認認老鄉，說不定她會同意哩！」

「別做夢娶媳婦啦！快睡吧，明天還不一定打贏！」

……

殊不知，就在蔣軍傳頌宋美齡從軍這件新聞時，以毛澤東同志領導的中國工農紅軍已繞道千里，揮師回到了贛南根據地西部，集中在興國地區。但蔣介石30萬大軍已經分路直通面前。紅軍當前的戰略是由興國經萬安突破一點，然後由西而東，向對方後方路線上橫掃過去，讓對方主力深入贛南根據地置於無用武之地，定此作爲作戰的第一階段。等對方回頭向北，必甚疲勞，紅軍便乘隙打其可打者，爲其第二階段。這個方針中心是避開蔣介石的主力打

其弱點，但紅軍向富田開進之際，蔣介石發覺了。蔣介石一發覺，立刻調派陳誠、羅卓英兩師星夜迎將上去，滿以為可以一鼓而殲滅之。不料紅軍一個大轉身，隊伍又回到了興國西部的高興墟，那個地方只有這麼一個墟場及其附近幾十個方里可以集中。蔣介石心想這下子你可跑不掉了，宋美齡也催著不要失掉時機，立刻下令大包圍。夫妻一唱一合，但24小時後，情況突變，紅軍已向東面興國縣部之蓮池、永豐縣南部之良村、寧都縣北路之黃陂方向突進。蔣介石、宋美齡以及一批外國顧問們正在較後方上官雲相軍中靜待佳訊，不料蔣鼎文、蔣光鼐、蔡廷鍇、韓德勤幾路兵馬並未扼住紅軍退路。相反，紅軍却乘夜通過了那五路人馬中間的40里空隙地帶，轉到蓮塘。第二天便同上官雲相、郝夢麟兩個師發生前哨戰。

這天清晨，霧大得很，白霧纏在山腰，一團一團舉手可摘。在上官雲相軍中寫《從軍記》的宋美齡，剛剛在打字機旁工作了兩個小時，她便拉開窗帘，凝視著遠山間的濃霧，接著她頻步點點出了屋，活動活動身骨，把這迷人的山景寫進她的恢宏的著作中，像許多女作家一樣，宋美齡的感情是豐富細膩的、思路是敏捷開濶的、文筆是優美流暢的，她想用散文的筆調打動大洋彼岸的美國人，尤其是羅斯福總統。說不定那位總統大人大筆一揮，一筆巨款將會記在她宋美齡的名下，名利双收，拿筆桿的說不定比拿槍桿的還強！……

宋美齡異想天開。

異想天開中她覺得頭腦發脹，烟癮上來。她掏出一支福利樂雪茄，點上火，悠然地抽上一口，吐出一個烟圈。正在這時，炮聲轟轟隆隆地從不遠方傳來，宋美齡爲之一振，趕忙跑出打字間。

誰知情況突如其來，紅軍已追了上來，大後方起了火，上官雲相那個師挨轟炸，接著郝夢麟師又接上了火。此情此景，把蔣介石、宋美齡嚇得心驚肉跳，不知所措。宋美齡的《從軍記》第七章「紅的日記」剛開一個頭，便寫不下去了，双手發瘧疾似地哆嗦著，別說打字，連拿筷子都拿不住。她廝守著蔣介石，眼見炮彈雨點似地落在周圍，耳聽殺聲震野，鬼哭神號，想退怕俘，想進不可，狼狽死了。

屋內氣氛異常，蔣介石右手緊按在腰間，準備隨時拔槍自殺，宋美齡躲在床底下，十七八層軍毯層層疊疊爲她遮擋炮彈，口中喃喃地不知說些什麼，清醒時吵著要自殺，迷糊時又一頭俯在地上，全身篩糠似地抖個不停。這場面一直維持了兩天兩夜，蔣介石幾次三番想拔槍先打宋美齡然後再自戕，但只要喊殺聲稍爲遠一點，他便悄悄地把槍放回腰間。

「瞧你我二人這樣狼狽不堪，」宋美齡道：「讓人傳出去，豈不笑話。不如，我們走出去，也讓人看看我們的風度！中國有句箴言：怕死者非要死，不怕死倒死不成。」

蔣介石聽了宋美齡的打氣話，好像壯了膽，立時道：「那我們就走出去看看，也拍兩張

照片。」

二人說完就要出屋向前走，這時楊永泰奔跑過來，揮手道：「委員長，前面危險！你係重權一身，你的安全決不僅此你一人！」

「沒什麼！」蔣介石顯得很勇敢，和剛才判若兩人。

「怎麼，聽不到我們的炮聲？」宋美齡也裝模作樣。

正在此時，一發不長眼的重型炮彈，不知從哪兒飛過來，帶著哨响，落在右旁不遠的欄柵裡爆炸。楊永泰見勢不好，迅跑過來，用自己身體掩護了蔣介石的生命，而他自己負了重傷。宋美齡被氣浪冲倒，一片炮彈擊中她的小腿肘部，鮮血直流……

宋美齡的《從軍記》隨著她負傷而結束。

兩天後，槍炮聲逐漸稀落。

紅軍打垮了上官雲相和韓德勤兩個師後，不等蔣介石的援兵跟上來，已經矯若游龍，以三天急行軍趕到黃陂找到毛炳文師痛打了一仗。這三仗直打得日月無光，天地失色，蔣介石不僅損失了三個主力師，又傷了夫人，槍支被繳逾萬，脫出重圍，大叫一聲「氣死我也！」立即同受傷的夫人宋美齡以及那架英文打字機，連夜奪路奔回南昌，同時下令所有位於西方、南方的主力全部轉旗向東，集中火力到黃陂，猛力並進，取得密集大包圍姿勢接近紅軍，

準備狠狠地展開「圍剿」。

且說正在千鈞一髮的當兒，紅軍突地又在蔡、蔣、韓軍和陳、羅軍之間的一個20華里間隙的大山中偷越過去，由東面回到西面之興國境內集中。那邊廂蔣介石各路人馬正步步爲營，眼看著紅軍便要一網打盡，待到時機成熟，一聲令下，各路兵馬不惜工本從四面八方殺將過去，不料撲了個空，蔣介石既惱且怒，下令緊追。於是這二十幾萬人馬又掉頭西進，可是紅軍已經獲得半個月休整，人強馬壯，準備迎擊。蔣介石手下將領紛紛向南昌司令部訴苦，說人困馬乏，不能再打，除了退却，毫無辦法！

蔣介石當然不肯放手，但三軍將領一齊訴苦，說隊伍飢寒沮喪，無能爲力，與其挨打，不如退却。退却之後還可以養精蓄銳，捲土重來；挨打殆盡，那就連本錢都撈不到，還談什麼利息？蔣介石想想也不錯，只得下決心退却。沒料到紅軍又乘勝消滅了蔣鼎文一個旅，把個蔣介石氣得双脚亂蹦，不得不結束了第三次「圍剿」。

蔣介石從戰場上下來，汗沒擦臉沒洗，便驅車去陸軍醫院看望他認爲本來就不該去「從軍」的宋美齡。

30

南昌陸軍醫院位於市郊。既是醫院，就應該是窗明几淨，清潔整齊。可是眼下南昌陸軍醫院並非這樣，因爲國民黨蔣介石連國都沒治好，那還顧得上這個可憐的小小醫院呢。再者，他根本就想打仗不傷人，沒想到竟有這麼多掉胳臂少腿的，醫院已無法容納。很多傷員不得不安排在外面走廊裡，還有很多傷員還在戰場上，有的等不及搶救而隨百草了。

這醫院原本是韓德勤一個加強營的簡易營房，暫時改成了醫院。房子頂是一色木頂，牆壁多是石頭疊成，外面塗的是黃泥巴。總共有三排房。宋美齡被安排在最後面靠山坡的那排舊房子裡。後排有五間，她就占去了一大間。第一夫人嗎！命比戰士的值錢，理應照顧。可是宋美齡並不知足，幾次提出要調換好一點的房間，然而她哪裡知道，她那間房算是醫院的「頭等房間」了。

英雄還需衆人敬。宋美齡初來這裡的時候，她以英雄負傷自居，脾氣很不好，動輒發火。有些小事，比如打開水問題，換藥問題，調房問題，凡此等等，她總是橫挑鼻子豎挑眼，動輒發脾氣。醫生護士開始很崇敬她，後來也就敬而遠之，有些時候乾脆不理她。可是，有些事偏偏很怪，不理她她却好了。

貴婦人眼淚多。開始醫生給她換藥的時候，她怕疼，還沒換藥就掉眼淚。殊不知，宋美齡傷情在大夫眼裡看來並不大，只不過是炮彈擦破了點皮。按一般戰士來視，包紮包紮就可以回去了，因當時提倡輕傷不下火線。可是第一夫人就不一樣了。這些天她的傷口已經癒合，她的情緒也隨之穩定。有時候她埋怨老蔣爲什麼不來看她？她身旁的工作人員告訴她：「蔣總司令是會來看您的，他已用電話問過您的情況，只是因爲前方戰事吃緊，暫不能看望您，表示歉意，讓我們轉告您。」

宋美齡聽了無語，覺得也是搪塞。

這些天來，她已開始看一些書報。調查科有個重要報告，說日本在東北惹是生非，現在又發生了一個什麼「中村失踪」事件。東京提出抗議，出兵侵略已成現實。中國共產黨，包括她的姐姐宋慶齡提出聯蔣抗日，美國也對此很關注。形勢很複雜微妙啊！作爲政界的第一夫人，她不能不關心啊！

接著，她隨手又翻開了一張共產黨的報紙。「大義滅親」四個醒目的大字首先跳入她的眼帘。簽名是「蔣經國」。她不能不看。要知道，平時她是不願意蔣介石提到他那寶貝兒子的。一提到經國、緯國、夫人的臉就變。久而久之，蔣介石就給自己暗暗規定：在夫人面前避談孩子。今天，她覺得這篇文章是個新聞，雅興上來，非要一口氣讀完不可。文章相當長

，還有一個副題是「給母親的一封公開信」。文章頭一段，蔣經國說明他同蔣介石的關係，第二段：蔣經國痛斥蔣介石叛變革命；第三段，蔣經國聲明他現在是一個共產主義青年團員，與叛變革命、專制獨裁的父親一刀兩斷，他要大義滅親，而代替慘遭蔣介石屠殺的中國共產黨人以及進步分子、無辜人民報仇雪恨！第四段，蔣經國在這封公開信裡這樣描寫她和父親：

「在我來蘇之前，我親眼見你有一天勸他別逛長三堂子，却給他在樓梯上端地把你一脚踢下，從樓上直滾到樓下，跌得不省人事，他却揚長而去。可見他是殘忍沒有人性的，是個典型的下流流氓！他和你離婚，說明他已有了婊子。對於宋美齡我恨死她了！是她把我們家弄得五零七散……」

宋美齡看到這裡，連罵「逆子！逆子！」她本想將這一報紙撕個粉碎，但她停下了手，心想：讓他老子看看，認識認識這個逆子。於是她把報紙交給陳布雷先生：「你先保存，也讓他爸看看。」

「夫人！」陳布雷接著報紙道：「剛才我接到了總部的一個電話，說蔣委員長要來醫院看您。」

「眞的!?」宋美齡喜形於色。

中午太陽正好直射下來，山裡的霧收了起來。蔣委員長的車在彎彎的山道上驅駛。

蔣介石坐在後排的位置上，他渾身酥軟，双手抱頭，頭像要爆炸一樣。像一切打敗仗的將軍一樣，狼狽不堪，他想罵人，罵誰呢？自己是總司令，只能罵自己。第一次圍剿、第二次圍剿，他罵了不少將領，罵這個無能，那個飯桶。如今「無能」、「飯桶」却落到自己的頭上。「唉。共產黨太狡猾了！」此時，他像一個進了賭場而賭輸的賭棍。他兩只血眼，臉發燙，眼冒火：「我和共產黨沒完！以血還血，以牙還牙！」

此時，他又想起了躺在醫院病榻上的夫人。太危險了！也不知受了哪位美國顧問的唆使，從軍！從軍！差點兒把命從掉！這個殺人如麻的蔣介石，此時竟對夫人憐憫起來了。

……

吉普車打了一個彎，徑直向醫院門口駛去。

醫院門口是擁擠的，裡面更加擁擠。從前線抬下來的傷員進不了院，正在和醫院工作人員吵嘴，那情景熱鬧，就像大集市一樣。

司機小闞是機靈的，他把車繞過醫院門口，拐了個「C」彎，從後門進了醫院。

吉普車停在了宋美齡病房前，陳布雷剛剛把消息通知到該院院長孫士英，便第一個出門迎接蔣介石。他的手剛去開車門，車門已經開了。侍衛官首先跳下了車，然後又把後門打開

。蔣介石此時作爲敗將司令，他沒盛氣凌人，望了陳布雷一眼，道：「布雷，讓你辛苦啦！」

「司令，夫人現在很好。」陳布雷道。

這時，醫院院長孫士英帶領兩個醫生也跑了過來，陳布雷把孫院長介紹給蔣介石。

「總司令，讓您又親自跑了一趟！」孫院長滿臉掛笑，見了司令手不知往哪兒擱，竟像一個小學生。接著他又把兩位手拿聽診器身穿白大褂的醫生介紹給蔣介石。兩個醫生上前道：「總司令辛苦啦，夫人傷情不大，請總司令放心。」

「眞正辛苦的是你們，」蔣介石目掃一周，和大家握手，權作見面禮。這醫院是小了一點。

「總司令，最近傷員太多了，我們醫院確實承受不了，不收誰誰都幹仗，我們的工作沒法開展。」蔣介石一句話引出了孫院長滿肚子火。「我這個院長也無法當。」

「你是不是想辭職？」蔣介石兩眼直視孫士英。

「我，我……」孫院長有苦難言。陳布雷懂得蔣總司令的脾氣，他剛打完敗仗，再說下去恐怕孫士英就要倒霉了。於是陳布雷向孫院長使了個眼色，把話接了過去道：「司令，夫人還在屋裡等您哩！」隨後，他又向孫院長道：「你們且去忙吧，這裡由我陪司令，有什

麼事再找你們。」

「好，好！」孫士英感激地直點頭。

隨後，蔣介石由陳布雷陪同走進了宋美齡的病房。蔣介石的侍衛官在房前轉游起來，負責警衛。

宋美齡對於蔣介石的到來佯裝不知，繼續躺在床上睡她的覺。

「夫人，司令來看您來啦！」陳布雷道。

宋美齡無動靜。

「親愛的，」蔣介石知道夫人的脾氣，忙和言悅色地道：「我來看你，你却和我嘔氣。」接著蔣介石就坐在宋美齡病榻頭上，又道：「如果你傷勢重，就沒有功夫和我嘔氣啦，是不是？」

「我的傷勢還不重嗎？難道你還咒我死了不成！」宋美齡翻過身來，滿臉怒氣。

「好好，夫人給我說話了，是我不對，是我不恭！」蔣介石滿臉掛笑，一派大將風度。

「我來晚了，夫人受苦了。」

宋美齡聽了丈夫一兩句好話，怒氣馬上烟消雲散。問：「前方怎麼樣？」

「唉！別提了！」蔣介石揮了揮手：「娘希匹，共軍太狡猾啦！」

「那你下步怎麼辦？」宋美齡把手放在蔣介石的手上。

「我與共軍不共戴天！三次圍剿不行，我要來它30次總算可以了吧！剿他娘個寸草不留！」蔣介石咬牙切齒。

「軍座，古人云：知己知彼，百戰不殆。共軍狡猾，狡猾在戰術靈活。目下，我軍在休整期間，不得不重新研究研究，或請一些美國顧問、英國顧問，可以會診會診，聽聽他們的意見。另外，等夫人出院後，您們也可以走動走動，聽一聽下面的反映。」此時，跟隨蔣介石多年的陳布雷顯得很有戰略眼光，他提示蔣介石道：「不妨辦個師以上將領學習班，既研究軍事謀略又可以重新一鼓士氣，吃一歲長一智嗎，今天的失敗就是明天的勝利！」

「布雷說得是。」宋美齡也贊成道：「等我出了院，我要陪你走動走動，換換空氣，換換腦筋。」

「可以，親愛的，」蔣介石點頭道：「你現在傷勢怎樣？」

「我不用你掛心。」宋美齡伸出打綳帶的右腿道：「這裡條件太差了，我爭取早日出院。在醫院裡悶死我了。」

「現在，你的任務是養傷。」蔣介石以關心的口氣道：「身體是本錢麼！不要拿身體當兒戲。你感覺怎麼樣？」

「我感覺沒事。」宋美齡說到這裡，猛然想到了剛才報紙上的事，她好不高興，立時道：「布雷，快把剛才那張報拿給他看，看看他那個寶貝兒幹的啥好事！」宋美齡不無得意。

「什麼報紙？什麼事？」蔣介石急問。

「經國在蘇聯罵你哩！」陳布雷從口袋裡掏出那份報紙：「上面轉載過來了。」

「這是什麼報紙？」蔣介石連忙戴上眼鏡問道。

「這是共產黨的地下報紙。」陳布雷從他手裡拿起這份紅頭報紙，翻到第二版：「喏！這裡！」

蔣介石連忙接過來一看，只見四個大字題目：「大義滅親！」副標題是：「給母親的一封公開信。」下面三個也不太小的作者署名：「蔣經國」，文章還蠻長。

蔣介石一口氣讀了下來。

「娘希匹！」蔣介石再也忍不住，双手「嘩嘩」幾下便把這份報紙撕得稀碎：「他連亞伯（父親）都敢罵啦！送他留學錯啦，該死的！」撕完這份報紙還不夠解恨，蔣介石順手把牆角那個古瓷花瓶一摔，「嘭」的一聲，碎片散落一地。陳布雷的脚背上也挨了一下，連襪子都弄破了。蔣介石瞪著眼珠大叫：「這畜生，這畜生！」

「軍座，」陳布雷囁嚅著說道：「經國這樣做，恐怕是有人指使，事不由己，您不必生

氣。」

「你讓他們先把這些爛報紙全部搜出來，統統燒掉再說！」蔣介石指指地下一堆碎紙。

宋美齡只是在旁邊聽著，嗤嗤作笑。此時，她顯得很愜意。

「是的，」陳布雷彎著腰答道：「我已經通知他們搜查了，不過這東西很難找到，那是共黨的地下報紙。找到這一份也是非常偶然的，昨天夫人要看報紙，我把這一份拿來了……」

「我不管！」蔣介石煩躁地揮揮手：「三天以內，限他們把這批報紙全部送到我面前來！」蔣介石氣呼呼往床上一座：「夫人，你也不要看我的笑話！布雷，你過來，你替我想想，這畜生眞是昏頭昏腦，胡說八道！家醜不可外揚，這這這……」邊說邊抓頭皮。陳布雷便勸道：「我看這沒有什麼關係，軍座犯不著生氣。經國把家醜外揚，那是年少氣盛，心血來潮，受了共黨的欺騙。他將來會後悔的。他應該明白，軍座把他送到蘇聯去的目的，並不希望他信仰共產主義，說得明白點，軍座這個做法不過是哄哄俄國人，讓俄國人幫我們革命。目前事過境遷，如果經國這個時候出國，那就到美國去了。」

蔣介石點點頭，沉思一陣：「說來也奇怪，在蘇聯，我已經請托洛茨基照顧這畜生，怎麼還會寫出什麼娘希匹的『大義滅親』！我看這畜生眞變了！」

「不會不會，」陳布雷勸道：「經國爲人，我們是知道的，他從小在這邊長大，不愁吃穿，環境很好；同時軍座又是他的父親，將來回來之後，飛黃騰達，任何人都趕不上他，他怎麼會眞的「大義滅親」呢？我看這倒是蔣經國的傑作，他這樣做，共產黨會更相信他，他將來在某些地方對軍座會幫忙更大，是嗎？」

蔣介石眼睛一亮，怒氣全消，正要想再說什麼，宋美齡插上了嘴：「寶貝少爺現在敢罵你，將來我看還敢拿槍斃了你哩！」說完她指指陳布雷道：「明天你起個早，在報上刊登廣告，脫離父子關係得啦！」陳布雷唯唯諾諾，蔣介石却連忙使眼色，表示使不得。

「既然使不得，我看就把他召回來，免得受共產黨的影響！」宋美齡建議道。

「布雷，你看呢？」蔣介石很信任陳布雷。

「我看可以。」陳布雷道：「由夫人出面爲他辦理回國手續，這樣既密切她母子的情感，外面也給人以好感。夫人，你說呢？」

「你個陳布雷眞會說話，」宋美齡一笑道：「既然你說了出來，我就從啦！」

「夫人給了我面子！」蔣介石很感激地說。說完，三人相視一眼，「哈哈」地笑了。這笑聲又是多麼地不謀而合。

第十三章 姊妹之間

31

蔣介石在南昌陸軍醫院看望宋美齡不久，也即是半個月後，宋美齡便在醫院躺不下去了，經常失眠，並且又患了蕁麻疹，那是一種神經一緊張就會反復發作的皮膚過敏症。孫士英院長勸她再住些日子，可是她卻固執己見，非要出院不可。孫院長無奈，便通知大夫辦了離院手續，開了一些常用的藥物，回去休養吧。

6月的南京，溫度極高，坐著就渾身冒汗，難怪人們把南京列入中國的四大火爐之一。宋美齡回到南京第一天，剛剛下了一場雨，溫度還稍爲低了一點。秘書已把一疊文件送到她

的面前。

文件是權勢的象徵。作爲愛權勢的宋美齡就像吃飯一樣，每天當然少不了看文件。不過在南昌陸軍醫院這些日子，她確實憋壞了，既看不到機密文件又聽不到當日廣播。可是回到南京，文件一來又是一大堆。於是，她埋在文件裡，翻閱起來。她從這個個方格字裡，品味出中國局勢的微妙變化，就像她在美國時品味檳榔糖一樣……

一份、兩份、三份……她認眞地翻閱著。

倏然一份帶有機密頭銜的文件跳到她面前。這是近日南京政府翻印中共的一件文件。標題爲：《國民黨已不再是一個政治力量》簽名人爲二姐「宋慶齡」。

文中寫道：

「當作一個政治力量來說，國民黨已經不復存在了。這是一件無法掩蓋的事實，誰也否認不了。促使國民黨滅亡的，並不是黨外的反對者，而是黨內自己的領袖。1925年孫中山病逝北京，國民革命突然失去了領導，以致中輟。幸而當時在廣州的黨內同志嚴格遵守他的遺教，以群衆爲革命的基礎，使北伐能於短期內在長江流域取得勝利，但是不久之後，蔣介石的個人獨裁與軍閥和政客之間的相互爭吵，造成了寧漢分裂，使黨和人民之間的鴻溝日益加深。

近來寧、漢兩派發生分裂，形成兩個對峙的力量，双方各自指責對方的缺點，明爭暗鬪，他們用虛僞的政治口號，作爲欺騙中國人民的武器……由於日本公然侵入我國東北，廣州和南京，這兩個集團由於國難當前和輿論的譴責，都不得不暫時停止公開的戰爭，而召開所謂「和平統一會議」。陰謀圍繞著會議進行了三個月之久，爭議的中心問題不外乎黨中央委員會和政府中職位的分配！關於構成全國極大多數的農民、工人的苦難和急需，在這個會議上沒有一個字提到……

宋美齡看不下去了，把文件合上，閉目沉思。她的心劇烈跳動著，久久不能平靜。顯然，她認爲二姐慶齡已站到共產黨的那邊了。

在美齡結婚的前半個月，慶齡已離開了上海，和她的好友雷娜結伴乘船來到了莫斯科。

在莫斯科的半年裡，慶齡的經濟生活變得很拮据，她的錢快花光了。她的家裡一味同她作對，因此她不能支取她家裡積聚的財富。她的弟弟宋子文，盡管在她離開上海時誇口說他自己掏錢將給慶齡一筆小小的定期生活津貼。孫博士去逝後，留給她的全部財產便是在上海莫里哀路的那棟房子。她從武漢領到的微薄津貼用光了。但是她很頑強，既不依靠克里姆林宮，也不肯接受別人的幫助。

她變得很憔悴，很少有幾次休息喘息的機會。她被邀請去莫斯科郊外蘇聯領導的鄉村別墅，其中也包括蘇維埃主席的鄉村別墅。她和加里寧夫人一起去乘雪橇。但是她並沒有得到眞正的休息。

眞是禍不單行，和她結伴同遊的好友雷娜又告病危。11月20日，她從加里寧夫人那裡得到這個消息，聯想到自己的身世，痛不欲生，她急忙趕到蘇維埃醫院。

可憐的雷娜已經掛上了吊針，昏迷不醒。穿大褂的蘇聯大夫正在爲她搶救。

「大夫，能告訴我吧，她得到了什麼病？以免意外，我作爲她的在蘇的第一個好友，日後也好告訴她的父母。」宋慶齡走上前去問道。

「唉，我們也痲痺了，」那位手拿聽診器的高個子大夫答道：「她原來是患的腦炎，可我們一直拿她當肺結核治療。」

「大夫，她還有希望嗎？」宋慶齡又問。

「看來生的希望不大，不過我們一定盡力搶救，哪怕只有一口氣，也搶救到底！」

「謝謝你們啦！我眞不敢想。」

宋慶齡作爲雷娜的好友，她守在她床頭一天一夜。半夜中，雷娜終於從昏迷中醒過來。

「雷娜，您看看我？」宋慶齡淚如泉湧。

「孫夫人，是您？」雷娜睜開了眼睛：「孫、孫夫人，我，我是不行了。您作爲流亡夫人也太可憐了！我不能陪您散心作伴了。您要堅強些，要頂住啊，不論遇到什麼難處，都要活好。」

「雷娜，我的好妹妹，您莫說了。我對不起您，我不該把您帶到異國來。您不能扔下我而去啊！」宋慶齡淚流滿面。「要死咱們同去死！」

「不，好姐姐！」雷娜說完再次昏迷過去。

「雷娜！雷娜！」宋慶齡呼喊著，可是雷娜双目緊閉，牙齒緊咬，再也不應聲了。

黎明前，一陣西伯利亞的風掠來，天還濛濛亮，大地還在沉睡的時候，雷娜的心臟停止了跳動。她走完了她該走的路。同來莫斯科時，她和慶齡是一双，現在只有慶齡獨自一人啦。宋慶齡緊緊握著雷娜的手，悲痛欲絕。失去的將不復有，宋慶齡像一只失群的孤雁，留給她的路也許會更長。爲了中國的命運，她將沿著亡夫指給她的路走下去，更多的困難她沒想過，不過她已作好最後犧牲的準備，中國應該是有希望的，一時烏雲遮不住光輝燦爛的太陽！

雷娜的遺體定在感恩節那一天火化，這是一個吉祥的日子。宋慶齡把這一噩耗竭力通知所有留蘇的中國人。

感恩節這天，大雪紛飛，風刮得很緊，雪片像扯破了棉絮一樣在空中飛舞，沒有目的地四處飄落，積在地上一尺多厚。脚一踩下去，咯吱吱地亂響，陷下去老深；走雪如走沙，一抬脚，一邁步，都很費勁。從武漢逃出來的全體流亡者。有30多人參加了雷娜的喪禮。

大家沿著沒有盡頭的雪路，冒雪走了幾個小時，穿過莫斯科的繁華街道去郊區的火葬場。另外，參加送葬的還有中國、俄國和美國共產黨人代表團，他們中間很多人並不認識雷娜。

天氣冷極了。宋慶齡始終走在隊伍最前頭。她穿著一身半新的草綠色長袍，扎著淡雅的腰帶，脖子上圍著條雪白的紗頭巾；她臉色不好看。跟在她後面的人發現她身子在顫抖，她幾次要倒下，都被身旁的人扶住了。大家知道，她從中國的收入來源已經斷了；她十分好強，不願接受別人的幫助，以至於使她冬天還穿著秋天的單衣。

蘇聯外交部借給她的那輛小轎車跟在隊伍的後面；汽車裡至少要緩和一些。爲了表示對朋友的誠意，她寧願步行，小轎車幾次停在她的面前，她都拒絕了。她像大家一樣，完全是步行，穿過冰天雪地的莫斯科，走完全程的。她低垂著頭，可愛的臉龐垂向交叉在一起的臂膀。她自己也剛剛病癒不久，臉色極其蒼白。……她在薄暮中，在她的最無私的朋友的靈柩後面顫抖著，以至結束雷娜的喪禮。

雷娜去世後，1927年12月，又是一個大雪紛飛的一天，宋慶齡收拾好她那不多的行裝，離開莫斯科去了柏林。柏林的情況與莫斯科截然不同。20年代的柏林是一個因在第一次世界大戰中失敗而變得極其頹廢的城市。

宋慶齡雖然逃亡在外，可是她並沒有忘記她的祖國。她把時間用在了日益發展的國際反法西斯運動和反帝大同盟上，她與反帝大同盟合作。她於1927年12月當選爲這個同盟的名譽主席，後來在1年零八個月之後又再次當選。最重要的是，有膽識的鄧演達當時在柏林。他們共同合作擬定計畫，準備在中國成立一支新的第三勢力，以此來取代蔣的反動的國民黨，同時也取代共產黨。

希恩先生在柏林見到了她，對她的窮困處境感到驚訝不安，於是把這一情況轉告在美國大使館的一位朋友。那位外交官又在秘密備忘錄中將此消息轉告華盛頓。

消息是這樣寫道：

「我從一位密友處得悉，孫夫人已在柏林隱蔽三周了，她十分保密，沒有人知道，甚至連警方也不知道。

她在莫斯科的半年生活，使她對布爾什維克主義和在中國的布爾什維克宣傳完全失望了

。

對於中國，她不寄希望於現在的國民革命政府，她說，這個政府腐敗透頂，就是連她的繼子孫科也不例外。孫科靠著政治發了家。

孫科在作環球旅行時於昨天抵達柏林，他的繼母于頭一天離開了自己的隱蔽處，大概是因爲聽到要來的風聲吧。

她同中國保持著密切的聯繫，並正在研究如何忠實地履行她的丈夫的三民主義，以拯救中國。

她在這裡的生活過得極爲簡樸，甚至顯得小氣。

美國曾請她作30次演講，報酬是一個晚上500美元，但是她迄今爲止一直沒有同意。」

不久，國民黨左派也採訪了她，發表了《國民黨已不再是一個政治力量》的文章，此時，這份文件已擺在宋美齡的辦公桌上。宋美齡看後很失望。如今政治使她們姊妹分開了，只有政治攻心才能使她們姊妹團圓。於是，她命令侍衛取來筆硯，給姐姐寫一封信，約她到南京公寓來聚一聚。

宋美齡剛剛在潔白的信箋上寫上第一行字，流利的英文展示了她多思的才華。她正要再

寫正文時，一陣輕碎的脚步聲傳來，她知道是丈夫開完會回來了，忙起身去迎。蔣介石剛開完一個軍機緊急會議，佈置第四次剿匪計畫。顯然這次會議是很成功的，因爲他臉上掛著笑。

「夫人，你怎麼還沒休息。」蔣介石笑道：「要知道你是病魔在體。」

「該休息的是您，您太累了。」宋美齡扶蔣介石在安樂椅上坐下。

「你在寫什麼？」蔣介石瞧了一眼桌上的信箋問道。

「給二姐寫封信。」

「給慶齡寫信？」蔣介石的臉馬上晴轉多雲。「這人實在令人不可思議！好心當作驢肝肺，眞拿她沒辦法。」

蔣介石說這般話是有所指的。

在此以前，蔣介石曾暗自策劃誘使宋慶齡回國，結束她的流亡夫人生活，落入蔣介石所領導的南京政府的圈套。

爲此，他們曾把孫博士的遺體從北京附近的西山墓地移到南京郊外紫金山的一個永久性陵墓去。這是一個有利於蔣介石的大張旗鼓的行動，把這位受敬奉的聖賢的遺體移到更靠近

蔣的地方去，以支持他的右翼政權。

如果說是蔣介石聰明的話，當時他是利用了全國人民對於國父孫中山博士的信任。中山陵規模宏大，氣勢雄偉，堪稱是我國建築史上的一大奇跡。著名建築師呂彥直先生，爲建陵獻出了生命，原來在靈堂的西南休息室裡還有他的浮雕像，于右任在浮雕上題詞：「呂彥直建築師建築陵宮積勞病故，特誌紀念」，抗戰後，浮雕不翼而飛。

當時設計興建中山陵全部造價爲白銀400萬兩。在1926年3月12日正式奠基以前的籌建過程中，得到了舉國人民的擁護和支持，各族人民特別是海外華僑捐獻的款項共460萬兩，超過了全部造價，華僑還在中山陵周圍興建了光華亭、流徽水榭等紀念建築。

萬事齊備，只欠東風。

在蔣介石的敦促下，宋家派了慶齡的弟弟子良，去柏林接回慶齡。這是蔣介石的特意安排，因子良是宋家唯一沒有完全同慶齡脫離關係的成員，慶齡也特別喜歡這個弟弟。可是宋慶齡並不是糊塗人，她面對著蔣介石的金錢厚禮，知道黃鼠狼給鷄拜年沒安好心，她想斷然辭絕，然而這又是關於亡夫之事，作爲秉承亡夫遺志的宋慶齡，又怕惹天下人笑話。因此，她在離開德國之前，發表了一個公開聲明，宣布她與南京政府沒有任何關係。

她說：

「我此去中國，是參加將孫中山先生的遺體移至紫金山的儀式的，葬在紫金山是孫先生的遺願。那還是先生在南京任臨時大總統期間，有一次他帶郭漢章騎馬去紫金山郊遊，路過明孝陵時贊嘆這一帶不僅風景優美，而且風水也好，北有橫臥的大山，南瀕明湖暗溪，可謂山高水長，便對郭說：「我身後能夠在此向人民討一塊地作墓，死也足矣。」南京方面實現了先生這一遺志，我作爲先生的夫人表示感謝。

爲了避免任何可能產生的誤解，我不得不申明，我堅持1927年7月14日在武漢發表的聲明，在那個聲明中我宣布不再參加國民黨的工作，因爲中央執行委員會的政策和活動都是違背先生意志的，其言行有很大欺騙性，說到底，他們是項莊舞劍，意在沛公。

因此必須十分明確，我參加葬禮決不是，也決不能被解釋爲我要緩和或改變我的決定，只要國民黨政府領導反對孫先生的基本政策，我就決不參加國民黨的任何工作，不管是直接、還是間接的。」

宋子良聽了她這段在新聞記者發佈會上的演講給嚇壞了。臨登車時，子良對慶齡說：「二姐，你這個寧折不彎的人，太直性了，日後你會吃虧的！」在此以前，子良曾經提醒過三姐美齡要暗中保護慶齡，因爲他知道蔣介石這人是殺人不眨眼的，今天他這一番話無不具有姐弟之情。

「吃虧，我不怕！」宋慶齡莞爾一笑：「是宋家爲中國而存，不是中國爲宋家而存。小弟，你年小懂嗎？」

宋子良啞口無言。

沉默片刻，子良道：「反正姐姐您應該注意！」

宋慶齡搭乘橫貫西伯利亞的火車從東北進入中國國土。按照蔣委員長的事先佈置，從邊境沿線開始，每一站都應有盛大歡迎的表示。

火車正點抵達哈爾濱，大批人在站上迎候，其中包括中國官員，鐵路部門的負責人、商界、財界、軍界、和社會各界代表。蘇聯總領事和日本總領事也到場。宋慶齡從專車上急速地走進專門候車室。偌大的候車室，富麗堂皇，預備了香檳酒和水果招待。在鎂光燈閃爍一陣後，她便離開車站赴旅館。下午七時，在摩登大酒家爲她舉行了接風宴會，10點40分，她回到車站，繼續踏上赴北平的旅程。歡送她的人比她抵達迎候她的人還多得多。人們向她獻出了許多鮮花。火車出站時，人們揮舞旗幟和標語，奏起了軍樂。

蔣介石確保慶齡受到熱情的迎接。

宋慶齡冷若冰霜，一路無語，此時她暗想：蔣介石之所以這樣做，是對他有很大的宣傳價值。因此，當她來到北平這座古城時，她向迎上前去的每個新聞記者講話了。

「國民革命已遭背叛和完全的歪曲，中國最大的污點是，這種可恥的反革命爲首者竟是在公衆心目中與國民革命運動密切聯繫的那夥人……他們……正在試圖將中國拉回到爲個人爭權奪利的無謂的戰爭老路上去。」

但是事與願違，她的講話和聲明沒有達到預想的效果。西方的新聞編輯們似乎認爲她是一個危險的赤色狂熱份子。報上沒有怎麼登她的聲明。

在北平，她不同外界接觸，一直到她乘上開赴南京參加葬禮的火車。南京方面派出的8名接靈的衛士一路陪她作伴，她佩戴黑紗，避著不見她的家人，因爲他們都支持蔣政權，到了又熱又潮濕的南京，她承受了長時間的葬禮的痛苦。6月1日，南京政府舉行奉安大典。孫先生的遺體經過3天公祭後，128名在清朝抬過皇帝和皇親國戚的後代，把先生的遺體抬上靈車。靈車緩緩駛出湖南路中央黨部大禮堂，向中山陵進行。宋慶齡和宋氏全家，蔣介石和國民黨政府的所有要員都參加了奉安大典。送葬車輛達數千輛，送葬各界人士達20餘萬，數十里長的馬路兩邊都擠滿了群衆。

宋慶齡登上紫金山又承受了痛苦的時刻，最後看著她丈夫的靈柩安放完畢。然後她躲到上海莫里哀路自己的寓所去了。

兩個月的時間她一直保持沉默。然後於8月1日，即已被定爲國際反戰日的那一天，她

發表了對蔣政府新的譴責。在上海，這是一個相當大膽的行動。那是以給柏林反帝同盟的形式發表的。

「反動的南京政府正在勾結帝國主義分子勢力，殘酷鎮壓中國人民大衆。反革命的國民黨領導人背信忘義的本質，從來沒有像今天這樣無恥地暴露於世人面前。在背叛國民革命後，他們已不可避免地墮落爲帝國主義的工具，企圖挑起對俄國的戰爭。但是中國人民大衆，不因受積壓而氣餒，不爲謊言宣傳所矇騙，他們只是將站在革命一邊進行鬥爭。恐怖行動只能喚起更廣大的人民群衆，加強我們戰勝目前殘忍的反動派的決心。」

蔣介石本以爲宋慶齡能通過這次爲亡夫葬禮後，感恩戴德，回心轉意，沒想到這篇電文發表，使蔣介石大爲惱火。宋美齡也無能爲力，只是在旁邊罵人：「這個朽木不可雕的二姐！」

杜大耳朵看到這篇電文時，他作出了比委員長甚至更爲惡毒的反應。不過，這是宋家人，得請示蔣介石。於是他操起了電話，接通了蔣的秘密電話：

「電文看到了嗎？」杜問。

「看到了。」蔣答。

「這人敬酒不吃吃罰酒，我看不如先下手爲強，幹掉她！」

「幹掉她？」蔣介石猶豫片刻：「老兄，且慢，容我三思。」

「好，那我等你！」杜大耳朵放下了電話。時隔不久，宋慶齡在莫里哀路的公寓門窗被砸，中國共產黨已派人注視著宋慶齡的安全。

可是，事隔不久，宋慶齡又連篇累牘地發表反蔣檄文，尤其是宋美齡把剛才那篇《國民黨已不再是一個政治力量》交給他，蔣介石火冒三丈：

「夫人，你不要再護她了，我要幹掉她！」

「你說什麼？」宋美齡頭腦一轟，她知道蔣介石手狠心黑，什麼事都會幹出來的。「我這不是給她寫信麼！仁至義盡方君子。」

「不，我已經仁至義盡！」

「那你那寶貝公子現在也在罵你哩，你爲什麼不幹掉？」宋美齡據理力爭。在美齡眼裡，她把慶齡看作是她丈夫的主要敵人，但這並沒有減少她對二姐的關心和鍾愛。她始終愛她的嫡親二姐，但她完全不能寬恕她的政見。「你說呀，你爲什麼不說話呀？」

蔣介石氣急敗壞：「你莫講啦！」說罷便撥通了杜大耳朵的電話：「喂，杜兄嗎？」

「對，是我！」

「你給我放下！」宋美齡知道不好，搶前一步，奪去了蔣介石手中的話筒，斷了線。

「你要幹什麼？」

「不許你給杜大耳朵打電話，難道我吃他的苦頭還少嗎!?」

「好好好，今天我聽你的好不好？」蔣介石妥協了。宋美齡知道他，並非是眞正的妥協，因此二姐慶齡的安全也成了她的一塊心病。

一奶同胞的美齡，心情好複雜啊！

32

確是杜大耳朵早就有暗殺宋慶齡之意，不過沒獲得南京方面的同意，昨天，委員長剛給掛上電話，還沒講話，線斷了，不知委員長有何要事？他想再掛，怎麼也撥不通了，使他與南京失去了聯繫。他心急火燎，第二天一大早，便登程親自來到了南京。

杜大耳朵直奔軍機辦公室而來，不料他撲了個空，原來蔣介石剛剛在這裡開了一個會，乘車離去。迎面他碰到了宋子良。

「杜先生，你找誰？」宋子良首先搭訕道。

「子良，看到委員長了嗎？」

「他剛剛驅車離去。」

「是回家？」

「不，」宋子良眼珠一眨道：「聽他說，他要到警備司令部。」

殊不知宋子良是知道蔣介石已經回家，他不能照直說，因爲他的姐姐美齡已經給他打過招呼：要對杜大耳朵有所警惕。他不能不防啊！

宋子良把杜大耳朵支開後，逕向三姐美齡家走去。

「小弟，你有事嗎？」宋美齡問道。

「杜大耳朵來啦，我把他支走了。說不定一會兒他還要來。」宋子良答道。

「還有其他事嗎？」

「沒有啦，三姐。」

「那你回去吧，一切由我應付。」

宋子良走後不大一會兒，杜大耳朵便逕往蔣介石的公寓闖來。

「什麼事讓杜老這麼火燒屁股？」宋美齡上次被軟禁對杜月笙有一定成見，她不冷不熱地說。

「委員長呢？」

「他從一大早就到警備司令部去了。」

我到那去了，人家說根本沒來。你們是不是把他給藏了起來？」杜月笙帶著火說。

「看杜老說到哪裡去了，他這麼大活人，我怎能藏得住他呢！」

「那我進去看看再說。」杜月笙有些不大信任她。

「慢點！」宋美齡看到對方無禮，也不大客氣地說：「要知道，這裡是南京，而不是上海。」

「你，你？」

「我，宋美齡。」宋美齡也毫不示弱地道：「也不是8年前的宋美齡。」宋美齡說罷一抬手道：「衞兵們，快送客！」

杜大耳朵找了個無趣，被衞兵們轟出了門。這件事實際上也是宋美齡8年前被杜月笙軟禁的一種本能報復。她早就尋找時機，以雪心頭之恨，可是一直沒有遇到機會。

杜月笙出了公寓門，忿忿不已。他像吃了一只綠頭蒼蠅一樣，心裡不是滋味兒。他決心要加快對宋家姊妹報復。這個上海灘頭的大流氓，他會不擇一切手段的。可是宋美齡哪裡知道，她這次的得機報復，竟是弄巧成拙，爲杜大耳朵暗殺宋慶齡加了一把火、投了一塊炭。

當晚，蔣介石進臥室休息時，宋美齡在枕頭旁悄悄地對他說：「今天中午杜痞來找你，

我把他給支走了。」

「你怎能這麼辦事？」蔣介石埋怨道。

「你在休息，我不許他打擾你！」宋美齡道：「我看他夜貓子進宅院沒有好事。」

蔣介石無語。

宋美齡翻過身子，用紅指蓋的手指點著老蔣的腦門道：「我要警告你，二姐有長短，我可要找你算帳。」

蔣介石道：「快睡覺吧！」

「那你得有個保證。」宋美齡道。

「好好好，我保證按夫人的指示辦。」蔣介石把身子側了過去。

翌日晨，蔣介石剛起了床，杜月笙便堵上了門。蔣介石把杜大耳朵讓進客廳，久日不見，二人寒暄一番，杜大耳朵便訴起昨日苦來：

「你那第一夫人太厲害了，昨天讓我吃了她的閉門羹。」

「杜老，夫人不恭，待我去批評她！女人家怎麼這樣幹！」蔣介石勸慰道。

「前天，委員長給我親自打電話，剛說了一句，線就斷了，不知委員長有何指示？我等不及，昨天便乘車來了。」

「噢，是這麼回事。」蔣介石埋在沙發裡，嘆了口氣，他想起了昨天夫人對他的警告，馬上轉了題道：「前天的電話，我是想詢問一下上海共產黨的動態。」

「上海很平靜，」杜大耳朵呷了一口釅茶道：「有我們青幫弟兄在，共產黨就不敢猖獗。最近，我們暗殺了一批。槍打出頭鳥，其他也就老實多了。」

「幹得好！」蔣介石一拍茶几道：「就是讓他們嚐嚐我們的厲害！」

「最近，我們發現一份傳單，又是宋慶齡的署名文章。這個人我想幹掉她，以絕後患！」杜大耳朵說完，望著蔣介石的臉色。

「按我的意思，早就要除掉她！」蔣介石說到這裡，杜大耳朵滿臉喜色。不過當蔣介石說出下半句的時候，他的臉又像秋後霜打的茄子。「你要知道，除掉他如同宰一只鷄那樣容易，可是她是孫先生的夫人，影響非同一般，小不忍則亂大謀，懂嗎？」

「這點我懂，」杜大耳朵又不同意蔣介石的意見：「委員長是不是太過於小心啦！」

「好，你們莫急。」蔣介石道：「半個月後答覆你。」

杜大耳朵見蔣介石固執己見，心想，我不如來個先斬後奏，看你還說什麼。於是他便回答道：「請你儘快給我們回個話。」

「好好，我力爭早回話。」

「今天沒有別事，你工作忙，我要告辭。」

蔣介石起身把杜月笙送出了門外。

一周後，上海傳來消息，孫夫人遇難未遂，蔣介石爲之一愣，馬上打電話去找杜月笙，杜大耳朵矢口否認。

一團迷人的霧！

33

再說宋慶齡這天回到莫里哀路她的公寓處，剛剛吃了點西餐，正坐下小憩時，電話鈴聲傳來，她走過去，操起話筒，一個吃驚的消息傳來——學生領袖章士桐被捕，28名學生被抓，要求宋慶齡出面調停。電話是從復旦大學學生會打來的。作爲愛國領袖宋慶齡，面對敵人殘忍，她不能坐視不管，一股火在她胸中燃燒起來……她召來了司機小聶，上了車，車箭頭一般地駛出宋慶齡的莫里哀路公寓，直向復旦學府駛去。宋慶齡的車剛剛駛出莫里哀路進入繁華市區的時候，突然一輛「的士」汽車迎面開來，司機小聶迅速打方向盤，可是那「的士」也怪，左打右跟，左閃右迎，瞬間，兩車猛烈相撞，宋慶齡乘坐的車迅速偏向右方，結果又撞到了一棵大樹上，轎車方才停住。若不是小聶機靈，定會車毀人亡。宋慶齡受傷了。

她被送進了醫院，經過拍片檢查，謝天謝地，她的傷勢還不算重，醫生告訴她，經過短期治療，會很快好的。

宋慶齡遇難住院的消息，一時成爲街頭輿論，不脛而走。宋慶齡的病房，門庭若市，看望她的多是愛國學生。當章士桐出現在宋慶齡面前時，她大爲驚訝：「小章，你沒有被捕？」

「誰說的？」章士桐不解：「這純屬造謠。」

當章士桐得知慶齡爲看望他和同學們而受傷，禁不住淚水潸潸，「太感謝您了，你爲我們受苦了。」

「若不是司機小聶，恐怕也沒命了。要感謝，首先感謝小聶。」宋慶齡談笑風生：「這是青幫一場早有預謀的車禍，虧我命大。」

宋慶齡出於義憤，在住院期間，又揮筆寫下了一篇譴責敵人陰謀的檄文，交給了章士桐。章士桐很快通過傳單廣爲傳誦。一時，上海灘譴責青幫的罪行出現了一股小小的高潮。

再說杜大耳朵這個青幫頭子，早以爲宋慶齡見了閻王，忽報慶齡大難不死，轉喜爲憂，便傳來了執行特殊任務的「的士」車司機，左右開攻，抽了他兩個大耳光，腮幫子打得辣呼呼的。那位司機也有口難言，最後，杜大耳朵氣急敗壞，掏出「燒鷄」索性把那位司機斃了

。上海灘頭譴責杜大耳朵的風聲，愈來愈急，使杜月笙如坐針毯，偷鷄不成，反而蝕把米。他本來自以爲得計，做了委員長想做而不敢做的事，沒想到他成了輿論譴責的中心，剛才蔣委員長怪罪下來，他只好矢口否認，眞正是成了老鼠過街，人人喊打……

宋美齡聞知這事，並不比杜大耳朵火氣小。蔣介石正在開會，忙於「剿匪」。宋美齡也顧不得這些了，一頭闖進了軍機室，叫出了正在主持開緊急會議的蔣介石。

「二姐的事，你知道嗎？」宋美齡怒氣冲冲。

「知道一些，並不詳細。」蔣介石見夫人來勢有異，慢慢解釋道：「我已經給杜月笙掛了電話，問起此事，他矢口否認。」

「你們倆合夥整我，把我當小孩，你以爲我還不知。」宋美齡說這話的時候，眼珠噴火。

「誰告訴你的，還是你自己猜？」蔣介石也認眞起來。

「那我問你，上次杜大耳朵找你幹什麼？」宋美齡像放連珠炮似地又問：「他回到上海不到一周，爲什麼就出了此事。不是你指使的還是誰幹的！」

「夫人，我本來不曉得此事。眞是天大的冤枉！讓我跳進黃河也洗不清啊！」蔣介石向宋美齡攤開了双手：「夫人，請你先回去，這事我們回家再談，我先開會。」

「不說清楚，你別想開會！」宋美齡搶先一步擋住門口。

「我的Darling，這樣你就不好啦。等我開完會，一切都會給你查得一清二楚的，請你相信我。」蔣介石道。

這時，孔祥熙也走過來勸說，宋美齡才算饒了蔣介石，放他進了會議室。

上海騷亂，南京也是一場騷亂。

34

且說宋美齡大鬧蔣介石的軍機會議，給蔣介石出了難堪，也讓他蔣介石知道她宋美齡不是好惹的。要不是姐夫出面說清，她才不肯放他呢！宋美齡回到公寓後，她打算去滬看一看二姐慶齡，雖說政治觀點不同，但畢竟是一娘同胞。再者，也不必給二姐寫信，一塊談吧，於是，她快快收拾一下，便啓程了。蔣介石開完軍機會議回到家的時候，宋美齡的車剛走，給他留下的是轎車尾燈一縷淡淡的光，忽兒又消失了。

宋美齡的車到了飛機場，又改乘飛機，片刻功夫便飛到了上海。

8月的上海街頭，剛剛下了一陣小雨，柏油路面光滑滑的，西邊的雲縫露出來陽光，把

帶著雨水的樹葉照成一片金綠。東邊天上掛著一條七色的彩虹，像一座大橋，兩頭挿在黑雲裡，橋背頂著一塊青天。虹不久消散了，天上已沒有一塊黑雲，洗過了的藍空與洗過了的一切，像由黑暗剛出生的一個新的、清涼的、美麗的世界。

宋美齡穿過醫院花園式的拱門，來到了宋慶齡的病房。陪同院長作了一番介紹，便退了出去。姊妹倆經過了一段寒喧之後，便開始了長談。

「二姐，我來看你，你會感到吃驚嗎？」宋美齡向慶齡身邊靠了靠。

「沒想到你還會這麼關心我，又這麼遠來看我，眞難爲情了。」宋慶齡道：「我的傷勢不大，你就放心吧。」

「今天來前，我和介石幹了一仗！」宋美齡故意和慶齡嘮近乎。

「爲什麼？」宋慶齡睜大眼睛問。

「還不是爲你這事。」宋美齡道：「他說他根本不知道此事，我不信，他說是冤枉他。我管他冤枉不冤枉，若不是大姐夫說情，我才不會饒他的。」

「事已過去了，不必認眞了。」宋慶齡嘆了口氣。

「二姐，你何必自己給自己找過不去呢？」在這當兒，宋美齡囁嚅著像是有什麼東西要給慶齡看，她的手在口袋裡摸索了一會，後來取出一份折著的紅頭文件，她正要送到慶齡的

手裡來，慶齡已看清楚了，於是說道：「我不必看了，那是我拍給反帝大同盟的電稿，是南京政府不允許發表的。」

宋美齡說：「好姐姐，難道這真是從你這裡發出去的嗎？我眞不大相信，像您這種地位，取這種態度實在不可思議。」

「這是唯一誠實的態度，」宋慶齡付之一笑道：「即使孫先生處於這種環境之下，也是要這種態度的。蔣介石散布謠言把我的電報視做共產黨的揑造不免太愚蠢了。我有權可以證明，一字一句都是出於我自己的。」

「二姐，你要知道，共產黨是要負一切罪惡的責任的，尤其是現在，共產黨受莫斯科的指使，在中國全國殺人放火，你怎能發出電報來攻擊政府呢？我們把姊妹關係擱在一邊，政府對這種嚴重的過失，是不能忽視的。縱使政府有了錯誤，你也沒有權利公開說出來，你應該遵守黨的紀律。而且這件事尤其不好的地方，是給外國人看啊！這無異是丟政府和民族——你自己的民族——的臉啊！」

「小妹，你什麼時候學會用第一夫人的口吻教訓姐姐啦！」宋慶齡也話不投機，道：「關於黨紀，雖然，謝謝南京政府把我的名字列上你們的中央執行委員會，其實我並不屬於你們的黨。你竟有這種勇氣告訴我，說我是沒有權利說話。你們可是把我當做招牌去欺騙公衆

嗎？你的蓄意正是一種侮辱。相信吧，沒有哪個以為南京政府是代表中國人民的。我是代表被壓迫的中國民衆說話。這是你也知道的！你們在法國巡捕房控告我裝置秘密無線電，這不是丟臉嗎？你們對於中國革命的歷史，留下了多少玷辱，民衆將有一日要和你們算帳啊！」

宋慶齡越說越激動。

「二姐，你也太性急了，革命不是一日能夠成功的，請你不要枉費精力於這種破壞方面，來攻擊政府和幾個領袖，須知與我們合作才是你的義務。你的憤激和感情，我都能夠十分了解，這也是過去幾年痛苦經驗的結果。但是孫先生不是一個尋常人，他較一切人超拔，天賦予他一種非常的智慧和才能。」

「小妹，請允許我這個當二姐的警告你，不要把孫先生當作偶像，當作又一個孔聖人吧。這是對已故孫先生的名聲、思想和行動的侮辱。我很擔心，覺得你的心理已經墮落了。」

「二姐，也請你不要把我當小孩看待，正好相反，我的心理已經與年俱進了。改進社會情形、改良人民生活，這不是革命嗎？」

「誠然，國民黨原來是一個革命的組織，絕對不是一個改良派的會社，否則，它應該叫做進步黨了。」

「那麼請問你，對於一個革命者的意思是怎樣呢？這似乎有很多不同的定義了。」

宋慶齡侃侃而答：「革命者就是這樣，他不滿意於一切的現狀，努力以求建設有益於社會廣大群衆的新社會制度來代替舊的社會，然則我又可以問你，幾年來，你們又有什麼革命的成績呢？

宋美齡也像回答記者問題一樣：「恐怕你沒有留心到政府各部的進步吧，有新的建設，廢除了舊日朽敗的房屋，重新建築了新的設施，同時計畫推廣新的鐵道，改革國家交通，救濟人民的痛苦等等。」

「我覺得除了看見你們妄肆屠殺數以萬計將來可以代替腐敗官僚的革命青年以外，沒有什麼了；除了窮苦絕望的人民以外，沒有什麼了；除了軍閥爭權自私自利的戰爭以外，沒有什麼了；除了橫征暴斂苛取於民衆以外，沒有什麼了。老實說，你們什麼都沒有，只有反革命的活動罷了。我這次遭難就是最有力的說明。」宋慶齡講到這裡，略爲一頓又道：「你們是不是以爲孫先生改組國民黨是要使富人更富，便於吸吮中國幾萬萬垂危人民的膏血呢？」

「介石正在積極努力以謀求實現孫先生的建國大綱，他負責極大的責任，前途要越過無數的阻碍，全體忠實同志，都應該來輔助他。但是現在處於這種情形之下，是很困難而又複雜的。誠然，即使介石把政府交給你，或汪精衛、我敢斷言，情形縱使不更變壞，也不會有更大的改變吧？」

「請放心，我並不希冀代替蔣君！」

「二姐，咱們不談政治，我以妹妹的名義，邀你到南京一遊吧？那裡有你的親族。他們都會歡迎你的，在那樣的環境裡面，你也許會比較快活一些，我們都是人類，富有感情是人與動物的本質區別。等你傷癒後，我專程來接你好嗎？」

「小妹，你不懂得二姐，假如快樂是我的目的，我就不會回到這樣痛苦的環境裡面。目擊我們的希望與犧牲白白葬送，我寧可同情於民衆，比對於個人還重視些。」

「二姐，我希望你不要再發表類似宣言。」

「小妹，使我不說話的唯一辦法：只有槍斃我，或者監禁我，假如不然，這簡直就是你們承認了你們所受的指摘並不冤枉。但是你們無論做什麼事情，都要和我一樣的光明，不要用偵察來包圍我。」

「時間不早了，既然你不願到南京一遊，等你傷癒後，我再來看你，我們姊妹再談。」

「小妹，再來談話也是沒有用的了，我們彼此之間的鴻溝相差得太遠了啊。」

……

當宋美齡和她的工作人員離開宋慶齡病房時，西邊的太陽正在下沉；死灰色的天空，塗抹著一堆一縷的太陽的紅焰，那刺目的豬肝似的惡毒的顏色，使人看了便有些壓迫之感，至

少是不舒服。宋美齡此時心情很亂，她是滿懷希望而來，結果掃興而歸。她對二姐由先前的同情變成了此時的氣憤，雖是一娘同胞生，但是她們之間的思想差距太大了。眼下，只有各走各的路了。她發誓今後再也不登二姐的房門了，若要登，她將不姓宋！

第十四章 航空「司令」

35

在蔣氏家族中，宋美齡可謂是位大忙人。如果說蔣介石是盤磨，那麼宋美齡則是磨道裡奔跑的小驢子。自從宋美齡從走進蔣家門坎來，她隨著戰火的騰飛，忙裡忙外、忙東忙西，她精力充沛，但是單憑她自己能取得的成就是有限的。蔣介石給她提供了權力。蔣認爲，有權便能控制局勢、控制人。而美齡則認爲，權力是發揮影響的工具。二人一唱一合，蔣介石手中的權力使她有機會地進行歷史性改革，根據她的意願改變中國的生活方式。當時，街上流行紅裙子就是美齡的意志所現。美齡認爲自己是能改變命運的梅廸奇。正如韋爾斯利大學

裡的女管家所講的，美齡除了活潑之外，最明顯的特點就是絕對服從權威。也許權威是改變命運的關鍵吧。

宋美齡向權威靠攏，蔣委員長也給夫人以權力——中國航空委員會秘書長，不少人背後叫她「航空司令」。

這個事可追溯到「九·一八」事變前後，蔣委員長看到第一夫人不同尋常的外事活動天才，就開始考慮此事了。

1931年，金秋時節，日本帝國主義，中國人通常稱的「小日本」，爲了轉嫁國內的經濟危機，緩和國內人民的不滿和反抗，便加緊了對中國的侵略。當時精明的小日本，看到英、美等國正忙於對付國內的經濟危機，無暇與他爭奪中國;看到蔣介石政府正忙於無休止的內戰，便決定首先出兵侵略中國的東北，以實現其吞併中國的狂妄計畫。

9月18日，日本駐在中國東北的「關東軍」，開始襲擊瀋陽，次日占領了瀋陽城。這時，中國駐瀋陽及各地的東北軍，在蔣介石「絕對不抵抗」的命令下，撤退到山海關以南。1932年1月2日，日本侵占錦州。在短短三個月的時間內，日軍占領了整個東北三省。使3000萬同胞，淪爲亡國奴，過著家破人亡、妻離子散的悲慘生活。

1932年1月18日，日本又在上海發動進攻。蔡廷鍇、蔣光鼐將軍領導的十九路軍，在全

國人民抗日運動的推動下，和中國共產黨「槍口一致對外」的號召影響下，進行了英勇抗戰。上海的工人學生積極參加抗日鬥爭，上海各界民衆反日救國會也積極支援抗戰。蔣介石南京政府不僅不支持十九路軍抗戰，而且限制其他軍隊和群衆的支援，迫使十九路軍於3月1日退出上海。5月，國民黨政府外交部和日本簽訂了《淞滬停戰協定》。《協定》承認日本軍隊可以留駐上海，而中國軍隊却不能在上海周圍駐守設防。還規定要取締抗日活動。這是一個喪權辱國的出賣上海抗戰的協定。

小日本的侵略和蔣介石南京政府的賣國政策，激起了全國人民的抗日怒潮，引起了國內階級關係的極度變化。「九・一八」事變後，9月20日，中國共產黨和日本共產黨聯合發表了反對日本帝國主義侵略的宣言。22日，中國共產黨中央號召「組織群衆的反帝運動，發動群衆鬥爭。來反抗日本帝國主義的侵略」。1932年4月15日，中央工農民主政府發表《對日宣戰通電》，正式宣布對日戰爭，領導工農紅軍和全國廣大被壓迫的民衆，以民主革命戰爭驅逐日本帝國主義出中國，以求得中華民族徹底的解放和獨立。東北人民在黨的號召和領導下，組織了抗日游擊隊，展開了抗日游擊戰爭。

「九・一八」事變後，上海、南京、北平、天津、武漢、長沙、杭州、西安、廣州等地的學生、工人、市民，紛紛罷課、罷工、遊行示威，要求國民黨政府抗日。各地人民還組織

各種抗日救亡團體，展開抗日活動，各城市的學生組織請願團前往南京，要求國民黨政府出兵抗日，恢復失地。1932年12月中旬，北平、上海、南京等地學生30000多人，滙集南京，向國民黨中央黨部和國民黨政府請願示威。要求抗日的標語、傳單撒滿了大街，雄壯的愛國呼聲震動了全城。國民黨政府拒絕接受群衆的正義要求，出動大批軍警進行鎮壓，槍殺愛國學生3000餘人，傷100餘人。國民黨政府的血腥屠殺，更加激起了人民的憤怒。

面對著這種情況，蔣介石深感兵力不足。特別是在「剿共」第一線，炮火的不足，不能構成立體式的作戰。蔣介石處於內外交困的地步，開始著手成立航空委員會，加強年輕的航空部隊的建設。選誰出任這一要職呢？蔣介石開始注視他的「賢內助」了。

「要建航空部隊，那當然好！不光威風，更重要的加速剿共的步伐！」孔祥熙、宋子文、宋靄齡、宋美齡等頻頻催促。

宋子文對蔣的態度是不大客氣的：「你要知道，自從『九・一八』以後，國民黨的政治威望大大地打了折扣，這是日本向我們親美、英政權的挑戰。要我說，不光成立航空部隊，還得成立一套特務機構哩！」

「對！」蔣介石肯定道。早在數年之前，蔣介石除了研究《曾文正公全集》之外，對德、意的特務機構興趣更大，他命令手下幾員大將研究古今中外的特務組織，希望組成一個更

有效力的機構，來鞏固他的地位。「那好，今天這兩個事一起湊湊，討論個初步意見來。」

蔣介石說到這裡，把目標轉向子文：「你先拿個意見吧？」

「關於航空部隊的成立，我沒考慮成熟。」宋子文也不客氣道：「關於特務機構的名字暫且不說，我看這個機構的宗旨是：強化獨裁政治，鎮壓新的革命情緒，在軍事上繼續剿匪，在組織上肅清異我，在政治上進行CC社的秘密活動，在經濟上進行統制經濟，在軍中進行復興活動，可以完全是一個嚴密的軍事政治經濟體系。」

宋靄齡一笑：「聽美齡說你深更半夜還同德國顧問研究，是不是什麼藍衣社？」

蔣介石點點頭：「他們已經研究了好久，藍衣社這個名稱是非正式的，劉健群提出過，說希特勒有黑衫黨，墨索里尼有褐衫黨，我們也應該來一個藍衣社，臨時採用藍衣社這名字。」

「到底叫什麼名字呢？」宋美齡也不大感興趣。「總要響亮點，名不正言不順那就不好。」

「但是，」孔祥熙插嘴：「總要有個中心。」

「中心是法西斯！」蔣介石瞪著眼睛：「說了半天，難道你還沒有弄清楚？子文剛才說過，國民黨的聲望低落了，我個人的名譽也打了折扣，那就想辦法挽回！想什麼辦法呢？跟

希特勒學！跟墨索里尼學！誰都知道德國同意大利，完全是依賴獨裁政治完成「革命」的，所以我們的口號與目的是，」蔣介石一字一頓：「借法西斯之魂，還國民黨之屍！」

「你有把握嗎？」宋子文抽著雪茄，躺在沙發裡冷冷地問他。

「當然有！」蔣介石有點反感：「一方面，我派了大批人馬到德、意兩國去留學。一方面，我自己也在學，剛才大姐說美齡告訴她我深更半夜還在同德國顧問談天，那是不錯的，」他搖晃大腿：「最近我學到很多東西。」他笑得有點得意洋洋：「我決定把緯國送到德國和意大利去，讓他多見見世面。」

「別提你的寶貝兒子，」美齡撇撇嘴：「你瞧你把那個大寶貝送到蘇聯，他要『大義滅親』，革你的命哩！你不怕你那位小寶貝將來從德國回來，也要來這一手麼？」

「你不要這樣說。」蔣介石對他太太始終畏懼三分，平時在她面前不但不提經國、緯國的名字，而且也不讓他們見面。今天大談法西斯聊得高興，說順了嘴便提到了小兒子，果然惹起了宋美齡的反感，但當着這麼多人，蔣介石不得不頂幾句：「經國是環境使然，他『大義滅親』那一套，說實在話，過後想來我反而很高興，因為這是他跟托洛茨基這批前輩往來得多了，他學到了這一手功夫，我可以同你打賭，他將來回國不反對共產黨才怪！」他瞪瞪眼：「至於緯國他年紀還小，什麼時候會出發去德國我還沒有決定，不過去是去定了。德、

意兩國不同蘇聯，也絕不會再來一個『大義滅親』的，你放心。」

「時間不早了，」宋子文看了看手錶上的錶道：「那就再談航空部隊的成立一事。」

「關於建立航空部隊一事，想法很久嘍！」蔣介石以委員長的口氣道：「它是顯示國威軍威的象徵，當然也壯我們蔣宋家族的門面囉！子文啊，這個事還須你掏錢包，我想向美國購買100架作戰飛機，怎麼樣？」

「只要壯我們蔣宋家族的門面，我掏錢，不過得找一個幹事精悍的人。不然，我是捨不得掏的。」宋子文道。

「這個人已物色好了，保你滿意！」蔣介石目光烱烱。

「是誰？」

「美齡！」蔣介石語氣肯定。

「我看可以。」靄齡嘴快。

「我同意靄齡意見。」孔祥熙也隨著道：「小妹對美國情況很熟，在當今中國找不到第二個比她合適的人選。」

「那就這樣定了！」宋子文：「小妹辦事我放心。」接著他把頭轉向美齡：「小妹，大家都相信你，你看呢？」

「我，」宋美齡權慾熏心，她早想從政參政，顯示自己卓越的領導才能，一直沒有機會。聽到蔣介石的提議和大家都贊成的話，心裡很高興：「讓我幹我非幹出樣兒讓大家看看！不過讓我幹，我還有個條件？」

「什麼條件？」蔣介石道。

「委員長，我要權，凡是我應有的權力都給我。我不願當那個有職無權的哈巴官。」宋美齡道。

「我任命你爲航空委員會秘書，可以了吧，大權實握！幹好了，將來給你空軍司令！哈哈……」

「此話當眞？」宋美齡反問。

「可以當眞！」

「咱們一言爲定！」宋美齡揚言道：「我要對共匪採取報復，我要坐飛機去江西轟炸共匪的老窩！」

「是啊！第一夫人就應該有第一夫人的風度！」孔祥熙逗她道。

「說正經的。」宋靄齡嗔了胖丈夫一眼。

「祥熙說得好！」蔣介石補充道：「我想從黃埔軍校六期學生中挑選一小批人在南京成

立航空班，並在軍政部下面設立航空署。然後再成立三個航校，培養一批精幹的飛行員。

「哪三個航校？」宋美齡問。

「南京、洛陽、南昌。」蔣介石回答。

「好，我都統管起來！」美齡好大的胃口。

「我再給你請位懂行的顧問，給你擔任主任，好不好？」

「你說是誰？」

「周至柔。」蔣介石答道：「人很好，既有魄力又有經驗。具體工作我還可以過問。」

「那好。」宋美齡雖然想攬權，但覺得自己是外行，也只好同意了。

抗戰爆發前一年，正值蔣介石五十壽辰，缺乏經費的國防當局，借此機會掀起了廣泛的「獻機祝壽」運動，從全國民衆中籌款向美國、英國購買了100架老式的霍克Ⅲ式驅逐機和海盜機，擴編了空軍裝備。

抗戰爆發時，雖說在航空委員會註冊的各種雜牌飛機有500架，其實可供作戰用的僅有91架，許多飛機是孫中山時期留下來的，都未在註冊簿上註銷。此外，中國空軍原擁有的美制霍克式飛機已經陳舊不堪，新組裝的意大利菲亞特式飛機質量又非常差，有的初次試飛就摔了下來，被飛行員稱之爲「空中活棺材」。

中國的航空修理技術還很落後，迫切需要一批「航空醫生」。怎麼辦？

「我去請！」宋美齡一口應承了下來。

「到哪請？」周至柔問。

「美國。」

「美國是你的第二故鄉，我贊成。」

「我不光請『醫生』，我還要想幾架新式飛機哩！當然這一切都要靠面子啦！」宋美齡說完淡淡一笑，她做任何事都覺得很輕巧、很容易。同時，她也認爲這也是施展她外交天才的良機。

「你什麼時候出發？我好到機場送行。」

「我爭取處理完手下工作，一個星期後吧。」

「好，我祝福你。」周至柔道。

36

一周後，宋美齡登機從南京啓程。

到機場歡送她的不光有航空委員會的要員，還有蔣宋二家，包括委員長蔣介石。

「祝賀你一路順風！」蔣介石和夫人握完手，把一束象徵友誼和吉利的鮮花獻給宋美齡。

「謝謝，請諸位坐等我的佳音。」宋美齡裊裊婷婷走上舷梯，她滿面春風，在舷艙口旁，又舉起了鮮花向送行的人員頻頻致意。

一陣轟鳴，飛機像只大鳥，翩翩起飛了。

白雲托著飛機，飛機在白雲上穿行。它要把美齡和她的隨行人員從大洋的這岸送往那岸。

從飛機往下眺望，未受戰爭影響的美國首都華盛頓，猶如幻想中的童話城市。

在客機的圓形舷窗中，首先出現的高矗雲天的華盛頓紀念碑，它像一柄白色的長劍直插雲霄；位於繁華市區的自由女神塑像，在歡迎她這位來自中國的好友使者；波托馬克河畔停泊著好多艘漂亮的汽船，岸邊行駛的汽車，看上去像是一只小甲虫；接著浮現的是格棋盤的大街，具有民族文化交融的建築群令人目不暇接。後來，國會大厦、林肯紀念堂和最高法院也一一展現在眼帘。

宋美齡走下飛機，並不像她想像的有那樣激動的場面：羅斯福和其夫人以及衆多的人群，五彩繽紛的鮮花，穿著整齊的軍樂隊，抛向空中的彩球，以及久日不見後的擁抱。

走出機場大門，宋美齡有點茫然，車輛往來如梭，廣告牌上大白天也亮著霓紅燈，穿戴體面的女學生打鬧著跑過去，差一點踩著宋美齡的脚步。

由於大量銷售戰爭裝備，美國正在走向前所未有的繁榮，五花八門的消費品，堆滿了商店櫥窗。芝加哥的皮鞋、紐約的吸塵器、洛杉磯的音箱、費城的風扇、與百老滙的演出隊爭相招徠顧客。

宋美齡無心觀顧這些，她眞想罵人。正在她心急火燎之時，一輛總統府轎車駛來，嘎然停在她的身旁，車速過猛，兜起一陣風塵。車門開處，出現一位整飾體面的胖胖貴婦人。用不著介紹，她就是總統羅斯福夫人。

「您好，美齡！」總統夫人把懷中的鮮花獻給了美齡。「車子半路拋了錨，讓你等急了。眞對不起！」

「總統夫人，您好。」宋美齡出於禮節，接過鮮花，滿面笑容：「我們都是老相識了，沒有什麼。」接著她又把自己的隨從人員逐一地作了介紹，然後上了車。

「總統閣下忙吧？」宋美齡上了後座，然後轉過頭道。

「他這幾天正在國會大厦開會，忙得不可開交，接到您的電報，讓我負責您的接待，有什麼事我們倆盡情談吧。」

「這是介石給總統閣下的親筆信，請您代轉給總統。」宋美齡隨手打開黑色皮包。

「好好，我一定辦到。」總統夫人接過了信。

「另外，關於我這次貴國之行，有關意見書，也呈交給總統。」宋美齡嫣然一笑：「請夫人盡快給我個回話，中國戰事吃緊，恐怕我不能久呆。」

「你應該多住些日子。」羅斯福夫人接過意見書：「你還像過去那樣，辦事這麼急躁。」

「還記得那次沒有趕上飛機，我急得哭嗎？」宋美齡道。

「那是十多年的事啦！」羅斯福夫人回憶道：「是有這麼回事，不過現在你是中國第一夫人了，介石很有頭腦，中國不是讓他給統一了，就連孫中山、張勛都沒能眞正做到啊！」

「您又誇他了，」宋美齡道：「他也只不過是順應了歷史。沒什麼可贊揚的。如果說他有成績的話，全是貴國的傾囊相助啊！」宋美齡說到這裡，突然話鋒一轉道：「這次我來也是向貴國求援來了，不光求物還要求人相助哩。」

「那好，總統很關心中國的事！只要你來了，我想他是好說話哩！」羅斯福夫人慢慢地說：「希望你多住幾天，我陪你到新開發的旅遊勝地巴爾溪去玩一玩。」

「那好，我爭取，夫人。」

……
車子穿過五角大樓的南草坪，宋美齡被安排在白宮裡住下來。

從前的朋友都來看望宋美齡，有的還爲她舉辦接風洗塵晚宴。旋轉門轉個不停，會客廳高朋滿座，裹著夾大衣的熟人接踵而來，帶著鮮花和他們濃艷風采的夫人，還有的帶著波斯灣的小狗。一位小姐落落大方地彈起了鋼琴，她演唱的是《美麗的阿拉斯加》和《朋友，祝您晚安》。五彩繽紛的宴席上，擺著香腸、炸牛排、喜三肝、鴛鴦蛋、女士香檳和德國啤酒以及微甜的俄亥俄白酒。

舞廳裡，霓虹燈亮著，優美悅耳的舞曲下，對對双双携手邁進舞池跳起來，轉起來，優美的舞姿給人留下了深刻的印象。

在休息室裡，宋美齡與衆多的大學同學聊天，好多人的話題都是想買花園式的洋房，換輛新轎車，購買更時髦的家用電器。福利社會，「三高」社會，有位朋友自信地說，美國正向這個方向前進。舞台的歌星是這樣唱，收音機裡是這樣講。戰爭是凶神，去你媽的蛋，美國無意捲進去。

不同的思想，使宋美齡覺得有些說不出的隔閡。朋友們勸她同他們一起作一次環島旅行，她謝絕了；朋友們勸她參觀往日的校園，她也搖搖頭；朋友們開車拉她參加美國古老傳統

婚禮，她推說有事離不開。對於美國國民這種安於現狀，她表示莫大驚訝！她想著她的東方，戰爭的凶神在吞著千萬個嬰兒，戰爭的火焰在燃燒著千萬座無辜的民房……

記得有一天，她也記不清確切的日子啦，那時她正在婦幼會工作任職。她去視察工作的途中，日機對前方的村庄轟炸。一排排重型炮彈像火妖似地撲向村庄、民房，一股股烟柱冲天而起，轟炸聲、哭叫聲、罵人聲交織在一起，霎間村庄夷爲平地，化爲廢墟……

她驅車前往，1000餘人的村庄只遺下一個不滿周歲的嬰兒。嬰兒的年輕母親是被炸彈片擊中，臨死前她還緊緊地抱住嬰兒……

宋美齡從死難母親懷中抱起嬰兒。那嬰兒動人心弦的哭聲，合著她的心跳聲。她以婦幼會的名義，向日本軍國主義提出了抗議，並向全世界愛好和平的人民發出呼籲：救救兒童！

如今，那動人心魄的嬰兒哭聲又呼喚她的正義感，面對著追求新生活而又麻木不仁的美國人民，她竭誠全力宣傳，寧願自己多講多跑，以喚起美國人民對中國的同情和援助，造成一種輿論。

她的宣傳開始曾遭到她的朋友的輕視，可是不久就得到了一些朋友的承認和同情。她的一位女友曾在《紐約時報》搶先發表了一篇《支持中國正義戰爭》的署名文章，她爲自己的演講和宣傳成功而感到由衷的高興。

37

14年前，在這個美麗的國家，宋美齡只不過是一個不起眼的留學生，而今天，她作爲中國四萬萬人口大國的第一夫人、新任中國航空委員會秘書長的要職頭銜，出現在這個國家，受到了歡迎。但是使她不滿足的是，高傲的美國並沒有拿出他應有的熱情歡迎她。比如來時的迎接、以及她到美國後的工作日程安排，並沒有按她設想的去辦，她想會見羅斯福總統，羅斯福還一直忙于他的國會上，至今還沒有通知會見日期，作爲一個大國的第一夫人，她的自尊心得到嚴重的傷害。她也深感到祖國的落後必然會導致旁人的藐視，因此她自強不息的民族自尊心比任何時候都強烈。她心想：「看吧，等到20年後，我要把我的祖國建設得更加繁榮富強！」她耐心地等待著總統對她的會見。

半個月後，也是她和羅斯福夫人第三次會談後的隔日，電話鈴响了，正式通知了會見的日期。

宋美齡高興了。

她和她的秘書連夜抄寫她的發言綱要……

白宮。7日晨。

在白色的鐵柵欄後面，太陽光撥動著金色的琴弦，洒落在修剪得整整齊齊的草坪上。高大的雲杉環繞在樓房四周，寬濶的樹冠直插冬日的天際，輕輕地搖曳著，好像正在傾談著它們140年來所見到的一切。

一座白色大理石堆砌的噴泉，座落在一塵不染的草坪正中，四面裝飾著精緻的雕塑。巧妙地鑲嵌在水池中心的人工噴頭，不停地將潔淨的水花噴射到半空，然後又雨點般地跌落到水池裡，在陽光的映照下揚起道道絢麗的彩虹。

這不是一座普通的庭院。它那規整的建築物內部，佈置得像宮殿一般，牆角爬滿了長青藤。它那主樓的頂端，終身飄揚著一面星條旗，表明了它那顯赫的權力中心的位置。

建成於1800年的白宮，是除華盛頓總統外其餘歷屆總統的官邸，是美利堅合衆國政府的象徵。

此刻，在一群壯實的警衛的擁護下，一輛輪椅車正緩緩地駛過白宮的南草坪。

輪椅車上，端坐著儀表堂堂的老人，他的白髮修飾著完美無缺，淺綠色的双目明亮而溫和，老人的腰板挺得很直，眼睛望著前方，彷佛是一位主宰萬物的君主，看也不看他的臣民一眼。事實上，他的行動極爲不便，離開他的警衛，他連半步也動不了。

他是美利堅合衆國的第三十二屆總統、民主領袖羅斯福。

在白宮西翼的橢圓形辦公室內，穿著禮服的宋美齡女士，正在怡然自得地吸著鹿牌雪茄，等候著總統的召見。盡管總統是她的乾爸，這次召見也是不容易呀！

坐在宋美齡對面幾張扶手椅上的，除了白宮辦公廳主任外，還有航空部和國防部（當時也稱戰爭部）的幾位頭面人物，你一言我一語地閒扯。

總統羅斯福被貼身警衛推進了橢圓形辦公室。

辦公廳主任點點頭，那些警衛便無聲無息地退了出去，還順手帶上了房門。

宋美齡見羅斯福進來，立即起身迎上前去，把一束早已準備好的鮮花獻了上去，繼而在老人的臉上吻了一下。

羅斯福揮手示意宋美齡坐下，然後道：「我想了解你們中國的情況，正好你來了，可以當面談談。至於還有什麼要求，我的官員先生都在，你也可以提出來研究，不必客氣。」

「那好。」宋美齡用流利的英語對答。然後她通報了近二年來的中國風雲變幻的形勢，從介紹中國四方割據軍閥談起，講到蔣介石如何結束中國軍閥混亂的局面。講著講著，她很激動，完全脫離了事先準備的發言提綱。她還告訴羅斯福：繼統一中國後，蔣介石已把他的敵對力量——共產黨包圍到江西井崗山地區不到百方公里地段，如果按常規，不出意外的話

，近期即可斬草除根！

「那好！那好！」羅斯福稱讚說：「蔣先生還是很有辦法的！」他接著問：「哦，日本對中國入侵情況怎麼樣？你也談談。」

「我也正想談這個問題。」美齡道：「日本是一個資源貧乏的島國，『九・一八』事變以來，它便加緊了對中國的入侵掠奪，現在每天日本都有上百架飛機盤旋在中國上空，轟炸中國的城鎮，殘殺中國人民。可是貴國作爲它的貿易伙伴，對它的戰略物資供應有增無減，逐年遞增。」宋美齡說到這裡，掏出一片紙條，念道：「據統計，1935年日本從貴國進口物資，鋼占91%，汽車及零配件占90%，石油及其他燃料占70%，生鐵占47%，廢鋼鐵占63%、機械及各種機床占46%。」

橢圓形辦公室靜悄悄的，只有福八恩時鐘走動的「嗒嗒」聲。宋美齡報出的一連串數字，使大家感到一種隱隱的不安，如果有一天跟日本宣戰，那些出口的物資就會變成割破美國士兵腦袋的刀片。幾年來掉以輕心的麻木意識，重新警惕起來。

羅斯福的辦公廳主任也激動地揷話：「在過去的一年中，我國輸往日本的戰略物資，也基本保持著這樣的水平，有的品種還略有偏高。這些數字表明，日本人謀求同我國改善關係的要求是迫切的，離開了我國雄厚的物力，他們的戰爭一天也維持不下去，我跟野村大使的

談話結果，得出的也是這麼個印象。」

羅斯福命令他的秘書道：「這些數字很重要。你們把近三年我國對日本國出口物資統計上來交給我。」身旁的秘書向他點點頭，接著他又說：「兩年前，希特勒曾對歐洲人親口許下諾言，說他要維持整整一代人的和平……算了，不去提它了，我也天眞地上了當。我希望這一次能作出正確的判斷。哦，我想聽聽俄國佬的態度如何？有些時候，赤色分子的行動很有參考價値。美齡，你再接著給我談談。」

「好！」在總統面前，美齡表現一種東方女性的溫柔美。她理了理肥邊的短髮道：「最近，日本駐蘇大使東鄉茂德，向蘇俄提出締結《日蘇互不侵犯條約》，目的是減輕滿州邊境的壓力，以便將其精銳的關東軍主力調進長城以內，投入華中戰線作戰。另一方面，假若締約成功，蘇俄也可以將其屯集在西伯利亞的後備兵團投入西線戰場，加強其正面防御。」

宋美齡不斷說著，同時又注意地觀察著在座諸公的表情。她說：「令人費解的是，蘇俄同中國訂立了類似條約，却斷然拒絕了日本的請求。」

羅斯福的手指輕輕擊著辦公桌的台面。由於上了年紀，他的手已呈灰色，上面還有好些深褐色的斑點，暴露的青筋像一條條小虫。他低下頭，他永遠不會理解共產黨人。但是他了解日本人。

羅斯福的下屬都知道他對日本人的反感。這個看法是總統從會做生意的日僑身上形成的。僑居美國的日本人精明得像鬼一樣，什麼產品他們都可以照樣仿造出來，不管什麼專利不專利權。來自遠東的情報也談到，吃苦耐勞的日本士兵，光靠一包大米就可以過活，令人不可思議。

最主要的是，「九・一八」以後，日本在中國製造的「滿州國」傀儡政府，從根本上改變了羅斯福對日本內閣的信任。這一次，野村吉三郎或許也是在玩花招，他們已有好多年沒有見面了，誰知這位「老朋友」居心何在呢？

「野村差不多有兩年沒給我寫信了。最後那封信是他從日本海軍省發來的，他說他一直盼著同我重溫舊誼。」羅斯福自言自語地說道。「我過去認識他，我聽說過他是海軍方面的專家，沒想到他會到這裡來當大使。」

總統乾咳一聲，扭頭吩咐辦公廳主任說：「您得慢慢去摸野村的底牌。我想這裡面必有圈套，而美國人民不允許我們再中圈套。我看歐洲和亞洲的風勢越刮越大，說不定有一天會刮到我們這塊樂土上來的。」

美國政府的決策人物們，聽到總統這番聳人聽聞的話語，無不倒吸一口氣。

「美齡，你接著談，你這次來有什麼要求？」羅斯福在輪椅車上聳動了一下，揮手道，

顯然他聽得很認眞。

「我這次來沒有別的目的，主要想把這些嚴峻的形勢通報給您，以便貴國採取應有的防範措施，給強盜以懲罰。」宋美齡挪動一下身子，又侃侃而談：「面對著這種嚴峻的形勢，中國已著手成立航空委員會，驅逐日本的侵擾。我受中國航空委員會委托，來這裡一是解決飛機援助問題，二是給中國已有的破爛飛機請「郎中」問題。我想貴國政府如果豁亮大度的話，應該滿足我們的要求。要現錢是拿不出，日後我們是不會忘記的。」

「兩位部長先生，你們看呢？」身爲總統的羅斯福，他並不急於表態，這也許是他領導方式的一種高超藝術。

「總統先生，您的意思是不是說，咱們得冒著日本人反臉的風險，調兵遣將來支持這項道義性的措施？」國防部長試探性地問道。

羅斯福沒有馬上回答國防部長的提問，而是慢慢地抬起手臂，讓兩只拳頭抵在一起：「舉個例子吧，你們可以看見，我的兩只手是勢均力敵的，誰也壓服不了誰。爲什麼呢？因爲這双手的肌肉、骨頭、血管乃至神經，都是相等的。白宮的東樓和西樓是對稱的，它們所採用的建築材料和規模也是相同的。輪船的左右甲板寬窄也是相等的，失去平衡，就有翻船的危險。」

沉默片刻後，羅斯福又接著說：「我的觀點可以簡單地歸結爲一句話：要保持我們這個世界的平衡，双方力量的消長也必須保持平衡。自不待言，我現在是傾向於中國提供有限的援助。」

「總統，我代表中國人民向您的國家表示由衷的感謝。」使美齡高興的是她的這趟美國之行沒有白跑。她靈機一動道：「我也邀請諸公，帶著夫人參加今晚我的答謝晚宴。」「好！」「好！」「好！」橢圓形辦公室裡傳出一陣朗朗笑聲。

38

當晚，黃昏伴著暮色悄悄走進白宮的時候，宋美齡精心安排的答謝宴會進入了高潮。應邀參加的不光是羅斯福及其夫人，當然也包括白宮幕僚們。

鎂光燈在閃爍，賓主双方入座。這是一次中國式的傳統宴會，菜餚之豐盛，堪稱世界無比。宋美齡的祝酒辭像一篇「加有修飾的散文」，既有文采又有思想，使在座者無不爲之驚嘆：「果眞是個外交家！一流夫人！」宴會後，她同華盛頓新聞界進行更爲重要的接觸，那是在白宮橢圓形辦公室舉行的集會，共有158名新聞記者擁到那裡，要再睹一下她的風采。她穿了一套禮服，別緻地佩戴了中國空軍的双翼徽記，英姿颯颯地向記者們透露了中國的形勢

，以及日本對華的侵略的情況。她呼籲美國人應該支持中國人民的正義鬥爭，以及應該怎樣維護美國人在華的利益。中國人一直把美國當作自己的大後方，美國人應該以無私的援助來支援中國政府的鬥爭。

「中國有句老話：『人固未易知，知人亦未易也，』我們期待著美國朋友的理解和支持。」講到這裡，宋美齡嫣然一笑，那笑容如出水的芙蓉，使人久久回味。鎂光燈不停地閃爍，「咔咔」地攝下了這幅特寫的鏡頭。

繼而，記者們緊緊追問對蔣夫人和羅斯福總統都很敏感的一些問題：

「關於中國沒有最充分地使用它的人力的消息是否確實？」

「這是什麼意思？」蔣夫人顯得有些生氣：「中國目前有多少彈藥就使用多少人力。總統說過，中國現在需要更多的彈藥。中國已經訓練了飛行員，但是沒有足夠的飛機和汽油；中國已經成立了航空部隊，但它還名不副實。」

「那你的意思是讓美國人支援？」

「不！」宋美齡否認道：「我只是把中國的現實介紹給美國朋友，我們需要被別人理解。如果是朋友，你們援助我們當然也不拒絕。」繼而宋美齡把頭轉向羅斯福總統：「尊敬的總統閣下，你說呢？」

宋美齡謙遜地轉請羅斯福回答。他曾經解決這麼多的重要問題，而且度過了這麼多的危機，她覺得，她讓他來回答這個問題是萬無一失的。

記者們微笑地眼看她如何簡練地把球扔給羅斯福。總統毫無懼色，他說：「當前飛機和供應品運往中國存在巨大的困難。但是美國正在努力把東西運進去。如果美國人民都將理解我的話，這將是無私的援助。不就是百架飛機嗎！這等於每個美國人碗裡少放兩塊牛排！」這番回答，使羅斯福顯得有總統風度。

「感謝您，尊敬的總統閣下！」宋美齡急忙伸出手來：「謝謝您，您對中國人民的難中支持！不，還有很多理解您的美國人民！」

……

就這樣，宋美齡並沒有從財政部長宋子文的兜裡掏出一分錢，而得到了120架飛機的援助，和一個「空中外籍兵團」。這個消息傳到國內，立即引起大嘩。包括蔣介石也不得不對妻子的外交天才佩服得五體投地。也就是從那時起，「宋美齡」像其傳奇色彩的父親「宋查理」一樣塗上了神秘的色彩。

爲了讓這些飛機安全運往中國，美國雇用了美國那位神通廣大的威廉，波利。波利建立了一個公司——稱爲中央飛機製造公司，來承擔這項工作。

為了盡快地找到合格的飛行員。宋美齡一方面加緊中國三大航校的建設和招生，一方面又往返於中美之間。

美齡的外交活動終於打動了羅斯福總統的心，他發佈了一道命令，允許軍事人員辭職，同波利的中央飛機製造公司簽訂合同，跟陳納德一道去中國與日本作戰一年，此後他們還可以重新回到他們原來在美國軍隊的崗位上去。他們還簽訂合同，答應給每個應征軍人每月750美元的薪餉，外加旅行津貼、住房和每年30天薪餉照發的假期。中央飛機製造公司同意每擊落一架日軍飛機發給500美元獎金。陳納德任這個志願大隊的隊長。於是這批美國駕駛員出現在中國的戰場上。在以後的幾個月裡，他們擊落日機近百架，美國志願大隊因為功績輝煌而舉世聞名。中國人稱他們為「飛虎隊」，而且這個名字變得很流行。

後來由於美國已經參戰，美國志願大隊的任務就要改變了，飛行員們的軍人身份、正常的公事、正常的薪餉和軍裝都要恢復。陳納德被重新任命為陸軍航空兵准將，屬於一個新的晉升等級。志願大隊因幫助中國抗日有功，在中國人民中有極高榮譽和聲望，數以百計的來到中國的其他美國飛行員被稱作飛虎隊員。

作為白手起家，組建中國空軍部隊的宋美齡女士，成績也是卓著的。

第十五章 患難夫婦

39

蔣介石為徹底「剿匪」，先命賀國光率參謀團入川，設法集中川中兵力，發揮「剿匪」力量。自己却帶著楊永泰、晏甸樵、陳布雷、陳誠、吳稚暉，外加夫人宋美齡等，浩浩蕩蕩地乘飛機經宜昌赴重慶。川中劉湘心中不樂，嘴上不能不敷衍。當下蔣介石一行分頭同川中軍政界、教育界、新聞界人士接觸，大談新生活，聯絡舊軍閥。正打算把過道紅軍殲滅乾淨，不料田頌堯吃了個大敗仗，紅軍赴貴州去也。

蔣介石又調兵遣將，急急忙忙跑到貴陽，那時光紅軍又已突破封鎖，繼續前往。

却說貴州天陰多雨。蔣介石一行人等逗留沒幾天，却病倒了宋美齡、吳稚暉、陳布雷等人。遊覽過花溪、安順，喝過茅台，看過「龍場驛丞餘姚王守仁」的祠堂、陽明洞、苗民節日，大家也就提不起勁來。蔣介石直爲通過雲南的紅軍著急，心想如果龍雲放走了紅軍，或者軍隊攔不住紅軍，這問題委實煩惱，於是率領1000人衆，追到昆明。

昆明高原，地勢塏爽，氣候溫和，西山滇池，風景絕佳，蔣介石和宋美齡在東陸大學（雲大）前院，隨從住翠湖金鑄九別墅。龍雲等人連日排宴，表面看來，中央與地方之間的交情不錯，仔細想想，這裡面大有文章。蔣介石召見幕僚商議道：「這雲南地方確是不凡，我們不能放鬆了！這幾天我冷眼觀察，龍雲對圍剿似乎不感興趣。『共匪』在會理、西昌間竄伏甚多，他却滿不在乎，你們說如何是好？」大家便紛紛發言，有的說：「建設廳長張西林瞧不起我們。」有的說：「教界廳長龔自知簡直當著和尙罵賊禿，對中央不夠尊重。」有的說：「前實業廳長現任富滇銀行行長繆雲台好像傾向中央，但言下之意，反而要中央幫忙地方。」……

蔣介石聽完各人報告，獰笑道：「如今圍剿第一，大家切忌破裂，將來慢慢收拾他們好了！明天讓我把龍雲拉上飛機，同他巡視匪勢，指點進剿方略，看他積極得起來不？」

却說紅軍牽著蔣介石跟著屁股東追西打，長征二萬五千里，蔣介石「運輸大隊」相送，

就蔣介石個人也追了萬把里。可是說句俏皮話：「送君千里，終有一別。」任憑蔣介石苦苦「圍剿」情形，有如送行，紅軍終於到達陝北。

事後蔣介石才明白，紅軍爲了實現「九・一八」以來所堅決提倡的民族革命戰爭主張，於是冲破了他的圍剿計畫，直接出兵抗日，長征始於1934年9月底，中央蘇區只留下項英、陳毅等一部分負責人堅持游擊戰爭（後來成爲新四軍的基礎）。紅軍主力一、三、五等團突破對方層層封鎖開始西征，一夜之間全軍突圍，從江西、福建到廣東，轉湖南、下廣西，到達遵義。1935年1月，共產黨中央政治局召開了著名的遵義會議，克服了若干錯誤，確立了毛澤東爲首的黨中央的領導。並決定繼續北上抗日，在遵義附近集結主力擊潰了「圍剿」部隊，半個月後復向雲南突進，繞道川康邊境進入四川，與原由鄂豫皖撤至四川的紅四方面軍會合於懋功。而又在四川毛兒蓋召開會議，克服了張國燾下西康或去新疆的逃跑主義，堅持抗日前線，繼續北上抗日。

這個長征，經歷了人類想像不到的艱難困苦，前後左右都是「圍剿」部隊，天空還有飛機轟炸，蔣介石在德、美、意等軍事顧問協助之下，是準備把紅軍一舉消滅的。他自己也率領幕僚圍追，但紅軍又擊潰了蔣介石410團和無數地主武裝，占領過54個城市，一路上浩浩蕩蕩，直趨陝北。

紅軍除了與蔣介石作殘酷戰鬥之外，還要與險惡的山川、糧食缺乏的困難以及疾病等作鬥爭。如冲破烏江天險、巧渡金沙江，奔渡大渡河、飛奪瀘定橋，爬過天氣嚴寒、空氣稀薄的大雪山，走完荒漠無際的大草地，突破天險的臘子口等，有時不得不吃草根和皮帶。紅軍是英雄好漢，終於戰勝了這一切困難，跋涉11省，費時一年，在1935年10月間完成了舉世聞名的二萬五千里長征，到達了抗日的前沿陣地陝甘寧解放區。

話說紅軍在到達延安途中，蔣介石也離開成都逕飛南京。途中西安機場加油，蔣介石和宋美齡遙望陝北，恨不得一張嘴把紅軍吞了。地方官免不了拜見一番，說一些「殘匪不堪一擊，指日可望鏟除」的風涼話，蔣介石心中沒有好氣，兀自坐在那裡，宋美齡知他心情不好，打開收音機。飛機繼續東飛。

那時光，南京也常被日機轟炸，一片紛紜軋礫之象，尤其是行政院與監察、司法各院之間，齟齬尤多，秘書長葉楚傖拚命打太極拳，但朱家驊、羅志希、徐可均、蕭青萍諸人還千里迢迢自京入川大告「御狀」，蔣介石大傷腦筋，不在話下。還有傷腦筋的，蔣介石感到楊永泰越來越蹊蹺，大權在握，別有他圖。一時也無法換人，只好偷偷地囑咐陳布雷：「凡是他承辦的各項呈件，在我批復後不必立刻送去，你應該詳細閱讀，記下要點，準備萬一。」

更有傷腦筋的，日本軍部竟不給他一點面子，要求撤退駐在華北的南京軍隊憲警，不僅

如此，還要撤除國民黨平津黨部。蔣介石除了立刻答應，命第二師、第二十五師、憲兵團先後撤退，把憲兵團長蔣孝先調到侍從室，還命陳布雷草擬了一個電文給南京中央政治會議，不料出了亂子。

原來正在華北危急當兒，蔣介石一貫採取妥協辦法，不獨全國民衆義憤塡膺，即南京政府中也群情憤慨。

抗日的呼聲更加高漲，蔣介石如坐針毯。

蔣介石匆匆把馮玉祥召來，共赴國難。他把「三日亡國論」向馮重覆一遍，說明抗戰不能馬上發動，馮將軍大失所望說道：「我以爲這一次你要我來是爲了抗戰，原來還是閨女穿他娘的鞋——老樣子。早知道我又何必下山？」

「別忙！」蔣介石按下馮玉祥：「聽說延安方面有什麼他媽的宣言，我拿給你看看。」

蔣介石當下命令陳布雷調來卷宗。馮玉祥讀道：「中共中央發表爲日本帝國主義併呑華北及蔣介石出賣華北、出賣中國宣言：以蔣介石爲罪魁禍首的國民黨政府，泰然不以爲恥地答應了日本的要求，輕輕把整個華北整個中國出賣了！這是空前的出賣！這是中華民族的奇恥大辱！」

「你準備怎樣表示態度？」馮玉祥嚴肅地問道。

「我嗎？」蔣介石獰笑，「今日之下，沒有什麼說的！我已經命令張學良主持西北剿匪軍事，但我不放心，我把侍從室第一處處長晏甸樵調充西安行營參謀長，要他看著張學良。你看如何。」

「我還能有什麼好辦法？」馮玉祥攤開了双手，苦笑道：「現在全國情況都不太妙。」

二人正說到這裡，戴笠推門而進，欲言又止，馮玉祥趁機辭去，蔣介石道：「回頭咱們再談。」馬上又調頭對戴笠道：「你來得正巧，有什麼事嗎？」

「我想把近日的情況向你滙報。」戴笠道：「現在西安最普遍的謠言，是說張學良的東北軍將與紅軍合作，成爲反日聯合戰線。」

「有具體的事實嗎？」蔣介石急問。

戴笠掏出一些報紙、文件、報告說：「東北軍往來剿共，已經到過不少地方，他們不但沒有同紅軍結下不共戴天之仇，相反的，他們已經變成了朋友。東北軍最糟糕的一點是認爲打內戰很無聊，他們眞給紅軍動搖了。我們混在東北軍內部的人，他們衆口一辭地說，東北軍現在只有一種願望：打回老家去！他們說日本人姦淫燒殺，使他們家破人亡，這個仇他們是非報不可！有一個美國女記者韋爾斯最近去過一次西安。」戴笠把一份1936年10月25日的《紐約太陽報》擱在一邊：「這份報紙是設法找到的，上面刊登她的訪問記。譯文說，在中

國西京—西安，一種危機正在負有剿共責任的張學良將軍部下極端反日的軍隊中發展著。這些軍隊從1931年的25萬人減至目前的13萬人，都是失去家鄉的人。他們念念不忘老家，厭惡內戰，痛恨政府的對日本不抵抗政策。下級士兵的態度，像烈性傳染病，甚至可以感染到高級軍官中去。」

「她倒是一番好意，」蔣介石咬咬牙：「希望我們重視這個問題。她還說些什麼？」

「韋爾斯還同張學良見過面。」戴笠念下去道：「用張學良的話來說，只有停止內戰，抵抗外來侵略，才能出現眞正統一的中國。如果政府不服從民意，它就失去了存在的可能性。最重要的，這位地位僅次於蔣委員長的副司令說：如果共產黨能夠誠意合作，抵抗外來的侵略者，這一問題或許能夠和平解決。」

「這眞是漢卿說的話嗎？」蔣介石冷冷地問道。

「是的。」

「今天到此爲止。」蔣介石搓搓手：「你把這幾個命令給我帶去，我要調最精銳的第一軍作攻打延安的前鋒，完成第六次大圍剿！在西安與蘭州布置100架轟炸機升降設備，千百噸炸彈趕快運去，毒瓦斯也要！我希望在兩個星期，最多一個月吧，盡其全功。同時，我自己就在這幾天出發西安，你先準備吧。」

40

1936年12月4日。

偌大的洛陽機場。蔣介石在結束「洛陽五十祝壽」後起飛到西安。到機場送行的有黨政要員，還有一直陪伴他的夫人宋美齡。

這天，剛降過一場大雪，北風一刮，新掃過的機場上結著厚厚的冰凌。機場周圍的樹木綴滿銀花，建築物像瓊樓玉宇似地閃著耀眼的銀輝。宋美齡身披藕荷色的大氅，內有鴨絨馬夾，敞領中襯著乳白色美國綢紗巾，別著一枚碩大的紅寶石胸針。烏黑發亮的長長的卷髮，在腦後盤成一個隆起的高髻，顯然與衆不同，別有風韻。這幾天她身體不適，臉色不大好，伴有低燒。本來她執意要陪丈夫到西安，蔣介石不允，讓她回南京看病，因此她也變成了送行者。蔣介石此行目的，是要同負責指揮西安國民黨軍隊的軍官，其中包括已故軍閥張作霖的兒子少帥進行商議。蔣介石認爲，西安的地理位置，在戰略上有利於對共產黨的根據地發動最後一次圍剿。他想命令少帥張學良的軍隊首當其衝。

宋美齡和其他官員一一與蔣介石握手告別，目送著他登機，然後飛機啓動、滑翔、升空，一直消失在雲天之外……

就在蔣介石離開洛陽的兩小時後，宋美齡也帶著侍從室官員家屬和端納顧問及陳布雷一大批人，也乘機離開了古城洛陽，抵達南京。

西安在望了。

蔣介石伏在機窗鳥瞰著，八百里秦川與天銜接，藍色的渭水流過它的胸膛，淡墨塗抹的終南山守衛在南端，市郊寒冷的田野裸露著，黃土中間，濃蔭覆蓋著稠密的村庄，古城西安黑壓壓的一大片，浸在冬天金色的陽光裡。高聳的城門樓，市區中心的鐘樓、鼓樓，還有唐代建築大雁塔，排站在天空下。

蔣介石在望遠鏡裡端詳半晌，透口氣道：「想不到這邊却靠近延安，我非要解決延安不可！」

蔣介石一到西安，便宣布他將照常發動剿共戰役，並定於12月12日開始。

「漢卿、虎城，今天我是專門邀你倆談談剿共一事的。」蔣介石一副凶神：「前幾天毛澤東、朱德有公開信給我，說：『吾人敢以至誠，再一次請求先生當機立斷，允許吾人之救國要求，化敵爲友，共同抗日』，你道我怎麼答覆他們？」

張學良、楊虎城不作聲。

「我根本沒有理他們！」蔣介石冷笑一聲：「這回我自己來，就算是答覆了！我要統率二三十萬大軍殺奔陝北，宣布不准抗日，繼續徹底剿共！」他扭過頭來：「今天是12月8日，我來西安已經4天了，希望在年底可以解決！」

「委員長！」張學良硬著頭皮央求道：「今日之下，槍口向外第一，中國人不能再自相殘殺了！」

「漢卿！」蔣介石面孔一板：「這是你應該講的話麼？我早聽膩了！」

「委員長！」楊虎城也苦著臉央求道：「這件事情實在太大，希望……」

「什麼希望不希望！」蔣介石大怒：「希望就在消滅共匪！其他什麼日本不日本，都是次要的！」

張、楊兩人只得忍著，默默地跟他回到省黨部，聽蔣介石向東北軍、西北軍訓話道：

「我們最近的敵人是共產黨，日本離我們很遠，如果遠近不分，便是前後倒置，便不是革命，無論如何此時須討共產黨，如果反對這個命令，中央不能不給以處置！東北軍和十七路軍現在只有兩條路可走：一條是到陝北剿匪，中央軍作爲你們的援軍；一條路是調往閩、皖、聽任中央調配！你們不要自誤了！」

「委員長！」張學良、楊虎城無可奈何，會後就向蔣進行「哭諫」，他倆痛哭流涕，要

求停止內戰一致抗日，一直哭訴了三小時。最後蔣介石把桌子一拍，大聲叫道：「你現在就是拿手槍把我打死了，我的剿共政策也不能變！你們先把這些混蛋學生要格殺勿論！格殺勿論！格殺勿論！」

張、楊兩人滿肚委屈，好不憤慨，想整日價廝守著老蔣，却又不可能。原來蔣介石爲了戒備，到西安後，並不住在城裡，而是去臨潼居住。

臨潼離西安50華里，是著名的溫泉療養地。當年，楊貴妃「侍兒扶起嬌無力」，正是臨潼的華清池。那地方位於驪山脚下，挨近始皇陵，氣候適宜，山景可觀。

西安，這個在極度忍耐之中的歷史古城，已經超過限度，它要爆炸了！

少帥張學良，與當地的鐵腕人物楊虎城，也預感風雨滿樓。蔣介石咄咄逼人，凶象畢露，並有殺機。他們的事業就將斷送，他們本人將被調往南方，何去何從？是蔣介石把他們推向了懸崖！他們商量著，決定挾天子以令諸侯。

蔣介石每天去西安罵過一陣，回到臨潼，心中兀自沒有好氣。侍衛們都不敢吭一聲，聽寒鴉聒噪，黑壓壓把天空遮了一大片。

委員長還有個習慣，每天黎明前起床，把一口假牙放在床頭櫃上，穿著睡衣在窗前靜立一小時。他的公館有50名衛兵保護，衛隊長是一名因屠殺學潮學生而臭名昭著的軍官。12月

12日——新的剿共戰役即將開始的那一天——早晨五點半，蔣介石正站在他臥室的後窗前，向外凝視著花園圍牆上面露出的山巒。在朦朧的夜色中，4輛軍用卡車滿載著120名全副武裝的軍人在公館大門口外驟然停住。首車上的營長命令開門。裡面的哨兵拒絕開門。

卡車上的軍人立即開槍射擊。

槍聲，震撼著黎明前的夜空！

槍聲，在驪山脚下回鳴！

緊接著，野犬亂吠，寒鴉驚飛。

蔣介石暗吃一驚，他馬上判明：兵變！昨天他沒有聽陳誠規勸，說張、楊要舉行兵變。

槍聲越來越緊。繼而可以聽到喊殺聲……

蔣介石忙不迭伸手穿衣，可是牙齒打顫，四肢發抖，越急越慌，越穿不上衣裳，好不容易逼出一聲道：

「來，來人哪！」

一位侍衛應聲而進，倒提著槍急道：「行轅大門前有槍聲！」

「還不給我還擊去！」

「好！」那侍衛拔腿便走，却再也沒有回來。

第二陣槍聲又起，如炒豆子一般嗶剝亂响。蔣介石趁機拉滅了電燈，心想擒賊先擒王，不能讓人發現我屋裡有人。倉促間，蔣介石這個大委員長，大汗淋淋，亂了方寸。他再在汗衫、衛生褲外面罩上一件皮袍，啓門外望，黑黝黝夜空中子彈亂飛，曳光閃閃。一時又束手無策，片刻後心想三十六計，走爲上計。可是夜黑如墨，又不知該往哪邊走才算安全，正在默念上帝保命，不料斜刺裡鑽出兩個黑影。蔣介石心想這下可完了，跌跌撞撞一頭栽倒床上。房門已經推開，一個熟悉的聲音在叫，蔣介石一聽是侍衛官竺培基，登時有了氣力，連忙爬起來問道：「什麼事？什麼事？」另一個黑影開口道：「叛兵已經蜂擁入內，本來已經衝到第二號橋，給我們侍從隊抵抗過一陣，死傷極大，對方知道我們有了防備，現已略退，請先生馬上離開！」

「好好好，施文彪。」蔣介石登時又軟了半截：「走一走，走吧。」當下三個人拉拉扯扯摸出房門，又有一條黑影竄出來，大叫：「快跑！我是區隊長的傳令員，現在叛軍已經冲進二門，你們千萬不要望二門那邊跑。剛才毛區隊長同後山哨兵所通過電話，說那邊並無異狀，也未發現叛兵，你們可以往那邊逃。」

「毛區隊長在哪裡？」蔣介石結結巴巴。

「區隊長正在前院假山旁率隊抵抗。」傳令員答道。

「叛軍是何模樣?」

「一色戴皮帽子的東北軍。」

「快走!」蔣介石摔掉侍衛的扶持:「你們莫攙我,容易給人發現目標。」你們前邊走,我在後面跟。我想今天是一部分的兵變,一定是共匪煽動駐臨潼部隊暴動,而不是張學良的計畫。如果眞是他的計畫,整個東北軍都叛變,那行轅外牆四周都已包圍了。」蔣介石忽地尖叫一聲:「啊喲!」猶如鬼叫,嚇得侍衛官竺培基、施文彪跳起尺半高。

兩名侍衛官定睛一看,原來有一條黑影正從背後山徑轉角處飛奔而來。施文彪正待開槍,那黑影已經開口:「我是蔣孝鎮!」於是大家驚魂銷定,竺培基低聲喝問:「你後面有無追兵?」蔣孝鎮氣喘如牛:「沒有,沒,沒有。」於是四人在一片亂槍聲中向崎嶇山徑摸索進行。

蔣介石跟跟蹌蹌來到飛虹橋上,前方有人忽報:「東門無法過,鐵將軍把守著。」侍衛官還想找大石把它砸碎,蔣介石罵道:「娘希匹!你這一敲,不是告訴人家,說我在這裡嗎?」於是命令道:「咱們就從這矮牆上跳出去!」

竺培基身高馬大,容不得考慮,自動伏在地塹底,由施文彪爬上去,實行疊羅漢。喜得牆矮,不需要再加一個蔣孝鎮了。於是蔣介石在蔣孝鎮的扶持之下,搖搖晃晃爬上了牆上。

蔣介石爬到牆上往下一看，心想總算還好，逃命要緊，於是縱身一跳。這一跳不打緊，却扭傷了脚。原來牆外下臨深溝，荒草遮掩，黑夜中不易辨別。

三個人忙了一陣，足足有十分鐘光景，這才見蔣介石悠然蘇醒，硬撐著想繼續逃亡，剛走一步又跌倒在地。三侍衞不容分說，就把他抬出深溝，由兩人架著慢慢走向山頂。可是問題來了，原來此山東隅並無山徑，西行又怕碰到東北軍。蔣介石疼痛難忍，道：「不要往西，還是上山吧。」於是攀援摸索，跌跌闖闖：山嶺陡絕，一步一哼。半小時後快到山巓，蔣介石實在無法再走，又怕侍衞心懷異志，倒在平坦處唉聲嘆氣道：「這一次你們辛苦了，只要我出得去，你們都有重賞。」正說話間，四周槍聲又大作起來，前後左右，閃爍著一片手電筒光。蔣介石慌忙叫三人分頭偵察，自己也摸索著站了起來。剛剛立定，只聽三個人中有兩人慘叫一聲，再無下文。隨著這兩聲慘叫，對方已經知道此間有人，子彈更密，「嗖嗖嗖」地從蔣介石頭頂掠過。他急忙伏地，肚貼地皮，一步一哼往前爬，双手被荊棘劃破……

他爬了一陣，才知道自己並不是往山上爬，而是往山下爬。四周槍聲絕耳，吆喝之聲四起。蔣介石望望山頂，別說爬向山上，即使一口氣能安全地爬到剛才昏倒的溝中隱蔽，也不可能了。而且双手是血，滿身酸疼，其狀狼狽，難以形容，這個樣子逃到山頂再給押下來，豈不笑掉人家的門牙？想到門牙，蔣介石才發覺自己忘記帶上假牙，難怪上下兩排牙肉，「

突突突」地厮打，震得滿腦子更慌。

山坡上岩石累累，夾雜著稀疏的荆棘，沒有藏身之處。他一個人伏在山地思慮，更多人正在他周圍搜尋。那刺刀挑荆棘的聲音隱隱傳來，使他心驚肉跳。蔣介石決定找一個好地方藏起來再說，於是他使盡平生的勁，繼續爬行。乃至一棵大樹旁，再向右爬，發現一塊大石頭後面有一淺洞，荆棘叢生，勉可容身。蔣介石躲在洞裡，身體卷縮著，盡量緊貼石壁，以免被人發現，且不說那岩洞內上有爬虫，下有汚穢，那狼狽像甭提了。

天色漸亮，朔風勁吹。

搜查隊已將偌大個驪山團團包圍。一個小分隊已搜查到岩洞旁邊。在前他們已經發現兩個侍衛官的屍體。

「他奶奶的！剛才還有人說，發現了他的侍衛屍體，我看就在此處，他跑不遠。給我找，即使他鑽進王八洞，也得拉他出來！」

岩洞中的蔣介石聽得一清二楚，他身子不禁打了寒顫，蠕動了一下。

「報告隊長！」另一個聲音在問：「他會不會往那個方向跑？」

「那邊是什麼地方？」

「那邊不遠，正是秦始皇的墳墓，這邊是秦始皇墳墓的山脚下。」

「他媽的！」一個大嗓門焦急地叫道：「弟兄們，仔細找，別讓這個現代秦始皇逃走了。」

「瞧！」一個人突然叫道：「隊長，你身邊那個小洞洞，上面的草剛才忽地動了一下！這小子沒准兒就藏在這烏龜洞裡！」

「誰躲在裡面？快點出來，否則開槍了！」孫銘九倒退一步，拔槍在手，向洞旁岩石連放三槍。

蔣介石聽見「呼呼呼」三聲槍响，身子更抖個不停。如今聽說要他快點出來，否則開槍，簡直魂不附體。於是慢吞吞挺了挺腰，蠕動了一下。洞外弟兄們看見蓑草忽地在動，露出個亮光光半個腦袋，但突地消失又浮現。

「準沒錯，是不抗日的老蔣！」

「那光頭好亮，好白！」

……

緊接著，萬道陽光升出驪山，歡呼聲也震撼了驪山。

士兵們一聲吶喊，把個洞口圍個密不通風，三扯兩拉，把個蔣介石給硬拉了出來。只見他滿臉慘白，渾身打顫，大冷天光禿禿腦門上在冒熱氣，有如一個白饅頭。嘴巴下癟得像一

條線，光著一只左脚，右脚却光丫穿皮鞋，鞋帶早已散失。蔣介石出得洞來，兩眼發直，一個士兵竄過去拿起槍柄攔腰一下子，打得他「喲喲喲」地直叫娘；另一個弟兄如法炮製，也舉起槍托朝他腰裡打過去，只聽見撲的一聲，蔣介石已經彎著腰跪倒在地。若不是孫銘九出面攔阻，非把他揍個半死不活。孫銘九把他拉開來背在背上，然後他們輪流背著他下了山。一輛小汽車在山下等待。他們把他送到楊虎城用作司令部的新市政廳。市政廳的院子裡有一個軍樂隊和一大批高級軍官迎候他，這與當時氣氛很不協調。當他穿著睡衣一瘸一拐地走下轎車時，樂隊奏起了國民黨黨歌，軍官們向他們抓來的人敬了禮。少帥走上前去攙扶蔣介石進了一個房間。委員長躺在床上，一位大夫給他治傷。

至此，兵變完成了。

41

兵變當天下午4時，新市政廳。少帥張學良手拿「通電」準時邁進市政廳去看蔣介石。

原來爲這個共同抗日的通電，他忙了大半天。秘書給擬好後，他又仔細改了一遍。抄了一遍，又送到「南京大官階下囚」那裡。出於壓力，蔣介石的五虎六將；陳誠諸人逐一在通

電上簽了名字。

話說張學良拿起通電，告別衆人，並不去見蔣介石，却上醫院找錢大鈞。錢大鈞胸口子彈已經取出，正在休息。當下張學良把通電給他看過，徵求他簽個名。錢大鈞看見一大串名字已簽在上面，也就簽了。張學良出得醫院，這才逕往新市政廳走來。楊虎城正在客廳等候，見他來到，又改變主意道：「兩人說話反而不便，漢卿兄你一個人同他講去吧，我也得回去戒備，以防不測。」

張學良想了想答道：「也好，那我就走了。」說罷兩人分頭進行。

張學良踏進蔣介石房間，摘下皮帽，脫下大氅，叫了聲：「委員長，你受驚了！」

蔣介石在床上睜開眼睛，坐了起來，望著進來的張學良直愣。

張學良搬了條凳子坐下道：「今天的事，請您見諒。」

蔣介石見他的態度還是那麼恭敬，放下了大半個心，冷笑道：「哼，你還叫我委員長？你既然叫我委員長，那你是我的下屬咯！你假如還認我做長官，就應該馬上護送我回到洛陽！否則，你就是叛逆，你可以把我殺了！」

張學良皺皺眉頭，掏出那張通電來：「委員長，今日之事，我們不必在什麼上司下屬、叛逆與否這些字眼上咬文嚼字！」他把那張通電往蔣介石手上一放：「委員長請看一遍，我

們馬上就要拍發！」

蔣介石忙不迭一字一句仔細讀下去，双手發抖，兩眼發直。罵人又不是，撕掉又不是，看了半天，往桌上一摔。

「委員長！」張學良接過，起立道：「您看過了，我們就發出去了！」他大聲叫：「侍衛！」接著把通電交給譚海：「即刻拍發！」

「是！少帥！」譚海告辭。

「哼！」蔣介石冷笑道：「誰擬的稿？」

「這個我不能說。」張學良更爲反感：「今日之事，都是我同楊主任所爲，委員長不必問長問短，委員長的安全也由我們負責。」

突地蔣介石拍著床沿叫道：「你們做得好事！你們做得好事！與其這樣，還不如把我殺了！」

張學良連忙勸道：「委員長不必激動，我們今天發動此舉，當交人民公斷……」蔣介石聽說「要交人民公斷」，馬上癟嘴一咧，大聲哭將起來。

良久，蔣介石才止住了哭，問道：「此外，你們還向誰發過通電？」

「馮煥章、李協和兩位先生。」

「是嗎?」蔣介石嚇了一跳:「你怎麼說的?」

「我,」張學良略一遲疑,便把底稿掏出來往他手邊一放:「在這裡,您可以看看。」

蔣介石双手顫抖,打開原稿,只見上面寫道:

「急。南京馮副委員長煥公、李委員協和先生賜鑒:日寇深入謀我益亟,凡在血氣之倫,同深髮指!為民族計、為國家計、自非發動民族解放戰爭,立起抗日,無以救國圖存!若再一味退讓,妄冀和平解決,是猶抱薪救火,勢必至滅國亡種不止,瞻念前途,曷深慄惧!我民衆在蔣委員長領導下,矢忠竭誠久矣!在蔣公自應領導全民,對敵抗戰,借副斯民之意。最近蔣公蒞陝,良等更一再陳詞。垂泣而道,希其翻然醒覺,反戈東上。乃近默察情形,於軍事仍堅持其內戰式之剿共主張,於民意則拘捕救國領袖,槍殺愛國幼童,查禁正當輿論,似此一意孤行,親痛仇快,危亡無日;海內騷然,自非另尋救國途徑,則國脉之斷送近在眉睫!因請蔣公暫留西安,保障一切安全,以便反省。至於良等主張,已以電文奉達。諒邀垂鑒。公等黨國先進,領袖群倫,愛國赤誠,久深佩仰。尙祈瞻念危亡,俯察民意,或遠賜教言,或躬親來陝,開誠指示,共謀國是。弟等以職務所羈,不克躬趨領教,臨電屏營,無任企盼!張學良、楊虎誠叩。文印。」

「好好好!」蔣介石咬緊牙關,把文稿一摔。氣呼呼把兩只眼睛直瞪窗外。窗外是個操

場、灰黯的天空下，寒風把幾枝枯樹吹得直晃。鴉群聒噪，氣氛陰霾……正沉默間，突地一架飛機掠過市空，震耳欲聾，往北飛去。張學良到窗口瞅一眼打破寂靜道：「委員長，這是我的飛機，要到保安（延安）請中共方面派幾個代表來，共商舉國大事。」

蔣介石聽說專機迎接代表，狠狠地問道：「好好好！你說保障我的安全，你請共匪來幹什麼！你們不是存心要害我一命嗎？」

「委員長，請你不要張口共匪，合口共匪。他們分明不是匪！他們眞正愛國、滿腔熱血、頭腦清楚，敢說敢做的中國人，請委員長尊重人家一點！要說是匪，咱們從南京來的隊伍倒差不離！」

「無論如何，中共代表一來，我命休矣！」

「絕對不會！」張學良答道：「他們所作所爲，是旣合人情，又合天理，漢卿可以擔保！這次我派飛機接他們來，無非是想把國家搞好。委員長代表國民黨，他們代表共產黨，我同楊先生代表17萬東北軍、西北軍、大家談一談，槍口對外！」他看見蔣介石低頭不作聲，便勸道：「委員長，現在是一個緊急關頭的轉折點，希望委員長吃點東西，不要弄壞了身體。」

「我絕食！」蔣介石捶床大叫：「我絕食！」

却說「事變」當天，西安、南京之間的通信、電報已告斷絕。西安空氣緊張，南京還蒙在鼓裡。南京方面得知這個消息是在當天下午4點35分，發出這一消息的單位不是西安而是洛陽空軍基地。

且說洛陽空軍基地位於西安東200公里，是蔣介石的前線指揮部（俗稱前指），爲做到萬無一失，少帥張學良在早晨5點鐘之前給洛陽發了電報，向駐扎在那裡的他的一位旅長下達了指示。但是那位旅長膽小怕事，把電報呈給了委員長的衛戍司令。那位衛戍司令不但加強了機場的警戒，並把事變的消息報告了南京。

南京得到了蔣介石被扣的消息，猶如晴天霹靂，大爲吃驚。片刻後，有人哭有人笑，政府內一種暗隱的反蔣勢力抬頭，各種矛盾交織一起，哭，哭不出聲，笑，笑不出來。再加上街頭謠言四起，簡直成了一場糊塗。

南京，一座癱瘓的城！

中央委員齊集何應欽官邸，決定召集中央臨時常務會。大家議論紛紛，莫衷一是。孫科道：「不要緊，不要緊，有馮副委員長在這裡，應當請馮先生負起責任。」何應欽瞅一眼馮

玉祥搖頭道：「這個事關重大，應當仔細商量再說。我看我們應該派飛機去炸西安，這才是上策！」正說著，忽地宋美齡呼天喊地大哭大叫，一頭闖了進來。

原來宋美齡在洛陽送走蔣介石，爾後回到南京，有人勸她不如到上海看病，南京條件不如上海。那裡有洋大夫。她剛在上海住院不幾天，今天突然聽到丈夫被綁架於西安的消息，當下就昏了過去。

「夫人，您醒醒！」侍衛人員好一陣呼喚，宋美齡才醒過來。

「南京情況怎麼樣？」宋美齡醒過來第一句話便說。的確，南京政府中有些人使她不放心。尤其是軍政部長何應欽。

「南京政府中很亂，以何應欽爲首一部分人堅持主張派飛機轟炸西安，以馮玉祥爲首的一部分將領堅決反對。」侍衛官把剛了解的近情滙報給宋美齡。

「快安排車輛，我要回南京！」宋美齡毫不猶豫，馬上收拾行裝出院。她要回南京制止何應欽「剿逆」、轟炸西安。心想這樣一整，等於火上加油，不是要結束老蔣的命麼？

何應欽爲什麼主張「剿逆」、轟炸西安？這裡有個歷史原因，宋美齡也最清楚。原來蔣介石最大的政治資本是黃埔系。無黃埔系就不能成爲軍事領袖，無軍權就不能成爲獨裁者，所以他第一位重視的勢力是軍事，這是他的獨立王國。而一般所說的黃埔系，又可分爲黃埔

教官和學生兩大部份，具有戰略眼光的蔣介石把著眼點偏重於學生的扶植，寄希望於他們。使他們逐步取得實權。而何應欽是黃埔教官，他不但是教官，而且是教官中德高望重者。此人是黃埔軍校的教育長，其地位僅次於蔣介石。第一次東征時任學生隊軍團長，之後一帆風順，從第一軍副軍長、軍長、東路軍總指揮、浙江省主席、第一路軍總指揮，成爲蔣介石手下第一員大將。當寧漢合作蔣介石下野時，何應欽也是促成蔣下野的動力之一。當時很多人顧慮到蔣下台後，其嫡系部隊無法統率，會出亂子，何應欽則表示有把握，對蔣的態度由擁蔣而變爲擠蔣，使蔣不得不悻悻下野。蔣介石對何應欽這口氣不用提了。於是民國十七年春蔣介石重返政壇執政時，第一刀便砍掉了第一路軍總指揮部，成立第一集團軍。蔣自兼第一集團軍總司令，下設三個縱隊，以第一軍軍長劉峙爲一縱指揮；第九軍軍長顧祝同爲第二縱那揮；方鼎英爲三縱指揮。何應欽則被削去軍權，調任爲「國民革命軍總司令部參謀長」。誰不知這是個有職無權的空架子。以後何應欽歷任訓練總監、軍政部長，始終沒有掌握軍權。這條冷板凳一直坐了多年，西安事變開始，他看到良機有望。

他腦袋的算盤打得價響；如果因他積極主張討伐而把蔣救了出來，那他是「救蔣第一功」，如果因討伐使蔣死在西安古城，他將又是「繼蔣第一人」。總而言之，「討伐」、「轟炸」是樁好買賣，於是他積極進行起來。同時，做這個行動又得到日本方面的支持和合作。

於是他便匆忙召集這個緊急會議，以便實現他不可告人的野心。會上，他提出轟炸西安的主張，却遭到了馮玉祥的極力反對。

客廳裡頓時亂哄哄起來，七嘴八舌，有罵有叫。

馮玉祥態度堅決，義正嚴辭。何應欽終於不能不讓步，空軍只炸西安城外，不得在城內投彈。再者他決定把自己「討伐總軍司令」的頭銜分給旁人，任命劉峙為「討逆軍東部軍總司令」，顧祝同為「討逆軍西部軍總司令」。總數20個師，星夜開到河南，陝西邊境待命。同時派出飛機前往轟炸。何應欽正準備下令總攻擊，宋美齡氣急敗壞地來了。

宋美齡哭了一陣，她想利用眼淚先換取大家的同情。繼而她便止著淚。

「何總司令。」她鐵板著面孔問道：「一切的事情我都知道了！現在我是來問你，你這樣做是何用意？你假使發動戰爭，你能善其後麼？你能救出委員長的生命麼？我現在老實告訴你，你這樣做簡直是想謀殺他！」

何應欽一聽，臉色大變。

宋美齡乾脆指手劃脚站著講：「幸虧是你在領導這批飯桶，要是旁人，我一定當他是異黨分子看待！何總司令，這是可以鬧著玩的事麼？委員長在這個時候如果有個三長兩短，哼！到時候兵荒馬亂，連你也跑不了！」

何應欽一個勁兒搓手，陪笑道：「那麼照夫人的意思，應該，應該……」

「應該停止軍事行動！」宋美齡斬釘截鐵：「你非給我停止討伐不可！你非給我用盡一切辦法把他救出來不可！你非要把他活著救出不可！你非要立刻去做不可！」

「夫人，」何應欽作爲難狀，同時也撇開自己的責任：「這是會上通過的，不是一兩個人的意見。」

「割膾！」宋美齡連英語罵人也急了出來：「要不，你就重新召開會議，我也出席！」她弦外有音：「免得讓你爲難。」

「不不不，」何應欽一臉笑：「夫人不必勞駕，救出領袖，是我們大家的責任。」他試探道：「已經有20個師出發了！」

「200個師也得調回來！」宋美齡冷冷地說道：「何總司令，你以爲武力討伐眞有把握嗎？你未免太樂觀了！好多外國朋友告訴我，爲這件事一旦發動大規模的戰爭，西北方面並不是孤立無援的。廣東、廣西、雲南、四川、山東、河北、察哈爾、山西、綏遠、寧夏的各地軍事政治負責人，都在乘機而動，並且可以確定，他們沒有一個人願意花力氣幫助你發動戰爭，甚至有幾個人，也許他們全會走到張、楊方面去！」

「這個，」何應欽訕訕答道：「這個問題我們也曾研究過，戴笠那邊可以派人前往各地

設法收買……」

「收買？」宋美齡冷笑道：「別做夢了！現在他們每個人都想在這次衝突中擴充勢力，誰給你收買？」

「是的，夫人。」何應欽不由不軟了下來：「那麼，照夫人的意思，現在我們應該先做些什麼？」

「派人到西安去！」

「這怎麼可以？」何應欽假裝吃驚：「那不太危險了？而且西安附近已經開始轟炸。」

「我說我要你停止一切戰爭措施！」宋美齡拍拍桌子：「我明天便派端納到洛陽，轉赴西安。子文也快回來，他們也會去，我也要親自去！」

「夫人，」何應欽勸道：「夫人不必去了，馮玉祥願意代替委員長做人質，就讓他去一趟好了。」

「不！誰也代替不了我，我要親自去！」宋美齡說一不二。

「實在太危險，你的安全……」何應欽還沒講完，宋美齡道：「告辭了！」說完，望了何一眼，匆匆穿上皮大衣，戴上白手套，抓起皮手袋扭頭就走。

會議至此不歡而散。

43

何應欽把宋美齡的話轉告日本密使，但把自己如何屈服一點略去不提。那個密使聽說宋美齡如此這般，不禁皺眉道：「何將軍你要知道，這是千載難逢的好時機，機不可失，時不再來。過這個村就沒那個店了！」……

何應欽欲幹不能，欲罷不休。他經過日本密使的再次唆使，不由得心癢難熬，可是一時也不敢過分樂觀：手裡沒有兵權。他送走日本密使後只能夠給前方將領繼續發幾道命令：進攻！

前方20萬部隊是否已經把西安圍得水瀉不通，何應欽不清楚。但當夜宋美齡氣呼呼地又找上門來。

「何總司令，你怎麼又下令進攻了？你真的存心謀殺他麼？」

何應欽正一肚子沒有好氣，見她三番五次責問，也不禁發起火來。只見他把桌上文件一堆，直跳起脚來道：

「你婦人家懂得什麼國家大事，不許你管！」

宋美齡吃了一驚，一時倒沒有了主意。退後一步，冷笑道：「好！我倒要看看我們的何

敬之先生能要些什麼花招！」她眉頭一抬：「我實話告訴你們，老蔣並沒有給共產黨殺死！張學良剛還給我一個電報，歡迎端納到西安去？怎麼樣？他沒有死，何先生失望麼？嘿？」說罷一扭頭就走。只聽見「得得得」的皮鞋聲，何應欽愣住了！立刻，何應欽一個箭步搶出去，正好趕上宋美齡鑽進汽車。何應欽強顏歡笑，揮揮手道：「夫人，不送了，領袖很安全，這眞是個好消息。」話猶未完，車子絕塵而馳。

宋美齡回到官邸，端納已在等候。宋美齡把皮手套一摔，自有侍衛上前幫她脫上衣。只見她並不往沙發裡躺，却走到寫桌台邊，提起「三A」美式鋼筆歪歪斜斜寫了一封信。然後挨著端納坐下，問道：「我這樣告訴他，你以爲把這封信放在身上不會有危險嗎？」端納點點頭：「絕對不會。我是張學良在東北時候的顧問，私人關係不錯。不過請你告訴我，你是怎樣寫的？當然我很清楚，夫人是這樣聰明的一個人，信上不可能說些什麼的。」

宋美齡點點頭，念道：「……漢卿等要求抗日，而我夫予以當面拒絕，確屬不該，現在果然鬧出事來，希望能圓滿解決，端納先生到後，請與他多多面談，他還是有眞知灼見的，我及子文等不日也將離京飛陝，但應以端納先生此行結果如何而定。至於南京，南京是戲中有戲。……」

「嗯嗯。」端納點頭道：「這封信寫得很好，對於我一點危險都沒有，而事實上你已經

說了不少話，相信委員長一定會同我長談的。」端納伸出手同她握著：「那就這樣說，我明天一早就走。從西安這兩天情形看來，委員長的安全大概絕無問題，夫人不必聽信謠言。」

宋美齡道：「這個我倒很定心，如果他們已經殺死了他，絕對不會要你這個外國人去的，這個我明白。我現在不過是擔心飛機亂炸誤事，擔心軍隊開進去出事！我一直有這個顧慮，顧慮他的生命倒不是結束在紅軍或者張、楊手下，而是結束在，」她一頓：「你明白！」

「是的，夫人。」端納吻著他的額角：「我明白，你放心！只要我一去，這事情好辦。我早已看清楚了，紅軍根本沒有參加這次事變，問題遠較南京的謠言簡單，我去了！」

宋美齡點點頭，伸出手去。端納又吻著她的手背：「我去了，這是一件微妙的差使。」他指使自己的心口：「這是對我而言。」

宋美齡笑了。她在長窗邊扶著絨窗帘目送端納鑽進汽車，卻見陳布雷攏著双手，縮著脖子在長廊裡匆匆而來，直奔客廳。

「陳先生，」倒是宋美齡先開口：「看你面色不好，不舒服嗎？」陳布雷幾次三番忍著眼淚，欠身答道：「夫人，您好！我是不舒服，接連幾天沒睡著，失眠的老毛病又發作了。」

「呵！」宋美齡以爲他有什麼重大消息，見他這樣說，也透了口氣。接著往沙發上一坐

：「陳先生在吃藥麼？」陳布雷連忙答道：「正在服用胚胎素，托福托福，這胚胎素效果不錯。」他連忙問道：「夫人，西安有什麼消息沒有？」

宋美齡反問道：「西安情形還好，倒是你聽到些什麼？這幾天的謠言，簡直是……」

陳布雷一拳擂到沙發上，憤憤地說道：「夫人啊，眞是一言難盡！中政會應該是最高權力機關，可是代秘書長恰好不在南京，一切會務等等，我不得不以副秘書長的身份處理。可是，唉啊，中政會正副主席都不在這裡，要不要開會？怎麼開法？都得取決於四位院長，可是這四位院長往往甲是乙否，莫知所從！戴院長神經失常，不可理喩；屈院長、于院長閒雲野鶴，從不問事；只剩下戴、孫兩位院長，可是這兩位院長意見往往不能一致，有一次幾乎動武……」

「嗯，」宋美齡嘆氣道：「這眞難爲了你，那你這幾天做了些什麼呢？」

「我，」陳布雷揉揉心口：「我發動了報紙上的輿論，運用某方面的力量，在報上發表擁護中央討逆立場；此外，我又同立夫、果夫、養甫聯名勸誡張學良；同時，代黃埔同志發出警告電文。」陳布雷說到這裡有點頭昏，頓時目瞪口呆。

宋美齡吃了一驚，失聲叫道：「侍衛官，陳先生有病，快送他回去！」

陳布雷苦笑道：「不碍事！不碍事！」

宋美齡感到不耐煩，便下逐客令道：「既沒有什麼大事，那就請陳先生回去休息吧！」

「不必不必，」陳布雷極力使自己鎮靜，恭恭敬敬立在一旁：「夫人，那布雷告辭了。現在我只有一句話奉告，這兩天張季鸞來找過我兩次。他的消息不少，主要是說朝中有人主張討伐，這回事有利有弊，但以委員長的安全為第一，望夫人鎮靜應付。此時此刻，布雷實在無法作主。」說著說著，陳布雷的淚水奪眶而出：「夫人，布雷蒙介公垂青，萬死不辭；無奈局勢如此，使我悲傷！根據各方面的消息，張、楊和共黨反而深明大義，這事情對外實在說不出口。」

「陳先生，」宋美齡開門見山問道：「你是不是說何應欽別有陰謀？」

「夫人也知道了？」陳布雷大驚，一屁股跌坐在沙發上道。

宋美齡冷笑：「我早就看出來了，我明白了！而且我已經請端納先生帶著我的親筆信明天一早飛奔洛陽，前往西安察看風聲，何應欽的陰謀不會兌現，大家可以放心！」

「夫人！」陳布雷驚喜交加，涕淚縱橫：「夫人眞是了不起！布雷追隨介公這麼多年，裡裡外外，事無巨細，可以說了如指掌；但這一次何敬之從中作梗，却使我毫無辦法！」他邊說邊掏出一包安眠藥片：「夫人，皇天在上，此心耿耿！如果介公有什麼三長兩短，那一切都談不上了，我也預備吞服這一大包安眠藥片追隨介公。如今柳暗花明又一村，一切又有

了希望。布雷又有重生之感了！」說罷把安眠藥往痰盤中一擲，長揖而別：「夫人，布雷告辭，今晚毋需安眠藥片，托福可以睡一大覺。明天當振作精神指導宣傳部工作，夫人如有見教，請隨時指示。」說完喜孜孜地走了。

且說宋美齡正爲丈夫耽心，陷入極度的痛苦之中，在這個關鍵時刻，萬萬料不到幾乎絕了交的宋慶齡却對她伸出援助之手。12月13日，慶齡用電話通知孫科。叫他準備飛機，她願意偕何香凝一同飛往西安，勸說張學良和楊虎城以大局爲重，釋放蔣介石。慶齡的這個舉動，給瀕於破裂的姊妹之情帶來了契機。

宋美齡得知這個消息，立即給居住在廣州的二姐拍了封加急電報，表示內心的謝意。慶齡接到電報，也回電讓小妹不必著急，可以放心。

再說端納帶著宋美齡的旨令，到達洛陽之後，便急電西安，告訴張學良，他即將專機飛陝。張學良也立刻回他一電，表示歡迎。

12月14日下午，端納安全抵達西安。西安並不像他想像的那樣可怕，到處是鑼鼓喧天，張學良在機場迎接了他。

二人短談一陣，便引見了蔣介石。

「報告委員長，副司令和端納顧問見您來了！」孫銘九支起門帘，端納跨進門檻，直趨

蔣介石，兩人使勁握手。張學良便立在一旁，寒暄之後，端納連忙掏出鋼筆擬了個電報，交給張學良道：「請你馬上派人發一發，希望今晚能到達南京。」

「你這是……」蔣介石問道：「何必這麼著急，我們還沒有開始說話。」

端納嘆口氣道：「唉！委員長，這眞是說來話長。我這個電報是打給夫人的，我是受夫人的委託來的，上面只有一句話：『我已經同委員長見過面了。』至於以後的電報，當然我們商量後再發。」蔣介石聽了一愣，問道：「難道他們以爲我已經不在人世了嗎？」

端納尷尬地答道：「總而言之，南京謠言滿天飛，把西安說得一團糟，簡直沒法兒提！」端納從皮包裡掏出宋美齡的親筆信，道：「委員長，夫人在南京一切安好，你別惦念，這是她給您的信。」蔣介石一把奪過，忙不迭拆開，讀到那句「南京是戲中有戲」，蔣介石再也忍不住了，當著端納這位澳大利亞人咧嘴笑出聲來。

「委員長，」端納勸道：「現在一切都上了正規，不愉快的事情絕對不會有了。」我先來報告前天，就是12日那天的情況……」端納把南京政府，尤其是何應欽如何主張討伐轟炸西安的一事說了一遍：「我同夫人的看法一樣，這不是鬧著玩的，但反對也沒效。倒是和你有矛盾的馮玉祥說了公正話，大聲疾呼，反對動刀動槍。可是，他手上沒有權，也不能解決問題。謠言滿天飛，沒有人願意來西安；願意來的人又不讓他來，於是我決定冒一次險。

」端納長嘆：「其中經過一言難盡，以後再說吧。我是昨天13日到達洛陽的，又接到張副司令的歡迎電報，今天便來到了。在洛陽時，我跟空軍說過，如果你們一定轟炸西安，那麼除了蔣委員長之外，現在又多了一個端納，而且夫人、宋子文和孔祥熙他們說不定這兩天也要來，我說你們炸吧！空軍們說，那怎麼能炸西安？不過這是討逆總司令何應欽的命令……

……」

蔣介石双目直瞪，眼睛裡要冒出火來：「他們竟敢這樣胡鬧！」

「是啊！」端納說：「自從前天出事以後，南京就用盡方法使西安與南京之間的交通斷絕，盡力設法不使全國民衆獲得一些這裡的眞相，譬如說，在夫人接到我剛才發出的電報之前，他們還以爲委員長已經死亡了！」

蔣介石突地俯身書桌，半晌嘆道：「漢卿只不過是想對我說話，有什麼不可盡言的，却必要把我扣留起來才和我說話，眞是胡鬧得豈有此理！」張學良把這句話譯爲英語告訴端納，端納微笑道：「依我的看法，這幾天是您最舒服的日子了，您不也是常常把人扣起來才對他們說話麼？」張聞言發笑，不願意立即翻譯給蔣聽，端納也盡管在笑。於是蔣追問：「他說什麼？他說什麼？」

張學良只得說：「我不能把他的話譯給委員長聽，您將來回到南京再問他吧！」

「回南京？」蔣介石不相信自己的身朶：「此話當眞？」

「只要你答應一個條件，也就是兩個字：『抗日！』說可以下令抗日，明天我就派飛機送您回南京！」

「你懂，」蔣介石也氣憤憤地指著張學良大聲說道：「你懂什麼？你太信任共產黨了，你說知道我同共產黨的血海深仇，今天你把我弄成這個樣子，說不定共產黨今晚就下手！」

張學良聽蔣這麼說，忽地仰天大笑，聲震屋宇。笑得蔣介石同端納莫明其妙，以爲大事不好，定有突變，張學良突地笑容收斂，嚴肅地說道：「報告委員長，共產黨是到西安來了！」

蔣介石身子一抖。

「而且，我已經同他們見面了！」

蔣介石整個身子癱瘓在太師椅上。

「而且，我們已經同中國共產黨軍事委員會副主席周恩來、中國共產黨東部紅軍參謀長葉劍英、中國共產黨西北區蘇維埃政府主席秦博古三位代表，在今天上午發表過宣言了！」

蔣介石眼睛緊閉，靠在椅背上直喘氣。

「我們的確談過委員長的安全問題！」

「你們怎麼說？」端納立即發問。蔣介石慘白的臉上泛著汗，合上的眼皮也睜開，呼吸更急促，喉間猶如裝了個風箱。

「報告委員長！」張學良說道：「我說出來，您一定又不相信的。」他一字一頓：「中國共產黨對於西安事變的政策，是要爭取一切可能的力量轉移到抗日戰場，只要你答應抗日，就給你一個自贖的機會！」

「啊！上帝！」端納像放下千斤重擔似的輕鬆：「我這一次西安之行，成績太美滿了！」他套過去執著蔣介石的双手：「委員長，我給你道賀，毋須多久，我們就可以回南京去了！」

「我同共產黨血海深仇，鬼才信他們會放我。」蔣介石搖搖頭。

臘月的南京，寒風逼人。

混亂不在於西安，而在於南京。如果說西安一切都按照規律進行，南京則亂了方圓。政委會上，氣氛異常緊張，到了拔刀弩弓的地步！兩派勢力互不相讓。

國防部長何應欽在會見日本大使時保證，對西安的討伐將按計畫進行。在這個微妙的時刻，孔祥熙的表現使人感到，在任何特定時刻都不能過分信賴他。他在向全國廣播透露轟炸

西安計畫的講話中赤裸裸地說：「雖然我們都渴望解救委員長……但是我們的態度是，不能允許一個人的個人安全妨碍……這個不尋常的事態竟然發生在西安眞是令人痛心。」

宋子文表示他要親臨西安，何應欽氣急敗壞，他憤怒地命令宋子文不要插手這件事！

「要知道，我是個不擔任公職的平民，不是軍人！」宋子文冷靜地回答他。

宋美齡，作爲第一夫人，大將風度，平息了這場激烈的爭論。她答應如果何應欽不再干涉，她就不同子文一道去西安。

子文沒有拖延，立即登上一架租來的飛機。

蔣介石在床上抬頭看見子文走進他的臥室，吃驚地說不出話來。子文把宋美齡的信交給他，信上說：「如果三天之後，子文還沒有返回南京，我就到西安來和你生死與共……」委員長心軟了，一日夫妻百日恩，百日夫妻才知心，眼淚像斷了線的珠子湧了出來。

子文使了個眼色，示意少帥和端納廻避一下。

他們的單獨交談延續了半小時之久。

除了其他事情之外，蔣介石對子文說，綁架他的人在看了抄查到他的日記後改變了對他的態度，因爲日記上面表明，他的最後目的是保衛中國抵抗日本。然後他重覆了端納的警告：最嚴重的威脅不是來自叛軍而是來自親日派。親日派那時正在進行轟炸西安和蔣本人的最

後準備。

那天晚上，子文同少帥一起來到蔣的住房，進行政治上的激烈討價還價。他們一致認爲，機不可失，時不再來。必須趁子文在這裡期間辦成要辦的事，否則對他們來說一切都太遲了。

子文也帶來了一個令人振奮的消息，經他和夫人調解，南京各集團達成了休戰三天的協議。但是他們只給予3天期限。至於子文的皮包裡還有別的什麼向他妹夫施加壓力的計畫，那從來沒有洩露出來。但是，他僅花24小時，而不是3天就說服了蔣勉強同意「叛軍」提出的最重要的幾項要求，簡單歸納起來：一是改組政府；二是建立抗日統一戰線，三是停止內戰。蔣介石堅持必須首先釋放他，然後協議才能生效。

不管子文是否參予了使委員長陷入這場危機的陰謀，他肯定曾經鼓勵少帥「採取一點措施」。其結果正是他在1933年被蔣打了一記耳光以來的3年裡一直謀求的。但是，時鐘仍在滴滴嗒嗒地走著，在委員長脫身之前還有一個複雜的問題有待解決。子文和端納迅速返回南京。他們又晝夜兼程陪著第一夫人帶著秘密警察頭子戴笠飛回西安。

44

12月22日晨5點30分，西安機場。三架「福克」式飛機，呼嘯著急速下降，滑向跑道，逐漸減速，然後嘎然而停，落入機場。

機艙的軟墊椅上，除了坐著身穿便衣的侍衛官們外，還坐著大名鼎鼎的第一夫人宋美齡、宋子文、端納和戴笠等。這幾位疲倦的乘客蹣跚地走下飛機時，頭戴羊皮帽的東北兵高舉著火把在他們四周圍成一個圈，以示歡迎。

宋美齡走在前面，她爲了抵禦蒙古刮來的寒風，從頭到脚穿戴得嚴嚴實實。黑色的圍巾把面部包了起來，只露出兩只大而明亮的眼睛。子文近年來發福了許多，很難分辨他的下頦和圍巾的界線；他頭上戴著一頂有帽耳的黑色熊皮帽子。在他旁邊，冷風裡站著滿頭灰髮，臉色蒼白的端納，這位澳大利亞人，神情憂鬱，眼睛裡布滿了血絲。在他們身後跟著穿著講究、保持警惕的戴笠。一双鋭利的眼睛掃視著四周人群，尋找像他這類人隱藏的跡象。隨後是一批侍衛官們，他們手提著大小不一的皮箱。

最後走下飛機的兩個人是宋美齡的女僕和廚師。她無論到哪裡去都要帶上一名廚師，因爲始終存在被人下毒的危險。幾年前，少帥前去赴宴時在委員長本人的餐桌上中了毒，險些

喪命。他這次在西安舉行宴會時可能回敬一下，蔣夫人不得不防。

少帥身穿熨著十分平整的軍裝從火把圈外走了進來，向宋美齡深鞠一躬。很早以前，他是她的比較有才華的追求者之一。現在，他是綁架她丈夫的人。

在頭戴皮帽的東北兵護送下，宋美齡一行驅車經過了城門，逕向蔣介石的居住駛來。這兩天，蔣介石心裡有事睡不著覺。他惦記著南京的代表何時而來？自己是否馬上可以「脫險」。

在一片軍號聲中，他迷迷糊糊醒來，已經9點多鐘了。他再也沒睡著。

按照習慣，蔣介石「修心養性」在一連串沉默之後，便接著翻開聖經。拿蔣介石個別情況來說，讀聖經、做禮拜不過是個「表示」：表示他是信徒，是美國執政者的信徒。信徒並不吝嗇把所有獻給上帝，而蔣介石也並不吝嗇把他能夠拿得出的去貢獻給另一種「上帝」。蔣介石翻了一陣，翻到耶里米亞第三十一章，有一行字使他怦然心動：「……耶和華，將由一位婦人之手顯示奇跡。」「耶和華今將有所作爲，將令女子護衛男子。」

蔣介石出神地思索著，有如當他讀到任何教義，任何戒備的時候，他一定會把自己的機遇結合起來思量，一切的條文都應該從他的利益出發。

「耶和華……將令女子護衛男子。」蔣介石双目停留在這行字句上，立刻變成「將令

宋美齡護衛蔣介石」。

「我一向是宋美齡護衛的。」蔣介石回憶著他同她結婚的前因後果：「沒有宋美齡就沒有我的今天，但沒有我也沒有宋家的今天。宋美齡以一個銀行總稽核的身份睡在我身旁，她因爲我而成了第一夫人，是我護衛了她，但她也的確護衛了我……」

蔣介石恍恍惚惚，六神不安地數著秒針行走，眼睛瞪在「22日」的日曆上，什麼經典都看不進去；他疲乏地一直躺在床上，渴望天空有飛機聲。

下午5點30分，當眞傳來了飛機聲。

蔣介石從床上艱難爬起來，小心翼翼對著鏡子整理一陣，如果眞的是「她」來了，她是十分注重禮節，不允許蔣介石有衰老頹唐表現的。而子文、端納走時，也曾說過，必要時她會出現在西安古城。

蔣介石伸長脖子望著，長短針快在「6」字上垂直的時候，門前汽車聲震天價响，一連串「敬禮」的口令聲中，張學良一馬當先，大步進來。後面一個全身黑色一步一扭的女人緊跟著，宋美齡眞的來了。

宋美齡、端納、蔣鼎文、張學良、宋子文等一個個跟著進來。只見宋美齡走到他面前，略一端詳，便回過頭來笑道：「他氣色還好，他的安全千眞萬確。傷在哪裡，給我瞧！」

蔣介石淡淡地答道：「還好，回去再找醫生吧。」

「哦，」宋美齡皺眉道：「沒有醫生替你看傷嗎？」

張學良連忙接嘴：「有的，夫人，大夫每天替委員長換藥、開方。」

「那就好。」宋美齡一臉笑：「我知道你們不會虧待他的。」邊說邊要大家坐下，東指西點，有如一個主婦。蔣介石低聲問道：「你來幹什麼？這裡很危險，不是個太平地方。」

「危險？」宋美齡聳聳肩膀攤攤手：「你不是更危險嗎？可是並沒有少掉一條胳膊。」室內一片低沉的笑聲，她再扭過頭去問道：「我這次來，你們沒想到吧？」

蔣介石微笑道：「我早知道了。」

「哦，」宋美齡一愣：「何敬之來過電報？」

蔣介石搖搖頭：「今天早上做早禱，在耶里米亞第三十一章中說得明白，耶和華將由一位婦人之手顯示奇跡。」

在座人等一齊贊嘆之聲：「委座可了不起，有先見之時。」宋美齡瞅一眼宋子文道：「瞧，人家說他道行不深，今天你可親耳聽見的，他的確已經悟到了。」

這時，宋美齡把一個小東西放在他的手裡。這東西很小，他握在手裡。蔣做出摸臉的姿勢，把手舉到嘴邊，然後把臉轉向客人，向他們露牙而笑。這是他11天前沒戴假牙逃出以來

的第一次微笑，美齡帶來了他備用的假牙。

扯過一陣，張學良告辭。

蔣家夫婦同宋子文三人坐定，這才言歸正傳。先由宋美齡把南京情形說了一遍，結尾道：「我今天在洛陽躭擱一陣，已經命令空軍千萬不能轟炸西安，他們答應了。陸軍方面，眞的聽從何敬之的沒有幾個，他們不致於發動大攻勢。問題是夜長夢多，我們應該盡快離開西安，回到南京，不讓姓何的再搞鬼。」

「那正式代表是不會來了？」蔣介石有點失望，沉吟一會：「不過你同子文兩個也足以代表政府了。對日抗戰我口頭上已經答應，明天他們一定召集會議，你們在會議中算是見證人好了。旁的我看也不致於有問題。」

「他們眞的會放你？」宋美齡問。

蔣介石點點頭。

「南京三番五次傳說你已經死了。」

蔣介石苦笑。

蔣介石透口氣道：「子文，據你看，明天我們答應了這些，這有沒有問題？」

「我想不會有。」

「好，」蔣介石以拳擊桌：「那我們首先討論一下，如果他們有條件，我們該答應到什麼程度？」

……

這二天（12月23日）早晨，委員長同子文、端納、美齡、戴笠和少帥圍坐在一張桌邊，蔣夫人的厨師爲他們泡茶。那一天，以及第二天、第三天的好多時間裡，除了他們參加談判外，軍閥和軍閥代表不斷來來往往。最令人擔憂的是當地的鐵腕人物楊虎城和支持這次綁架行動的鄰近地區的指揮官們。聖誕節前夕，少帥向美齡報告說：

「楊和他的部下不願釋放委員長。他們說，由於子文和夫人對我不錯，我的頭能保住，可是他們的頭保得住嗎？他們現在怪我不該把他們拉進這件事。他們還說，由於我們的條件沒有一條得到明確的接受，因此如果他們現在釋放委員長，他們的處境就會更糟。」

後來，楊虎城也被周恩來說服了。這是一場交易。戴笠同意釋放某些政治犯，並且發電報下達了指示。對楊和他的軍官們的人身安全作出了秘密保證。巨額款項在外國銀行裡轉了帳戶。大量的法國白蘭地一杯杯喝下去，瓷痰盤旁的桌子上五十支一聽的英國香烟消耗了許多箱，商定了一個新內閣的雛形。人們承認，黃埔系和C·C派過分親日，一致認爲應當由蔣介石的得意門生之一——陳誠將軍取代國防部部長何應欽，宋子文應當主持新內閣。委員

長原則上接受了所有8項要求，不過他拒絕採取書面形式，堅持僅僅當著他夫人和烱兄的面作出口頭保證。他實際上是說，一旦對這兩個人許下諾言，他絕對不會背信忘義。但是，聰明的子文是知道的，蔣介石是很少履行諾言的。

情形是這樣的微妙。

微妙的問題猶如西北高原的風沙和雪花，在寒徹的太空中沒頭沒腦地撒將下來。蔣介石甚至記不清怎樣在熱烈的掌聲中退回房裡休息，宋美齡又向他嘮叨了些什麼。他只覺得頭昏腦脹，胸部發悶。

來拜訪他的客人都因爲蔣介石突告不適而悄悄退回，只剩下宋美齡陪著他。宋美齡受不了炭火盆發出的熱力，嘟嚷道：「又在想什麼？還不設法早點回去。這裏沒有水汀，又不見抽水馬桶，煩死人了！」

蔣介石沒奈何地透口氣道：「今天，我已經把支票開出去了，他們一定會接受。看樣子，我們回到南京，也就是這兩天的事，急什麼？」

「你當然不急咯！」宋美齡把手提式打字機往桌上一放：「可是你不知道，外面的空氣好微妙。謠言我當然可以不信，但有一點顧慮可不能不使人著急。有人說：萬一弄不好，共產黨會把你搬到延安去。如果眞這樣，現在我也在這裡，不是連我也賠在裡頭嗎？」

蔣介石皺眉道：「我還以爲有什麼大事情，原來是這。那麼可能呢？共產黨眞要把我搬到延安，用不著等到今天，他們早就可以動手。我看你不必爲安全擔心，倒是我開給他們的支票，是合分寸呢，還是不夠滿足他們？你應該替我考慮考慮。」

「如果爲安全擔心，我也不會來了。」宋美齡嘀嘀嗒嗒開始打字：「問題是到這裡以後，不知怎的心裡總有點嘀咕。」

蔣介石見她打字，便問：「你在忙些什麼？」

「還不是爲了……」宋美齡咽了一口糖：「大使館要了解西安的情況，外國通訊社也早已向我要一點東西，我在準備稿子。」

「你打算說些什麼呢？」

「我？」宋美齡双手按在桌上：「還不是要大大地替你宣傳一番。說張、楊如何如何恭敬，共產黨如何如何服從命令，你的訓話又如何如何誠懇，答應的條件又是如何如何動聽……」

「慢著慢著，」蔣介石暗吃一驚：「有兩點你千萬不能提。」

「爲什麼，是哪兩點？」

「我答應的條件千萬不能提，我們同共產黨來往更不能提，你懂麼？」

宋美齡一愣，隨即皺眉道：「懂，懂，不過有幾個問題不能不回答他們。」

「又是什麼？」

「比如說，他們問，共產黨曾經提出條件，要我們拿幾千萬元把你贖出來，錢付過了沒有之類等。」

蔣介石不再追問，瞧她嘀嘀嗒嗒打了幾行字，心裡眞佩服這個賢內助，便低聲說：「我的達令，現在有一件極其重要的事情同你商量。張學良這小子膽大包天，把我弄成這個樣子，這口氣實在憋不住。如果他把我殺了，那當然什麼都不用提了，但現在我還活著，而且馬上就要回到南京去，問題就來了，我的、你的、我們大家的面子給他擲到什麼麼地方去了！」

「我有辦法叫他跟你回南京。」宋美齡滿有把握。

「什麼辦法？」

「無可奉告。屆時你就看我的啦！」宋美齡嫣然一笑。在蔣介石的眼裡，如今的夫人在政治上成熟多了！

「好，我們一言爲定。」

兩黨談判在激烈地進行著，中國共產黨的代表周恩來同志親自會見了蔣介石。少帥把他

介紹給蔣夫人宋美齡時，他表現得溫文爾雅。

周恩來同志在24日和25日同蔣介石會晤了兩個小時。主要是周談話。由於他們曾經在黃埔軍校共事，他對蔣以「校長」相稱。蔣介石後來提到這次會見時說，周是他認識的「最通情達理的共產黨人」。他還在另一個場所深情地感謝周恩來。他說，「你幫了我的忙。」他提到周為釋放委員長向鐵腕人物楊虎城說情，並且說服楊應當接受子文提供的錢而流亡國外。周恩來以這種辦法出力拯救了蔣介石的生命。顯然，周恩來是以中國共產黨政策為前提，即要想建立抗日統一戰線，必須盡可能多吸收國民黨右派參加，而要達這個目的只能爭取蔣參加進來。

周恩來對國情瞭如指掌，也給蔣夫人留下了深刻的印象。據說，他有一次對她說，在抗日時期，在國家生存的這個時期，「除了委員長沒有人能夠領導這個國家」。周一向是一位靈活的布爾什維克，他當時還說：「我們不是說委員長不抵抗侵略，我們是說他抵抗得還不夠堅決，或者說行動不夠快。」蔣夫人回答說，將來的一切內部問題必須以政治手段而不是用武力解決。她對他說：「我們都是中國人。」

談判是真理與謬論的對峙。

談判猶如旋風在激烈地進行著。桌上桌下，白天黑夜，戰友親屬間……直到25日中午

，宋子文與楊虎城、張學良與宋美齡間，大體上已把蔣介石所答應的條件反覆商量、斟酌完畢。宋家兄妹在代表們面前無非是斬釘截鐵，極力保證只要回到南京，一定可以使蔣介石實踐諾言。對方倒很坦白，說並不是以小人之心度君子之腹，實在是侍候蔣介石已非一日，對他的諾言不敢輕信。即使張、楊能夠信任蔣介石的信用，但東北軍和西北軍中的高級長官們，都在表示懷疑，他們甚至向張、楊二人血淚陳辭，說如果不是存心出賣他們這些弟兄，就應該同宋子文等談個明白，然後放人。

宋美齡終於在西安過了半天的聖誕節，雖然沒有盛大的宴會，衆多的外賓，但上帝對他們宋家也不能說不厚了。

蔣介石聽說談判結束，心中倒反而嘀咕起來。他不是怕西北方面不讓他成行，而是怕南京方面有如張學良那天晚上告訴他的：「隨時隨地在要他的命。」

蔣介石看看錶，低聲向宋子文道：「你問問他們看，這個時候起飛，有無危險？他們有無保證？」

宋子文皺眉道：「人家向我們要保證，吵了這麼幾天，好不容易解決了；現在你向他們要保證，好，萬一再拖上幾日，拖出個變化來，你說合算麼？」

「這個，」蔣介石想了想，「唔，這個……」

正沉吟間，張學良來請道：

「報告委員長，今天下午，咱們要走了，代表團們為了歡送，已經備下酒席，請委座、夫人、宋先生賞光。」

「走？」蔣介石一愣，好像懷疑自己聽錯了：「你也去？」

「對，我和你們一起回南京，我和夫人已經說好了，表示我的誠意！」張學良道。

「關於酒席，你就說我身體不好，謝了吧。」蔣介石推辭道：「下午就要走，我……」

「是啊。」宋美齡噘著張嘴：「我恨不得馬上就上飛機，昨天晚上的南京你說有多熱鬧……」

「不。」宋子文反對道：「我們說參加，這是最後一個宴會，不去不好。」

下午3時許，沉寂多日的西安機場如今又歡騰起來。機場四周都擠滿了黑壓壓的歡送人群。軍樂吹打起來，煞是熱鬧，共同抗日的標語，橫空懸掛起來，口號聲伴著軍樂在機場回鳴……

蔣介石面如灰色，皮袍、大氅、呢帽、毡鞋，穿得很多，右手握住了宋子文的大衣，左手抓住了宋美齡的手臂，三人走進候機室，恨不得立刻鑽進飛機，破空而去。蔣介石急得什

麼似的，低聲對宋美齡道：「這事情也怪！漢卿怎的不露面？他去不去南京是另外一回事，可別受了部下要挾，不把我們送回，那才糟哩！」

「是啊！」宋美齡也是這麼說：「我也是這樣想。」

說話間，只見少帥張學良正領著一大堆人匆匆趕來，大步跨進候機室裡。一見宋子文便爽朗地笑道：「楊虎城先生一清早便在飛機場警戒，特地拜見委座送別。」

宋子文忙不迭地擺手道：「請請，委員長正在休息。」

蔣介石早已聽得明白，微微點頭，算是答禮。楊虎城背後跟著東北軍、西北軍高級長官，分兩行站著，一個個身高馬大，全副戎裝，短劍長靴，煞是威風，尤其是一双双眼睛注視著蔣介石，蔣介石不由得打了個冷顫，摸索著起立，哈著腰桿，呲牙咧嘴道：「這個，這個，你們辛苦了。」

「那裡。」楊虎城代表大家致詞：「委員長回京之後，更比我們辛苦了，爲民族、爲國家，一切請多珍重。」

聽到「民族國家」，蔣介石心頭一慌，心想這話兒又來了。宋美齡就從口袋裡掏出一張紙來，張、楊等人以爲蔣介石大概定了一個精采的訓詞，不料宋美齡說的却是：

「蔣先生絕對不會忘記，答應你們準備抗日；陝甘寧青新五省交給張學良、楊虎城兩位

負責；東北軍與十七路軍每月500薪餉，按月由中央發給；停止剿共，紅軍改編、簡編問題由張學良負責；所有參加西安事變之人員一概不究。同時答應紅軍代表團，日本如果侵入華北，必須抗戰。劃陝甘18縣、寧夏3縣，共21縣爲邊區自治政府，由中央管轄。中央承認紅軍改編成三軍；中央逐月供給軍政費國幣68萬元；如與日本開戰，中央每月供給槍彈800萬粒。以上各條在手續上須經行政院通過，並宣布全國。」

蔣介石跟著對衆將領說：「你們這一次的事情，嗯，是做得很冒險，幸好覺悟尙早。一切主張既經考慮接受，過去的也就不必再說了。今後只當它沒有這件事算了。大家安心訓練部隊就是。」

衆將領聞言都感到蔣介石變了，沉默間，楊虎城說道：「時候不早了，請委座，夫人、宋先生上機吧。」他扶著蔣介石誠摯地低聲說道：「委座請放心，這裡一切都很安全，要不然不會讓幾千個人進入機場歡送您。同時剛才這裡又同洛陽通報，已經明白告訴他們，說是委座可能在洛陽降落。」楊虎城怕他擔心：「不過您可以放心，按理說，洛陽應該比西安更太平，而且這裡如果隱瞞事實，不把委座的眞實行踪通知他們，反而增加洛陽的麻煩，所以剛才大家一商量，認爲通知洛陽是對的。」

無論楊虎城如何解釋，紅軍代表團、東北軍代表團、西北軍代表團諸人如何熱烈地同蔣介石握手送行以及兩三千歡送人等的歡呼，蔣介石都聽不清、看不明了。他只希望立刻踏進飛機，立刻起飛，離開這個使他深惡痛絕的場合——西安。

蔣介石匆匆忙忙走向飛機，他不復記憶如何坐上爲他特設的沙發。歡送者揮舞著圍巾、帽子與手套，這使他眼花；歡送者高呼「歡送蔣委員長返京抗日！」這聲音却變成毒蛇似的在咬嚙著他。

蔣介石癱軟在沙發裡，思潮起伏。從12月12到25日，差不多半個多月的時光，他曾爲自己的生命安全、一生事業而憂急焦慮，如今可透過一口氣來了。

飛機迎著朔風行進在西北高原上，掠過崇高的秦嶺，之後迎來了嵯峨的華山，緊接著伏牛山脈在望；渭水盡頭地面出現了巨蟒似的隴海鐵路。這些山川河流，乃至陽光雲霧，不但引不起蔣介石的開濶之感，相反地使他感到不安。他默看坐在自己身旁的夫人宋美齡一眼，宋美齡正在打開耳機聽音樂。難得的第一夫人，是她平息南京政府的內亂；是她挽救了自己的第一生命！……

飛機在雲層裡穿行。宋美齡突然大聲喊：「我們不躭誤回南京過新年哩！」

蔣介石哈哈笑了：「過新年，我送你件最好的禮物！」

「什麼禮物？」

「屆時您就知道了。禮物代表著我對夫人的敬仰！」

在以後的幾個月裡，委員長的幸存被他的崇拜者說成是一個巨大的勝利，把世間的一切好話都說盡了。盧斯適時宣布：委員長與蔣夫人是1937年的傑出人物。他把他們的照片印在1938年第1期《時代》雜誌封面上，作爲「新聞人物伉儷」。宋美齡當時成了更引人注目的國際名人。據美國外交官約翰・佩頓・戴維斯說：「中國的這位第一夫人在西安表現出具有一種要是在前一個時代就會把她推上皇位的氣質。」稱她是力挽狂瀾的中國第一夫人！

若干年後，蔣介石在私下會晤他的嫡系官員時透露，在那次談虎色變的西安事變中，夫人給了他一條命。他和她沒白做夫妻一場。

宋美齡前傳（上）

陳廷一 著

派色文化

李轂摩 題

法律顧問　莊柏林律師
社名題字　李轂摩
發 行 所　派色文化出版社
地　　址　高雄市前鎮區武慶二路15號
電　　話　(07)7713704　FAX：(07)7713674
郵政劃撥　41441711　派色文化出版社
出版登記　局版台業字第4538號
印　　刷　大勝印刷事業有限公司
地　　址　板橋市三民路一段187號12F
電　　話　(02)9611450
總 經 銷　旭昇圖書有限公司
地　　址　台北縣中和市景平路515巷27號
電　　話　(02)2451480 · 2451567　FAX：2451479
電腦排版　民衆實業股份有限公司
出版日期　1994年2月初版 · 2月再版
定　　價　250元

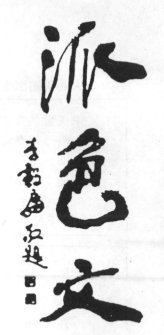

國立中央圖書館出版品預行編目資料

宋美齡前傳／陳廷一著.——高雄市：派色文化發行；臺北縣中和市：旭昇總經銷，1994［民83］

冊；　公分

參考書目：面

ISBN 957-9082-89-8（一套：平裝）

1.宋美齡—傳記

782.886　　83000350

please circulate the whole set in 2 Volumes.

全書上下兩冊請同時借還